本书获得中国社会科学院大学中央高校基本科研业务费优秀博士学位论文出版资助项目经费支持,谨以致谢!

中国社会科学院大学文库
优秀博士学位论文系列

中国高校学生国家通用语言社会化研究

Examining Linguistic Socialization of Students in Chinese Higher Education Institutions

季海龙　著

中国社会科学出版社

图书在版编目（CIP）数据

中国高校学生国家通用语言社会化研究 / 季海龙著. 北京：中国社会科学出版社，2024.8. --（中国社会科学院大学文库 / 林维主编）. -- ISBN 978-7-5227-3856-7

Ⅰ. H193

中国国家版本馆 CIP 数据核字第 2024736S51 号

出 版 人	赵剑英
责任编辑	郭曼曼
责任校对	韩天炜
责任印制	李寡寡

出　　版	中国社会科学出版社
社　　址	北京鼓楼西大街甲 158 号
邮　　编	100720
网　　址	http://www.csspw.cn
发 行 部	010-84083685
门 市 部	010-84029450
经　　销	新华书店及其他书店

印　　刷	北京明恒达印务有限公司
装　　订	廊坊市广阳区广增装订厂
版　　次	2024 年 8 月第 1 版
印　　次	2024 年 8 月第 1 次印刷

开　　本	710×1000　1/16
印　　张	16.5
字　　数	232 千字
定　　价	85.00 元

凡购买中国社会科学出版社图书，如有质量问题请与本社营销中心联系调换
电话：010-84083683
版权所有　侵权必究

中国社会科学院大学优秀博士学位论文系列

序　　言

　　呈现在读者面前的这套中国社会科学院大学（以下简称"中国社科大"）优秀博士学位论文集，是专门向社会推介中国社科大优秀博士学位论文而设立的一套文集，属于中国社会科学院大学文库的重要组成部分。

　　中国社科大的前身，是中国社会科学院研究生院。中国社会科学院研究生院成立于1978年，是新中国成立最早的研究生院之一。1981年11月3日，国务院批准中国社会科学院研究生院为首批博士和硕士学位授予单位，共批准了22个博士授权学科和29位博士生导师。作为我国人文和社会科学学科设置最完整的研究生院，拥有博士学位一级学科16个、硕士学位一级学科17个；博士学位二级学科118个、硕士学位二级学科124个；还有金融、税务、法律、社会工作、文物与博物馆、工商管理、公共管理、汉语国际教育等8个硕士专业学位授权点；现有博士生导师736名、硕士生导师1205名。

　　为鼓励博士研究生潜心治学，作出优秀的科研成果，中国社会科学院研究生院自2004年开始评选优秀博士学位论文。学校为此专门制定了《优秀博士学位论文评选暂行办法》，设置了严格的评选程序。秉持"宁缺勿滥"的原则，从每年答辩的数百篇博士学位论文中，评选不超过10篇的论文予以表彰奖励。这些优秀博士学位论文有以下共同特点：一是选题为本学科前沿，有重要理论意义和实践价值；二是理论观点正确，理论或方法有创新，研究成果处于国内领先水平，具有较好的社会效益或应用价值与前景；三是资料翔实，逻辑严谨，文字流畅，表达确当，无学术不端行为。

《易·乾》曰："君子学以聚之，问以辩之"。学术研究要"求真求实求新"。博士研究生已经跨入学术研究的殿堂，是学术研究的生力军，是高水平专家学者的"预备队"，理应按照党和国家的要求，立志为人民做学问，为国家、社会的进步出成果，为建设中国特色社会主义的学术体系、学科体系和话语体系做贡献。

习近平总书记教导我们：学习和研究"要求真，求真学问，练真本领。'玉不琢，不成器；人不学，不知道。'学习就必须求真学问，求真理、悟道理、明事理，不能满足于碎片化的信息、快餐化的知识。"按照习近平总书记的要求，中国社科大研究生的学习和学术研究应该做到以下三点。第一，要实实在在地学习。这里的"学习"不仅是听课，读书，还包括"随时随地的思和想，随时随地的见习，随时随地的体验，随时随地的反省"（南怀瑾先生语）。第二，要读好书，学真知识。即所谓"有益身心书常读，无益成长事莫为"。现在社会上、网络上的"知识"鱼龙混杂，读书、学习一定要有辨别力，要读好书，学真知识。第三，研究问题要真，出成果要实在。不要说假话，说空话，说没用的话。

要想做出实实在在的学术成果，首先要选择真问题进行研究。这里的真问题是指那些为推动国家进步、社会发展、人类文明需要解决的问题，而不是没有理论意义和实践价值的问题，也不是别人已经解决了的问题。其次，论述问题的依据要实在。论证观点依靠的事例、数据、观点是客观存在的，是自己考据清楚的，不能是虚假的，也不能是自以为是的。再次，要作出新结论。这里说的新结论，是超越前人的。别人已经得出的结论，不能作为研究成果的结论；对解决问题没有意义的结论，也不必在成果中提出。要依靠自己的独立思考和研究，从"心"得出结论。做到"我书写我心，我说比人新，我论体现真"。

  我希望中国社科大的研究生立志高远，脚踏实地，以优异的学习成绩和学术成果"为国争光、为民造福"。这也是出版本优秀博士学位论文集的初衷。

王新清

2021年12月9日

前　　言

　　近年来进入国内高等学校就读的少数民族学生的数量呈不断上升的趋势，少数民族学生国家通用语言习得研究成了一个热点议题。然而，该领域的研究主要侧重于学习者语音、词汇、语法等的习得，对学习者如何在学习语言的同时也习得文化这一议题缺乏关注。对少数民族学生在高校学习生活中通用语语言社会化的研究较为欠缺。本书选择高校藏族学生为研究对象，探析他们语言社会化的普遍规律以及个体差异。

　　语言社会化理论认为语言学习是学习者同时习得语言和文化的过程。语用知识包括语言知识和社会文化知识以及对这两种知识相互关系的认知，语用能力则涉及对语言形式及其在语境中的社会功能的知识的了解及实际运用。学习者语用能力的提升是以接受语言文化熏陶并内化文化知识为前提的，在这一过程中学习者的语言认同也在不断发生变化。后结构主义认为语言认同是一个动态发展的过程，学习者的学习经历影响其语言认同。本书认为语言态度是语言认同的初级阶段，对某种语言的积极语言态度在一定的社会环境下有可能发展成对某种语言的更高程度的认同，即语言使用者身份认同。

　　本书将语用能力的提升、语言认同的发展和国家认同的增强视作通用语语言社会化过程的三个阶段。在研究方法上，笔者采用定量分析和定性分析相结合的方法，在探索两所高校被试通用语语用能力发展以及认同发展一般规律及差异的基础上，对核心被试的语用能力发展差异进行探析，并采用民族志和叙事分析相结合的方法，对核心被试语言认同的不同层面进行剖析，并剖析影响其国家认同的各种因素。

基于以上研究，本书得出的主要结论如下。

（1）上大学前，藏族学生的通用语语用能力差异主要由城乡差异、家庭生活背景、个体差异（如性别）等因素造成；上大学后，藏族学生校园内外的学习生活成了影响他们通用语语用能力的重要变量。

（2）藏族学生的通用语认同主要体现在反身性认同、投射性认同、认可性认同以及想象性认同这四个层面，但不同被试认同的侧重点有所不同，这是他们课程学习和参加校内外各种活动的结果。

（3）学校、同辈群体、大众传媒作为社会化主体均对藏族学生的语言认同和国家认同施加影响。在藏族学生接受教育的过程中，广播、电视、网络、课本等作为社会化的手段，均帮助他们形成通用语语言认同，构建国家认同。

（4）通过定性分析，发现藏族学生的通用语语用能力、语言认同和国家认同之间存在着因果关系。具体说来：随着通用语语用能力的进步，藏族学生的通用语语言认同会进一步加强，而通用语语言认同意识的提升，使他们增强了对通用语言文字使用者共同体的认同，逐步铸牢了中华民族共同体意识。在通用语社会化过程中，藏族学生的国家认同得到巩固和强化。

基于上述研究结论并结合相关文献资料，本书最后部分探讨语言社会化理论对语言教学、语言扶贫政策以及乡村振兴战略的启示。

Preface

In recent times, there has been a consistent rise in the enrollment of ethnic minority students in domestic colleges and universities, which has brought the subject of ethnic minority students' acquisition of the National Common Language (NCL) to the forefront of academic interest. Nonetheless, studies in this domain predominantly concentrate on the learners' phonetics, vocabulary, and grammar acquisition, with a notable absence of focus on how learners absorb culture through language learning. The exploration of the socialization of NCL among ethnic minority students within the context of their academic and social lives in higher education institutions is underrepresented. This volume targets Tibetan students in higher education as its subjects, investigating the overarching patterns and individual variances in their language socialization processes.

According to the theory of language socialization, language acquisition is intertwined with the acquisition of culture. Pragmatic knowledge includes both linguistic and sociocultural knowledge, as well as an understanding of the relationship between these two domains. Pragmatic competence involves the knowledge of language forms and their social functions within specific contexts, and the practical application of this knowledge. The advancement of learners' pragmatic competence is contingent upon their exposure to and internalization of both linguistic and cultural influences. During this journey, learners' language identity undergoes continual transformation. Post-structuralism views language identity as a fluid and ever-evolving phenomenon, shaped by learners' experiences. This book posits that language attitude serves as the precursor to language identity. A favorable attitude towards a particular language can evolve into a stronger identification with that language within a given social context, forming the identity of the language user.

The study at hand focuses on the progression through three stages of socialization into NCL: the advancement of pragmatic competence, the shaping of linguistic identity, and the reinforcement of national identity. Methodologically, the researcher adopts an integrated approach using both quantitative and qualitative analyses. By examining the general trends and variances in pragmatic competence and identity formation among individuals from two different educational institutions, the author identifies the developmental nuances in the pragmatic abilities of key participants. Furthermore, through a blend of ethnographic and narrative analysis, the author investigates the multifaceted nature of language identity in these core participants and scrutinizes the elements affecting their national identity formation.

From this research, the principal findings of the book are summarized as follows:

1. Prior to college, disparities in the pragmatic competence of Tibetan students in NCL are mainly due to such factors as the urban-rural divide, family circumstances, and personal characteristics like gender. Upon entering college, experiences of learning and living both within and beyond the campus emerge as pivotal factors influencing their NCL pragmatic competence.

2. The NCL identity of Tibetan students is expressed through four distinct dimensions: reflexive, projected, recognized, and imaginative identi-

ty. The emphasis on these aspects varies among individuals, influenced by their academic coursework and involvement in various in-school and extra-curricular activities.

3. As agents of socialization, schools, peer groups, and mass media all play a role in shaping the linguistic and national identities of Tibetan students. Educational processes for Tibetan students are facilitated by radio, television, the internet, textbooks, and other socializing tools, which aid in the formation of NCL identity and the construction of national identity.

4. Qualitative analysis reveals a causal link between Tibetan students' NCL pragmatic competence, their language identity, and national identity. Enhanced NCL pragmatic competence correlates with a stronger NCL identity among Tibetan students, which in turn bolsters their affiliation with NCL speakers and solidifies their sense of belonging to the Chinese nation. Through NCL socialization, the national identity of Tibetan students is consolidated and intensified.

In the concluding section of the book, the author reflects on the implications of language socialization theory for language instruction, language policies aimed at alleviating poverty, and strategies for rural revitalization, informed by the research findings and in conjunction with existing literature.

目　　录

第一章　绪论 …………………………………………………… (1)
　第一节　研究背景 …………………………………………… (1)
　第二节　选题内容 …………………………………………… (3)
　第三节　研究意义 …………………………………………… (6)
　第四节　文献综述 …………………………………………… (7)
　第五节　本书结构 …………………………………………… (32)

第二章　理论基础及相关概念界定 …………………………… (33)
　第一节　语言社会化理论 …………………………………… (34)
　第二节　语用能力及相关概念 ……………………………… (39)
　第三节　语言认同及相关概念 ……………………………… (46)

第三章　研究设计 ……………………………………………… (58)
　第一节　研究思路 …………………………………………… (58)
　第二节　研究对象 …………………………………………… (59)
　第三节　研究方法 …………………………………………… (62)
　第四节　数据采集、整理和分析 …………………………… (65)

第四章　高校藏族学生通用语语用能力调查及分析 ………… (73)
　第一节　藏族学生总体通用语语用能力相关数据 ………… (73)

1

第二节　具体通用语语用能力的发展 …………………………（81）

第五章　高校藏族学生语言社会化过程中的认同发展 …………（100）
　　第一节　语言社会化表现的问卷调查及分析 ……………………（101）
　　第二节　有关语言认同和国家认同的个案访谈 …………………（105）

第六章　高校藏族学生通用语语用能力及认同差异成因 ………（150）
　　第一节　个体语用能力差异和认同变化分析 ……………………（150）
　　第二节　性别因素造成的语用能力差异 …………………………（171）
　　第三节　家庭背景造成的语用能力差异和认同差异 ……………（174）
　　第四节　城乡差别造成的差异 ……………………………………（175）
　　第五节　高校社会文化环境因素 …………………………………（177）

第七章　余论与结语 ………………………………………………（179）
　　第一节　余论：语言社会化作为促进公平的手段 ………………（179）
　　第二节　结语 ………………………………………………………（197）
　　第三节　研究创新点 ………………………………………………（198）
　　第四节　研究局限性 ………………………………………………（199）

参考文献 ……………………………………………………………（201）

附　录 ………………………………………………………………（230）

后　记 ………………………………………………………………（244）

Contents

1　Introduction ……………………………………… (1)
　1.1　Contextual Background ……………………………… (1)
　1.2　Selecting the Research Topic ………………………… (3)
　1.3　Significance of the Study ……………………………… (6)
　1.4　Literature Review ……………………………………… (7)
　1.5　Overview of the Book ………………………………… (32)

2　Theoretical Underpinning and Key Concepts ………… (33)
　2.1　Language Socialization ………………………………… (34)
　2.2　Pragmatic Competence and Related Concepts ……… (39)
　2.3　Language Identity and Related Concepts …………… (46)

3　Methodological Framework …………………………… (58)
　3.1　Research Approach …………………………………… (58)
　3.2　Study Participants ……………………………………… (59)
　3.3　Research Methods ……………………………………… (62)
　3.4　Data Collection, Structuring and Analysis ………… (65)

4　Investigation and Analysis of NCL Pragmatic Competenc of Ethnic Tibetan Students in Higher Education Institutions in China ……………………………………………………… (73)
　　4.1　Data of General NCL Pragmatic Competence of Ethnic Tibetan Students ……………………………… (73)
　　4.2　Development of Specific NCL Pragmatic Competence among EthnicTibetan Students ……………………… (81)

5　Identity Formation of Ethnic Tibetan College Students During Language Socialization ………………………… (100)
　　5.1　Survey Analysis of Language Socialization ……………… (101)
　　5.2　Case Studies on Language Identity and National Identity ……………………………………………… (105)

6　Factors Contributing to Variations in NCL Pragmatic Competence, Language identity, and National identity among Ethnic Tibetan College Students …………………… (150)
　　6.1　Analysis of Individual Differences in NCL Pragmatic Competence and Identity Changes ………………… (150)
　　6.2　Gender-Based Differences in NCL Pragmatic Competence ……………………………………………… (171)
　　6.3　Family Background's Impact on NCL Pragmatic Competence and Identity ……………………………………………… (174)
　　6.4　Urban-Rural Disparities in NCLPragmatic Competence and Identity ……………………………………………… (175)
　　6.5　Sociocultural Factors in Higher Education Institutions …… (177)

7 Closing Comments and Conclusion ……………………… (179)

7.1 Closing Comments: Language Socialization as a Tool for Promoting Equity ……………………………………… (179)
7.2 Conclusion ……………………………………………… (197)
7.3 Research Contributions ………………………………… (198)
7.4 Limitation of the Study ………………………………… (199)

References ……………………………………………………… (201)

Appendices ……………………………………………………… (230)

Afterword ……………………………………………………… (244)

第一章 绪 论

第一节 研究背景

中华人民共和国成立以来，大部分少数民族学生集中在边疆地区高校（如西藏大学）或一些民族类院校（如中央民族大学、位于陕西咸阳的西藏民族学院等）接受高等教育。进入21世纪后，有越来越多的少数民族学生进入东部或中部地区高校学习，其原因主要如下。（1）国家通用语言文字在民族地区得到大力推广。与之前的少数民族大学生相比，如今的少数民族大学生国家通用语水平已经显著提高，因而所遇到的语言障碍和心理障碍已经极大地减少，这些学生中的绝大多数已经不需要参加为期一年或两年的以汉语学习为主的预科学习了。（2）内地高校与边疆地区联系更为紧密①。一些内地高校与边疆地区高校、中小学或一些其他机构结成了帮扶关系，对西部地区进行教育支援，或在经济上给予一定的支持，从而扩大了院校影响力。一些东部和中部的教育团体（如职业教育集团）对涉藏地区的职业教育进行帮扶，产生了良好的影响②。同时内地高校也与边疆地区教育部门密切合作，积极拓展生源渠道。（3）中国交通基础设施

---

① "内地"一词有多个义项，本书中的"内地"指相对于新疆、西藏等边疆地区的东部、中部省份。
② 王小林、张晓颖：《迈向2030：中国减贫与全球贫困治理》，社会科学文献出版社2017年版，第252页。

建设近年来发展迅速。青藏铁路、川藏铁路、兰新高速铁路等交通大动脉的建成，也极大地方便了边疆地区学生外出求学。

《中华人民共和国国家通用语言文字法》（以下简称《国家通用语言文字法》）自2001年1月1日起施行。该法律的制定和实施，确立了普通话和规范汉字作为国家通用语言文字的权威地位[①]。《国家通用语言文字法》在民族地区得到了较好的实施，促进了民族地区的经济发展和各族群众间的相互交流。目前在校少数民族本科生或高职高专学生绝大部分是于《国家通用语言文字法》施行后出生，当中的绝大多数学生从小学一年级开始正式学习国家通用语言。对大部分少数民族学生而言，国家通用语言也是他们的第二语言。也就是说，这些学生的第二语言社会化从小学一年级已经开始。

随着第二语言习得的"社会转向"（The Social Turn）[②]，西方学界开始意识到传统二语习得研究强调认知和心理过程的局限性，对第二语言习得中的社会文化因素日益重视。学者们提出语言社会化理论将语言学习理解为习得语言和适应社会情境并习得文化的双重过程。然而，中国语言学界对此方面的重视程度尚且不足，仅有的一些研究也基本上限于来华留学生的汉语习得。国内不少学者发表了一些高校少数民族学生汉语和英语习得以及文化适应的文章，但对其语言社会化研究却甚少，这与中国的语言教育政策、民族政策、语言扶贫政策等有所脱节。由于地域、性别、受教育机会等因素中国少数民族的通用语语言能力各不相同，总体而言这些群体的通用语语言能力有了相当程度的提高。然而，相当一部分少数民族学生国家通用语语言能力尚有不足。不少少数民族学生的社会语用能力更是有所欠缺。对少数民族学生在通用语学习过程中语言认同

[①] 郭龙生：《中国当代语言规划的理论与实践》，广东教育出版社2008年版，第233页。

[②] David Block, *The Social Turn in Second Language Acquisition*, Edinburgh: Edinburgh University Press, 2003.

乃至国家认同的研究仍有待深入。藏族在中国分布较广，也是中国人口较多的少数民族之一，有较多的藏族学生进入全国各地高校学习。青少年时期是身份认同形成的关键时期，有必要从语言社会化的视角考察藏族学生的国家通用语语用能力发展以及语言认同和国家认同的变化情况。

第二节 选题内容

一 研究目标和研究内容

本书旨在调查不同的社会语言文化环境对藏族大学生通用语语用能力的发展、语言认同及国家认同的变化所造成的影响。

本书致力于调查藏族大学生通用语能力现状和发展状况。从语言社会化的视角分析高校藏族学生通用语语用能力的发展对通用语认同的影响和国家认同的影响，并剖析其通用语认同的形成路径。

二 研究问题

在不同的社会化过程中，学习者的通用语语用能力会发生变化。本书将调查两所高校藏族学生的语言能力和初始语用能力，对不同地区的两所高校的被试的语用能力和语言能力进行对比。本书还将对在不同环境下生活、学习的两类被试的通用语语用能力变化情况进行考察，并分析在语言社会化的过程中被试的语言认同和国家认同之演进过程。

本书将探讨被试入读高校前后语用能力差异的因素，剖析语用能力是在何种程度上影响语言认同和国家认同的，并具体分析核心被试语言认同的层面。在剖析被试在语言社会化过程中形成的语用能力差异并结合分析被试语言认同和国家认同形成路径的基础上，总结出哪些教学手段以及何种语言扶贫措施更有利于促进藏族学生的通用语社会化。

三 调查对象的选择

本书以藏族学生为调查对象。为了对比不同语言文化环境下藏族学生的通用语言社会化情况，笔者在汉族聚居地区和藏族聚居地区各选择一所高校的藏族学生来进行研究。为使读者了解藏族学生通用语社会化的特点，有必要对藏族和藏语做简要介绍。

（一）藏族简介

藏族是组成中华民族的古老优秀民族之一。第七次人口普查数据显示，截至2020年11月，中国境内的藏族人口为7060731人[1]，主要分布在被称为"世界屋脊"、山脉绵延的青藏高原上。据2021年第七次人口普查统计，西藏自治区藏族总人口为3137901人[2]。2019年末，青海省藏族人口153.35万人[3]。此外，还有较多的藏族人居住在毗邻青海或西藏的其他省份的藏族自治州或自治县。云南省迪庆藏族自治州有藏族人口134199人[4]、甘肃省甘南藏族自治州藏族人口42.94万人[5]。甘肃天祝藏族自治县、四川省的阿坝藏族羌族自治州、甘孜藏族自治州和木里藏族自治县等地也有较多的藏族人口。有少数藏族散居在全国各地。

---

[1] 国家统计局编：《中国统计年鉴2021》，http：//www.stats.gov.cn/tjsj/ndsj/2021/indexch.htm，最后访问日期：2022年4月18日。
[2] 《西藏自治区第七次全国人口普查主要数据公报》，http：//www.xizang.gov.cn/zwgk/zfsj/ndtjgb/202105/t20210520_202889.html，最后访问日期：2022年4月18日。
[3] 《青海统计年鉴2021》，http：//tjj.qinghai.gov.cn/nj/2021/indexch.htm，最后访问日期：2022年4月20日。
[4] 迪庆州人民政府：《迪庆概况：人口和民族》，http：//www.diqing.gov.cn/dqgk/rkhmz.html，最后访问日期：2022年4月20日。
[5] 《2021年全州藏族人口占总人口的比重近57%》，http：//tjj.gnzrmzf.gov.cn/info/1055/6560.htm。

早在四五千年前，西藏高原上的先民们就开展了文化交流①。藏族自唐代以来，和汉族以及其他少数民族的交往日益密切。藏族传统的节日有藏历新年和雪顿节（酸奶节）、燃灯节等。

(二) 藏语简介

藏语和汉语均属汉藏语系。藏语属该语系藏缅语族藏语支，为中国、尼泊尔、巴基斯坦、不丹境内的藏族及其他一些民族所使用。居住在西藏的部分回族、珞巴族、门巴族把藏语作为第一语言或第二语言。由于藏民所居住的地方大多为崇山峻岭，地广人稀，再加上自给自足的农牧经济，不同地区的藏民交往较少，因而藏语在不同地区演变成了不同的藏语变体即藏语方言。藏语分成三大方言：卫藏方言（U-Tsang），主要在西藏自治区（昌都地区除外）使用；康巴方言（Khams），主要在四川和云南的一些藏族自治州使用；安多方言（Amdo），主要在青海省和甘肃省的藏族自治州使用。邻近地区讲藏语者所使用的词汇、语音等可能稍有差别，但一般不影响沟通。但是随着空间距离的增大，藏语方言之间的差异也变大，地理距离较远的不同藏语方言使用者较难用藏语沟通。藏地民间有谚语生动形象地描述了这种状况："一个喇嘛一套经，一个地方一种话。"（基本上相当于汉族人所说的："十里不同音、百里不同语。"）但所有藏语方言采用同一种书写系统。这一点与汉语比较类似，即操不同汉语方言者有时很难互相通话，但所有的汉语方言采用同一种书写系统，讲不同汉语方言的人书面交流不会有多少障碍。

藏语和汉语虽属同一语系，但语法结构有较大的不同：与汉语主要是主谓宾的结构不同，藏语主要的基本语法结构是主宾谓结构，谓语动词总是在句末，如"丹增在西藏"，翻译成藏语是"Ten-zin Pö la du"（丹增 西藏 在 是）。

---

① 拉巴平措：《序一》，载马丽华《风化成典——西藏文史故事十五讲》，中国藏学出版社2009年版，第2页。

第三节 研究意义

一 理论意义

首先,大多数关于少数民族第二语言社会化的研究对象一般是迁移至发达国家的移民,对本国世代居住的少数民族语言社会化的研究相对较少,对中国藏族学生国家通用语言社会化的研究将会拓宽语言社会化研究的范围。其次,传统的语言社会化研究一般是采用民族志的研究方法考察学习者的语言和文化学习进程,而本书采用了民族志和叙事研究相结合的方法。最后,本书将语言社会化和语言认同与国家认同结合起来,拓宽了语言社会化影响的研究。目前,国内外出现了一些从语言学的视角关注国家认同的研究,而从语言社会化的视角对国家认同的研究仍然相对较少。本书能为国家认同和语言社会化研究做出一定的理论贡献。

二 实践价值

本书将调查藏族学生的通用语社会语用能力、语言社会化表现以及语言社会化是如何促进这些学生的语言认同的。本书将为各教育阶段学校制定教学大纲以及教师的课堂教学提供参考,为课程开发提供指南。本书还可帮助藏族学生提高通用语水平,提升学业水平,增强对中华文化的了解,促进藏族学生和其他少数民族学生以及汉族学生的交流,使来自祖国各地的各民族学生能更加和睦地相处,最终铸牢各民族学生的中华民族共同体意识。此外,本书还为国家、地方以及学校制定语言政策提供背景资料;本书可以进一步凸显语言扶贫的现实意义,并为在民族地区深入开展推普攻坚行动提供一定的理论借鉴。

第四节 文献综述

本节回顾语言社会化研究相关文献,对语言社会化密切相关的语用能力研究进行概述。对国内少数民族习得通用语相关研究进行概述,总结少数民族通用语语用能力的研究现状。梳理认同研究尤其是语言认同和国家认同的研究现状,在分析、评论语言认同、国家认同和语言社会化关系的基础上,提出从语用能力发展和认同两个层面来研究国内少数民族通用语社会化的必要性。

一　语言社会化研究

（一）国外语言社会化研究

国外学者所做的语言社会化研究可以从研究的对象语言[①]、研究的议题以及语言社会化所进行的场域进行划分。

1. 语言社会化研究和第二语言社会化研究

一般认为希夫林（Schieffelin）和奥克斯（Ochs）首次明确提出了语言社会化的理论[②]。早期学者们侧重关注第一语言社会化。从20世纪80年代开始,语言社会化的早期研究主要由西方学者（尤其是美国学者）围绕儿童在家庭、学校以及社区等领域中进行的第一语言社会化议题而展开。人类学家、社会学家和心理学家在此领域进行了开拓。早期语言社会化研究所关注的语言主要包括英语的各种变体以及太平洋岛屿语言如萨摩亚语（Samoan）、卡碌里语（Kaluli）、夸拉埃语（Kwara'ae）等[③]。

[①]　此处"对象语言",指语言社会化得以进行的某种语言,和一般应用语言学研究中所说的"对象语言"（object language）有所不同。参见刘福长《语言学中的"对象语言"和"元语言"》,《现代外语》1989年第3期。

[②]　Bambi B. Schieffelin and Elinor Ochs, eds., *Language Socialization across Cultures*, Cambridge: Cambridge University Press, 1986.

[③]　参见 Elinor Ochs, "Introduction", in Bambi B. Schieffelin and Elinor Ochs, eds., *Language Socialization across Cultures*, Cambridge: Cambridge University Press, 1986。

此后，语言社会化的对象语言逐步扩展到第二语言。学者们研究了日语、韩语、汉语等语言二语学习者的语言社会化。

2. 语言社会化所涉及的议题

(1) 学习者能动性（Learner Agency）研究

语言社会化研究常常聚焦于自上而下的过程或者是具备较多知识者在影响新手的行为或实践中所扮演的角色。但是进入21世纪以来，学者们对儿童社会化的研究开始强调儿童在社会化过程中所表现出的能动性以及合作意愿①。与此同时，最近对二语社会化的研究，也就是对非母语者在获得娴熟二语能力的同时努力成为该言语社区成员的研究，开始强调学习者在学习过程中可能会拒绝或抵制目标语言范式。不是所有的语言学习者都希望在语用方面表现得和讲本族语者一样。② 一些中国移民女性，基于个人价值和文化信仰，抵制"专家"同事对她们进行语用社会化，她们甚至会在工作场所对本族语者进行"逆社会化"（counter-socialize）。③ 佛格（Fogle）则研究了收养家庭中被收养者的学习者能动性。④

---

① 参见 William A. Corsaro, *The Sociology of Childhood* (2nd edn), Thousand Oaks, CA: Pine Forge Press, 2004; Aurolyn Luykx, "Weaving Languages Together: Family Language Policy and Gender Socialization in Bilingual Aymara Households", in Robert Bayley and Sandra R. Schecter, eds., *Language Socialization in Bilingual and Multilingual Societies*, Clevedon: Multilingual Matters, 2003, pp. 25 – 43。

② 参见 Patricia A. Duff and Liam Doherty, "Examining Agency in (second) Language Socialization Research", in Deters Ping, Xuesong (Andy) Gao, Miller Elizabeth R. and Gergana Vitanova, eds., *Interdisciplinary Approaches to Theorizing and Analyzing Agency and Second Language Learnings*, Clevedon: Multilingual Matters, 2014, pp. 54 – 72; Lucien Brown, "Identity and Honorifics Use in Korean Study Abroad", in Celeste Kinginger, ed., *Social and Cultural Dimensions of Language Learning in Study Abroad*, Amsterdam: John Benjamins, 2013, pp. 269 – 298; Duanduan Li, "The Pragmatics of Making Requests in the L2 Workplace: A Case Study of Language Socialization", *Canadian Modern Language Review*, Vol. 57, 2000, pp. 58 – 87; Meryl Siegal, "The Role of Learner Subjectivity in Second Language Sociolinguistic Competency: Western Women Learning Japanese", *Applied Linguistics*, Vol. 17, 1996, pp. 356 – 382。

③ Duanduan Li, "Pragmatic Socialization", in Patricia Duff and Stephan May, eds., *Encyclopedia of Language and Education* (3rd ed.) Cham, Switzerland: Springer International, 2017, pp. 49 – 62.

④ Lyn Wright Fogle, *Second Language Socialization and Learner Agency: Adoptive Family Talk*, Bristol/Buffalo/Toronto: Multilingual Matters, 2012.

(2) 社会身份以及权力研究

对社会身份（社会认同）的研究是语言社会化研究的中心议题之一。奥克斯提出了指示性原则（Indexicality Principle，有人译为"索引性原则"），认为时间、空间、社会身份的指示性意义通过特定形式（如询问方式、上升音调等）得以体现。① 杜芙（Duff）和泰尔密（Talmy）认为学习者与他人在社会互动的过程中获得了社会认同。②

(3) 语用社会化研究

早在20世纪80年代，就有学者对语用社会化作了研究。③ 布卢姆－库卡（Blum-Kulka）对语用社会化（Pragmatic Socialization）所下的定义为："儿童被社会化成在一定的社会文化情境下恰当地使用语言的方式。"④此定义有两大缺陷：一是认为社会化的对象局限于儿童，实际上不仅儿童，成年人也历经语用社会化以及语用再社会化（失去某种语用社会化的能力或知识后，经过学习重新获得）；二是过多地强调语用社会化的方式而忽略语用社会化的过程。此后，李端端总结认为：大多数的语言社会化研究都会或隐性或显性地针对语用能力的习得或发展⑤。

---

① Elinor Ochs, "Indexicality and Socialization", in James W. Stigler, Richard A. Shweder, and Gilbert Herdt, eds., *Cultural psychology: Essays on Comparative Human Development*, Cambridge: Cambridge University Press, 1990, pp. 287–308.

② Patricia Duff and Steven Talmy, "Language Socialization Approaches to Second Language Acquisition: Social, Cultural and Linguistic Development in Additional Languages", in Dwight Atkinson, ed., *Interdisciplinary Approaches to Theorizing and Analyzing Agency and Second Language Learning*, London: Routledge, 2011, pp. 95–116.

③ 如 A. Becker, "Children's Strategic Use of Requests to Mark and Manipulate Social Status", in Stan A. Kuczaj ed., *Language Development: Language, Thought, and Culture*, Hillsdale, NJ: Erlbaum, 1982, pp. 1–35; Patricia M. Clancy, "The Acquisition of Communicative Style in Japanese", in Bambi B. Schieffelin and Elinor Ochs, eds., *Language Socialization across Cultures*, Cambridge, UK: Cambridge University Press, 1986, pp. 213–250。

④ Shoshana Blum-Kulka, *Dinner Talk: Cultural Patterns of Sociability and Socialization in Family Discourse*, Mahwah, NJ: Erlbaum, 1997, p. 3.

⑤ Duanduan Li, "Pragmatic Socialization", in Patricia Duff and Nancy Hornberger, eds., *Encyclopedia of Language and Education*, Vol. 8, Language Socialization, New York: Springer, 2008; Li Duanduan, "Pragmatic Socialization", in Patricia Duff and Stephan May, eds., *Encyclopedia of Language and Education* (3rd ed.) Cham, Switzerland: Springer International, 2017, pp. 49–62.

值得一提的是,学者们对日语语用社会化做了较多的研究。太田(Ohta)讨论了表达情感的日语助词的习得以及社会化使用。① 法尔斯格拉夫(Falsgraf)和麦杰(Majors)探讨了沉浸式二语课堂日语语用知识的隐性传递②。日裔美籍学者Taguch在语用社会化研究领域久负盛名,Taguch通过纵向设计探讨了48名日本英语二语学习者的语用社会化进程③。虽然Taguch在上述研究中没有使用"语言社会化"或"语用社会化"等术语,然而,她所采纳的研究方法(长期的纵向民族志观察),以及研究的核心议题(聚焦于被试群体社会语用能力的发展过程),均深刻地体现出了语言社会化的鲜明特征。

3. 对不同场域内发生的语言社会化研究

语言社会化发生的场所有家庭、学校、工作单位、教堂、商店等。西方学者对家庭内发生的语言社会化做了较多的研究④。西方学者常常偏好于研究家庭就餐时成人对儿童的社会化指引。布卢姆-库卡描写的儿童在就餐时被社会化可谓这方面的开山之作。格尔等(Geer et al.)研究了爱沙尼亚、芬兰、瑞典家庭就餐时家长用评论这一语言手段促进儿童的语用社会化⑤。而对家庭内进行的语言社会化的研究常常与家庭语言政策研究交织在一起。路克斯(Luykx)探讨

---

① Amy Snyder Ohta, "Socializing the Expression of Affect: An Overview of Affective Particle Use in the Japanese as a Foreign Language Classroom", *Issues in Applied Linguistics*, Vol. 5, 1994, pp. 303 - 325.

② Carl Falsgraf and Diane Majors, "Implicit Culture in Japanese Immersion Classroom Discourse", *The Journal of the Association of Teachers of Japanese*, Vol. 29, No. 2, 1995, pp. 1 - 21.

③ 参见 Naoko Taguch, *Context, Individual Differences, and Pragmatic Competence*, New York/Bristol: Multilingual Matters, 2012。

④ 如 Lucinda Pease-Alvarea, "Transforming Perspectives on Bilingual Language Socialization", in Robert Bayley and Sandra R. Schecter, eds., *Language Socialization in Bilingual and Multilingual Societies*, Clevedon: Multilingual Matters, 2003, pp. 9 - 24; Aurolyn Luykx, "Weaving Languages Together: Family Language Policy and Gender Socialization in Bilingual Aymara Households", in Robert Bayley and Sandra R. Schecter, eds., *Language Socialization in Bilingual and Multilingual Societies*, pp. 25 - 43。

⑤ Boel De Geer, Tiia Tulviste, Luule Mizera, and Marja-Terttu Tryggvason, "Socialization in Communication: Pragmatic Socialization during Dinnertime in Estonian, Finnish and Swedish families", *Journal of Pragmatics*, Vol. 34, No. 12, 2002, pp. 1757 - 1786.

了艾马拉家庭语言政策与双语家庭的性别社会化。佛格（Fogle）和金（King）也讨论了双语家庭的语言社会化与语言政策①。二位学者提出互动策略的传授和思想观念的灌输促进了儿童双语能力的发展，他们还认为儿童自身在指引和影响语言社会化进程方面也起着重要作用。

除了家庭这一场域外，西方学者也较多地探究了在学校内进行的语言社会化。何纬芸剖析了汉语为祖裔语言学习者作为"初学者"（newcomer）的语言角色②。作者从辩证、互动的视角分析了初学者在语言社会化过程中的重要作用。阿特金森（Atkinson）借用布迪厄（Bourdieu）的文化资本的概念，描述了一所印度南部大学的学生的语言社会化进程和逆语言社会化（Dys-socialization）进程③。作者认为如果要使生态学视角的有效的社会化成为一种资源或商品，必须做出努力破除把英语作为文化资本所受的限制。菲格罗亚（Figueroa）和巴克达诺-罗培斯（Baquedano-López）则探讨了语言社会化和在学校接受教育的关系④。该文指出教师通过与学生进行日常互动而影响学生的观念。

学者们早就开展了对在社区进行的语言社会化的研究。帕特里克（Patrick）探讨了靠近北极的多语的魁北克社区的语言社会化，作者聚焦于该社区成员对语言学习的态度，并把这些态度与该社区的跨文

---

① Lyn Wright Fogle and Kendall A. King, "Bi-and Multilingual Family Language Socialization", in Patricia Duff and Stephan May, eds., *Language Socialization* (3rd ed.), Cham, Switzerland: Springer, 2017, pp. 79–95.

② Agnes Weiyun He, "Novices and Their Speech Roles in Chinese Heritage Language Classes", in Robert Bayley and Sandra R. Schecter, eds., *Language Socialization in Bilingual and Multilingual Societies*, Clevedon: Multilingual Matters, 2003, pp. 128–146.

③ Dwight Atkinson, "Language Socialization and Dys-socialization in a South Indian College", in Robert Bayley and Sandra R. Schecter, eds., *Language Socialization in Bilingual and Multilingual Societies*, Clevedon: Multilingual Matters, 2003, pp. 147–162.

④ Ariana Mangual Figueroa and Patricia Baquedano-López, "Language Socialization and Schooling", in Patricia Duff and Stephan May, eds., *Encyclopedia of Language and Education* (3rd ed.) Cham, Switzerland: Springer, 2017, pp. 141–153.

化情境下的语言使用联系起来①。克拉迪斯（Kyratzis）和古德温（Goodwin）发现儿童相互使对方社会化使之形成人们所期待的思考及感觉方式以及在同辈及兄弟姐妹中的社会关系形式。②

也有较多对工作场所进行的语言社会化的探索。麦考尔（McAll）探究了双语和多语工作场所的语言动态变化。③ 作者提到本地居民由于担心如果他们帮助移民提高二语语言能力，将会增加劳动力市场竞争，这将减少本地居民获得或保住工作的机会，因而拒绝给移民提供通道，也就是不愿意帮助移民二语社会化。但是作者并没有对语言社会化的具体层面进行探讨。罗伊（Roy）探讨了一个加拿大语言呼叫中心少数民族群体的语言社会化。④ 不断变化的语言意识形态和政策使当地形成了两种相互竞争的潮流：推崇法语方言和推崇标准法语，影响着该呼叫中心雇员的语言社会化。杜芙探讨了学习者在工作时的社会化或参加各种形式的教育活动或实习时的语言社会化。⑤ 总结学者们的研究可以得出结论："专家"与"新手"是否形成较强的竞争关系以及竞争的意识形态对工作场所的语言社会化有重大影响，"竞争性"是该场域语言社会化的一个重要特征。

（二）国内语言社会化研究

美国学者周明朗 1994 年用中文发表了介绍语言社会化研究的

---

① Donna Patrick, "Language Socialization and Second Language Acquisition in a Multilingual Arctic Quebec Community", in Robert Bayley and Sandra R. Schecter, eds., *Language Socialization in Bilingual and Multilingual Societies*, pp. 165 – 181.

② Amy Kyratzis and Marjorie Harness Goodwin, "Language Socialization in Children's Peer and Sibling-Kin Group", in Patricia Duff and Stephan May, eds., *Encyclopedia of Language and Education* (3rd ed.) Cham, Switzerland: Springer International, 2017, pp. 123 – 138.

③ Christopher McAll, "Language Dynamics in the Bi-and Multilingual Workplace", in Robert Bayley and Sandra R. Schecter, eds., *Language Socialization in Bilingual and Multilingual Societies*, Clevedon: Multilingual Matters, 2003, pp. 235 – 250.

④ Sylvie Roy, "Bilingualism and Standardization in a Canadian Call Center: Challenges for a Linguistic Minority Community", in Robert Bayley and Sandra R. Schecter, eds., *Language Socialization in Bilingual and Multilingual Societies*, pp. 269 – 285.

⑤ Patricia Duff, "Language Socialization, Higher Education, and Work", in Patricia Duff and Stephan May, eds., *Encyclopedia of Language and education* (3rd ed.) Cham, Switzerland: Springer International, 2017, pp. 255 – 272.

文章①。国内学者开始关注语言社会化理论始于2008年。匡芳涛和安礼艳剖析了语言社会化和语言习得的辩证关系，综合评价了语言社会化理论，认为该理论可为语言教学（尤其是第二语言教学）提供理论借鉴并具有实践价值②。孙志青介绍了语言社会化的理论基础，并主张语言社会化理论和交际民族志学、语言相对性共同构成了语言学习语境和文化因素的支柱。③ 此后介绍语言社会化理论的论著陆续出现④；多位学者指出社会文化理论和语言社会化理论是二语习得的两个流派⑤。尹洪山对二者之间的异同做了介绍，并对沃森－盖吉（Watson-Gegeo）、尼尔森（Neilsen）、尊格勒（Zuengler）和科尔（Cole）等人的观点作了总结，指出尽管第二语言课堂无法整体体现外界社会环境，但可创设与母语文化有较大不同、逼近真实目的语（target language）的语言文化环境，促进学习者的语言社会化进程。

除了理论介绍，国内学者也开展了一些语言社会化实证研究。除了极少数的第一语言社会化实证研究⑥，目前国内对语言社会化的研究主要集中在华留学生的第二语言社会化上。

国内对所做的语言社会化实证研究可以基本分为如下几个范畴。

---

① 周明朗：《语言社会化过程与初级汉语作为外语教学》，《语言教学与研究》1994年第3期。

② 匡芳涛、安礼艳：《语言·交际·社会化 社会化语言习得理论述评》，《外语教育》2008年第8期。

③ 孙志青：《二语习得中语境与文化问题的社会语言学视角》，《西北师大学报》（社会科学版）2008年第5期。

④ 如尹洪山：《从社会文化理论到语言社会化理论——二语习得研究的社会学转向》，《青岛科技大学学报》（社会科学版）2011年第1期；魏惠琳、张福慧：《语言社会化研究的理论基础及前景展望》，《外语学刊》2013年第4期；史兴松：《超学科视角下的二语社会化理论》，《现代外语》2016年第1期；曾洁、李婧：《语言社会化：二语习得研究的新范式》，《西南石油大学学报》（社会科学版）2019年第6期。

⑤ 如尹洪山：《从社会文化理论到语言社会化理论——二语习得研究的社会学转向》，《青岛科技大学学报》（社会科学版）2011年第1期；曾洁、李婧：《语言社会化：二语习得研究的新范式》，《西南石油大学学报》（社会科学版）2019年第6期；胡鸿、制健：《二语语用发展理论：社会学研究路向》，《滁州学院学报》2011年第3期。

⑥ 如曾洁、李婧：《语言社会化：二语习得研究的新范式》，《西南石油大学学报》（社会科学版）2019年第6期。

1. 语用社会化研究

语用社会化研究主要包括对留学生语用能力发展的研究[①]。应洁琼采用语篇补全对话测试并结合访谈和亲身观察等调查方法调查了6名在华留学生的请求言语行为并由此分析了她们的语用语言能力和社会语言能力的发展，并得出了这两种能力的发展步调不一致的结论，作者分析指出社会活动媒介作用不是万能的，有时很难将习得的一种情境下的策略迁移到另一种情境下去。王春辉、孙弘扬采用了语言社会化的视角，对北京高校留学生的语用失误进行了分析，并归结了这些学生语用能力发展较为缓慢的原因：缺乏语言社会化得以进行的社会环境是首要原因，促进语言社会化发展的课堂环境缺失是另一原因，作者认为教师语言社会化信念的缺失、教材忽视语用社会化含义和教师未能采用合适的教学法均是造成语言社会化课堂环境缺失的原因。

2. 身份认同发展研究

国内对留学生语言社会化的研究还包括对留学生身份认同发展的研究。陈钰研究了以汉语为二语的学习者在学习汉语写作过程中所经历的磨难、斗争乃至最终成为合格学术团体一员过程中身份认同的变化。[②] 潘静重点探讨了留学生汉语学习过程中所经历的身份认同的衍化对其语言学习效果的影响，并通过实证得出结论：身份认同较强者汉语学习效果通常也较为理想[③]。

3. 其他实证研究

黄均钧探讨了第二语言学习者在学术群体中的社会化过程，作者

[①] 参见魏惠琳、周春红《学习态度对美国华裔语言社会化的影响——以请求策略为例》，《教学研究》2013年第5期；应洁琼《基于语言社会化理论的留学生汉语语用能力发展研究》，《语言教学与研究》2018年第5期；王春辉、孙弘扬《语用失误视角下的留学生语言社会化探讨》，《国际汉语教学研究》2020年第3期。

[②] 陈钰：《第二语言学习者在汉语学术写作中的身份认同发展》，博士学位论文，华东师范大学，2015年。

[③] 潘静：《英语国家来华留学生的身份认同与汉语学习之间的关系研究》，硕士学位论文，南京大学，2016年。

采用个案研究方法，分析了日语二语学习者作为"初学者同伴互评参与者"参加课堂讨论及其他活动时的逐步变化的话语特色和发话意图等，讨论了他们被社会化成具有"敢发言"心态及采取行动的原因①。曾洁、李婧开展了第一语言学习者情感方面社会化的研究，两位作者跟踪研究了4—5岁以汉语为第一语言的儿童羞耻感的语言社会化过程。② 作者发现社会成员通过互动促进儿童在语言社会化的过程中了解并产生羞耻感是以显性及隐性两种方式实现的。

总结国内相关研究不难发现：关于少数民族母语社会化或第二语言社会化的研究较少。语言社会化是一个终生的过程，母语为非汉语的少数民族学生进入通用语为主要教学媒介的高校，其语言社会化过程将继续进行。目前鲜有探讨内地高校少数民族学生语言社会化的相关文献。

二 语用能力研究

语用能力的发展是语言社会化的一个重要体现，学习者语言技巧的完善是通过在特定社区的社会化进程而完成。由于语言社会化范式强调在语境中恰当地使用具有文化意义的语言，语用学习一直是语言社会化研究的重要课题③。正如奥克斯所说，语言社会化意味着"使之社会化从而使其有意义、恰当和有效地使用语言"。④ 从这个意义上说，诸多语言社会化研究涉及语用知识的习得和语用能力的发展。

---

① 黄均钧：《合作学习活动参与者的语言社会化——基于一位"敢发言"学生的个案研究》，《外语教育研究前沿》2019年第4期。

② 曾洁、李婧：《语言社会化：二语习得研究的新范式》，《西南石油大学学报》（社会科学版）2019年第6期。

③ Duanduan Li, "Pragmatic Socialization", in Patricia Duff and Nancy Hornberger, eds., *Encyclopedia of Language and Education*, Vol. 8, Language Socialization, New York: Springer, 2008.

④ Elinor Ochs, "Linguistic Resources for Socializing Humanity", in John J. Gumperz and Stephen C. Levinson, eds., *Rethinking Linguistic Relativity*, New York: Cambridge University Press, 1996, p. 408.

现有研究对语用能力的分析主要聚焦于言语行为、会话含义、言语风格（包括敬语）和句末助词。而这当中又以对言语行为的研究较为充分。相比之下，分析学习者使用语块的能力以探析其语用能力发展的研究相对较少，而在一定的语境中恰当地使用语块的能力也是语言社会化程度的表现之一。

（一）表示发出请求的语用能力

塞尔（Searle）提出了言语行为理论，为言语行为的研究奠定了基础。[①] 在对请求、恭维回应、拒绝、赞扬、抱怨等言语行为的研究中，国内外对请求言语行为的研究最为充分。请求是要求他人做某件事或不要做某件事或者表达对某物的愿望。由于请求中形式、意义和语用之间关系的复杂性，请求言语行为成为诸多学者的关注点。请求言语行为也是中介语语用学（Interlanguage Pragmatics）[②] 学者最感兴趣的话题之一。

请求言语行为是对听话者面子构成威胁的一种行为（Face Threatening Acts，FTAs）。[③] 说话者为了降低威胁、减轻对他人面子的伤害，其请求言语行为常常会调用较多的语用策略。请求是一种复杂的言语行为，可以根据其组成部分进行分析：警示、头部行为、内部修正和外部修正。[④] 学习如何提出适当的请求对母语学习者来说已经是一项比较艰巨的任务，学习者不仅需要知道哪些语言形式可用于提出请求，而且需要知道语境（如权势和强制）如何影响语言形式的选择，对于第二语言学习者来说，更是构成了不少挑战。布卢姆-库卡等主

---

① John R. Searle, "A Classification of Illocutionary Acts", *Language in Society*, Vol. 5, No. 3, 1976.

② 有一些文献（如何自然：《什么是语际语用学》，《国外语言学》1996 年第 1 期；李民、陈新仁、肖雁：《英语专业学生性格类型与语法、语用能力及其意识程度研究》，《外语教学与研究》2009 年第 2 期；等等）将 "Interlanguage Pragmatics" 译为 "语际语用学"。

③ Penelope Brown and Stephen D. Levinson, *Politeness: Some Universals in Language Usage* (2nd ed.), Cambridge: Cambridge University Press, 1987, p.66.

④ Shoshana Blum-Kulka, Juliane House, and Gabriele Kasper, eds., *Cross-Cultural Pragmatics: Requests and Apologies*, Norwood, NJ: Ablex, 1989.

第一章 绪论

张请求策略由直接策略、规约性间接策略以及非规约性间接策略共三类策略组成。① 此后不少作者沿袭了这一分类。② 巴塔列尔（Bataller）对比研究了西班牙语为母语者和西班牙语为二语者的请求行为，得出的结论是美国的西班牙语二语学习者在西班牙学习了4个月后，使用西班牙语时的言语行为和本族语者还是有较大差别的，其原因是前者缺乏目标语语用意识并且和西班牙语为母语者接触较少。③

除了对英语、西班牙语等欧美主要语言学习者语用能力的研究，也有一些对其他语言学习者语用能力的研究。拜恩（Byon）描述了美国韩语学习者韩语请求行为的社会语用特征：请求结构的语义结构模型与英语为母语者使用美式英语时的结构趋于一致。④ 美国韩语学习者的韩语请求言语形式远比韩语为母语者丰富，很有可能是前者母语请求形式较为丰富所致。郦帅与 Su 和 Ren 均考察了汉语二语学习者的二语语言水平对学习者在中国学习期间请求语用行为产生的影响。⑤ 郦帅的结论是中级和高级学习者所发出的请求行为在内部各部分的组成形式上均发生了改变。而 Su 和 Ren 的结论是不同水平的汉语二语学习者均知道母语者所使用的语用策略，但他们在使用内部修正策略时显得力不从心。张绍杰、王晓彤较早对汉语请求行为作了研究，在

---

① Shoshana Blum-Kulka, Juliane House, and Gabriele Kasper, eds., *Cross-cultural Pragmatics: Requests and Apologies*, Norwood, NJ: Ablex, 1989.

② 如张绍杰、王晓彤：《"请求"言语行为的对比研究》，《现代外语》1997年第3期；Machiko Achiba, *Learning to Request in a Second Language: A Study of Child Interlanguage*, Clevedon, UK: Multilingual Matters, 2002；魏惠琳、周春红：《学习态度对美国华裔语言社会化的影响——以请求策略为例》，《教学研究》2013年第5期。

③ Rebeca Bataller, "Making a Request for a Service in Spanish: Pragmatic Development in the Study Abroad Setting", *Foreign Language Annalsy*, Vol. 43, No. 1, 2010.

④ Andrew Sangpil Byon, "Sociopragmatic Analysis of Korean Requests: Pedagogical Settings", *Journal of Pragmatics*, Vol. 36, No. 9, 2004, pp. 1673 – 1704.

⑤ 参见 Shuai Li, "The Effects of Different Levels of Linguistic Proficiency on the Development of L2 Chinese Request Production During Study Abroad", *System*, Vol. 45, 2014, pp. 103 – 116; Yunwen Su and Wei Ren, "Developing L2 Pragmatic Competence in Mandarin Chinese: Sequential Realization of Requests", *Foreign Language Annals*, Vol. 50, No. 2, 2017, pp. 433 – 457。

该项研究中作者重点探讨了汉语请求行为的序列以及影响汉语请求行为的社会因素。[1] 有少数用中文发表的汉语二语学习者请求策略研究。应洁琼运用多种方法对8名欧洲来华留学生所做的研究表明：当使用母语策略有较多好处时，汉语二语学习者有时会故意不使用某些常见的汉语语用策略。[2] 刘惠萍、张绍杰运用语篇补全测试获取数据，对新疆高校维吾尔族三语者、双语者和单语者请求策略的选择进行了对比研究，较多地涉及了汉语请求策略。[3]

早期的请求言语行为研究主要聚焦于第一语言迁移、本族语和非本族语者言语行为对比以及跨文化对比分析等。[4] 与语用分析及对比分析相比，对语用发展的研究依旧相对较少。请求策略能反映个体对一定语境下不同条件的理解和感知。分析个体请求策略的纵向变化，可获知其社会文化知识的动态发展过程，洞悉其社会化过程。请求策略的使用倾向与语言社会化程度密切相关。一般而言，"请求策略的选择越接近母语者，则说明其语言社会化程度越深"。[5]

中国少数民族国家通用语请求言语行为研究仍然较为少见，采用语言社会化框架研究少数民族通用语请求策略的研究更为鲜见。

(二) 对恭维作出回应的语用能力

作为言语行为的一部分，恭维回应已经在诸多学科（如社会语言学、语用学以及跨文化交际等）领域得到了较为充分的研究。恭维回

---

[1] 参见张绍杰、王晓彤《"请求"言语行为的对比研究》，《现代外语》1997年第3期。

[2] 参见应洁琼《二语学习者汉语请求言语行为策略选用的社会认知分析》，《外语教学》2021年第4期。

[3] 刘惠萍、张绍杰：《请求策略语用对比研究——以新疆维吾尔族大学生为例》，《外语与外语教学》2012年第3期。

[4] 如 Shoshana Blum-Kulka, "Learning to Say What You Mean in a Second Language: A Study of the Speech Act Performance of Learners of Hebrew as a Second Language", *Applied Linguistics*, Vol. 3, No. 1, 1982, pp. 29 – 59; ShoshanaBlum-kulka and Elite Olshtain, "Requests and Apologies: A Cross-cultural Study of Speech act Realization Patterns (CCSARP)", *Applied Linguistics*, Vol. 5, No. 3, 1984, pp. 196 – 213; Shoshana Blum-Kulka, Juliane House, and Gabriele Kasper, eds., *Cross-cultural Pragmatics: Requests and Apologies*, Norwood, NJ: Ablex, 1989。

[5] 魏惠琳、周春红：《学习态度对美国华裔语言社会化的影响——以请求策略为例》，《教学研究》2013年第5期。

应研究主要通过分析言语行为作为有效的方法去反映"讲话者对其个人和社会身份的外部评价的反应"①。从语用角度对恭维回应的研究始于波默兰茨（Pomerantz）美式英语本族语者该行为的研究。② 恭维语是指"一种言语行为，它明确或暗示地赞扬除说话人以外的其他人，通常是说话人赞扬说话人和听话人都积极评价的良好的品性、特征、技能等"。③ 恭维回应因其确保成功交际方面的作用引起了人类学、社会语言学、语用学等学科作者的关注。

学者们常用礼貌理论［尤其是布朗（Brown）和莱文森（Levinsons）的相关理论］来解释恭维及恭维回应行为。④ 第二语言语用笔者普遍认为二语学习者在不熟悉的二语语境下做出称赞回应行为时，常常会诉诸自己的母语语用知识。⑤ 有时即使这些二语习得者知道本族语者如何表达时，出于心理原因他们有可能不遵循第二语言的一些交际常规。

传统上，汉语为母语者得到称赞时，通常会用自我谦虚或自我贬损的方式表达谢意。如别人对其所取得的成就进行赞扬时，汉族人常常会说"哪里哪里""不会吧"等表示自我谦虚。早期的研究认为中国人会拒绝大多数的恭维，明确接受恭维则被认为是不礼貌的⑥。改

---

① Nuria Lorenzo-Dus, "Compliment Responses among British and Spanish University Students: a Contrastive Study", *Journal of Pragmatics*, Vol. 33, No. 1, 2001, p. 108.

② 参见 Anita Pomerantz, "Compliment Responses: Notes on the Cooperation of Multiple Constraints", in Jim Schenkein, ed., *Studies in the Organization of Conversational Interaction*, New York: Academic Press, 1978, pp. 79 – 112。

③ Janet Holmes, "Compliments and Compliment Responses in New Zealand English", *Linguistics*, Vol. 28, 1988, p. 446.

④ 参见 Penelope Brown and Stephen D. Levinson, *Politeness: Some Universals in Language Usage* (2nd ed.), Cambridge: Cambridge University Press, 1987。

⑤ 如 Eli Hinkel, "When in Rome: Evaluations of L2 Pragmalinguistic Behaviors", *Journal of Pragmatics*, Vol. 26, 1996, pp. 51 – 70; Gabriele Kasper, "Four Perspectives on L2 Pragmatic Development", *Applied Linguistics*, Vol. 22, 2001, pp. 502 – 530。

⑥ Jin Li, "When in China, Do as the Chinese Do? Learning Compliment Responding in a Study Abroad Program", *Chinese as a Second Language Research*, Vol. 1, No. 2, 2012, pp. 211 – 240; Rong Chen, "Responding to Compliments in Chinese: Has It Changed?", *Journal of Pragmatics*, Vol. 42, 2010, pp. 1951 – 1963; Ying Cai, "A Study on Compliment Response Strategies by Chinese College Students", *Journal of Language Teaching and Research*, Vol. 3, No. 3, 2012, pp. 543 – 549.

革开放几十年来，中国经济社会结构发生了巨大变化，这对中国的传统文化价值观以及年青一代的观念造成了很大的影响。汉族年轻人对恭维作出回应时常常说"谢谢"的频率在增加，部分老年人也开始对恭维较多地回复以"谢谢"。

进入 21 世纪后的一些实证研究[1]表明大多数中国大学生接受恭维，而不是拒绝恭维。用中文发表的论著中，有从会话分析角度对汉语恭维语的分析[2]，有从英汉对比的角度对恭维语的研究[3]。用汉语发表的关于第二语言恭维语及回应习得的相关文献较少。

（三）使用语块的语用能力

除了传统的通过言语交际行为研究学习者的语用能力发展，最近也兴起了通过剖析学习者使用语块的能力来探讨其语用能力的发展。"语块"在英文中有"formulaic language""formulaic sequences""lexical bundles""multi-word units""phraseology"等说法。在国外，诸多学者对使用语块和语言能力之间的关系进行了探讨。[4] 雷伊（Wray）探讨第一语言和第二语言习得中语块问题的专著为该领域的重量级作品。[5] 凯克斯（Kecskes）则专门探讨了惯用语理解能力与语用能力之

---

[1] Jin Li, "When in China, Do as the Chinese Do? Learning Compliment Responding in a Study Abroad Program", *Chinese as a Second Language Research*, Vol. 1, No. 2, 2012, pp. 211 - 240; Rong Chen and Dafu Yang, "Responding to Compliments in Chinese: Has It Changed?", *Journal of Pragmatics*, Vol. 42, 2010, pp. 1951 - 1963; Ying Cai, "A Study on Compliment Response Strategies by Chinese College Students", *Journal of Language Teaching and Research*, Vol. 3, No. 3, 2012, pp. 543 - 549.

[2] 如于国栋、张艳红：《汉语日常交际中"隐含型"恭维的会话分析》，《山西大学学报》（哲学社会科学版）2019 年第 4 期；张艳红、于国栋：《汉语恭维回应语"对比恭维"模式的会话分析》，《现代外语》2016 年第 5 期。

[3] 如雷虹、王书亭：《英汉恭维语回应的语用差异》，《中国成人教育》2010 年第 15 期；王盼盼：《英汉恭维语对比微探》，《聊城大学学报》（社会科学版）2009 年第 2 期。

[4] 如 Florian Coulmas, "On the Sociolinguistic Relevance of Routine Formulae", *Journal of Pragmatics*, Vol. 3, No. 3 - 4, 2001, pp. 239 - 266; Sylviane Granger, "Prefabricated Patterns in Advanced EFL Writing: Collocations and Formulae", in A. P. Cowie, ed., *Phraseology Theory, Analysis, and Applications*, Oxford: Clarendon Press, 1998, pp. 145 - 160。

[5] Alison Wray, *Formulaic Language and the Lexicon*, Cambridge: Cambridge University Press, 2002.

间的关系。① 心理学概念的语块主要指存储在记忆中可以随时调取使用的序列,而语言社会化视角下的语块则更侧重其在日常交际规范中的反复使用。王凤兰等基于语料库把汉语语块分成五类:一是习语(包括惯用语、成语、俗语、歇后语);二是搭配(包括同层结构和跨层结构);三是框式结构;四是话语标记语;五是社交客套语。② 王凤兰等所说的"习语"与"熟语"基本相当。汉语"熟语"一词翻译自俄语"Фразеологизм"③,包括成语、谚语、俗语、惯用语、歇后语等。

汉语熟语有着浓厚的文化底蕴,掌握汉语熟语的程度是汉语学习者语用能力的一个标志,是学习者语言社会化程度的体现。熟语属于语块的一种,语块除了成语,还包括祷告语、词串等。熟练使用语块的能力是语用能力的重要组成部分,常常能表达文化价值、社会期望以及说话者的态度。语块这一概念是语言社会化理论的重要组成部分。语块在对"新手"进行社会化,使之理解社会维度(如:礼貌、等级和社会身份,包括社会角色和地位以及关系)方面起着至关重要的作用。语块是强有力的社会化的手段和社会化的目标。④ 使用语块是"专家"对"新手"进行社会化的一种方式,其意义在于向"新手"传达目标语群体成员的规范、价值、认同以及立场。多尼叶(Dörnyei)等也指出,从个体差异的角度来看,能影响语块习得的三个因素似乎是:语言能力、动机和社会文化适应。⑤ 第二语言学习者在使用语块时面临诸多困难,尤其在使用文化负载义很强的情境专用

---

① Istvan Kecskes, *Situation-Bound Utterances in L1 and L2*, Berlin: Mouton de Gruyter, 2002.

② 王凤兰、于屏方、许琨:《基于语料库的汉语语块分类研究》,《语言与翻译》2017年第3期。

③ 武占坤:《汉语熟语通论》,河北大学出版社2007年版。

④ Matthew Burdelski and Haruko Minegish Cook, "Formulaic Language in Language Socialization", *Annual Review of Applied Linguistics*, Vol. 32, 2012, pp. 173 – 188.

⑤ Zoltán Dörnyei, Valerie Durow and Khawla Zahran, "Individual Differences and Their Effects on Formulaic Sequence Acquisition", in Norbert Schmitt, ed., *Formulaic Sequences: Acquisition, Processing and Use*, Amsterdam: John Benjamins Publishing Company, 2004, pp. 87 – 106.

语时。情境专用语属于语块的一种，第二语言学习者情境专用语的习得问题日益受到关注。使用情境专用语的能力是二语学习者语用能力的重要标志。① 目前汉语熟语相关研究主要侧重于成语、谚语、惯用语等的教学研究②，对汉语熟语使用与语用能力关系之间的探讨相对较少。通过剖析汉语学习者语块习得，剖析其语言社会化进程的研究非常欠缺。③ 对中国少数民族学生通用语言社会化过程中使用语块的能力的研究尚不多见。

三 中国少数民族学生国家通用语言习得研究

近几年来国际上对汉语作为第二语言习得的研究逐渐增加，主要有对习得汉语字词（Character）书写④、汉语语用能力发展⑤、汉语听力能力的发展⑥，以及习得汉语语法标记词"了""被""的"等的研究⑦。用英文发表的研究很少单独关注中国少数民族国家通用语言的习得或能力发展，而是更多地关注中国的双语或三语教育政策或

---

① Istvan Kecskes, "Situation-Bound Utterances as Pragmatic Acts", *Journal of Pragmatics*, Vol. 42, No. 11, 2010; Istvan Kecskes, *Intercultural Pragmatics*, Oxford: Oxford University Press, 2013.

② 如马晓娜:《留学生使用汉语惯用语的偏误分析及对策》,《淮北煤炭师范学院学报》(哲学社会科学版) 2008 年第 2 期; 车晓庚:《惯用语在对外汉语教学中的难点与应对策略》,《语言文字应用》2006 年第 2 期; 张亚茹:《维吾尔族学生汉语量词习得偏误分析》,《民族翻译》2009 年第 1 期。

③ Patricia A. Duff, Liam Doherty, "Chinese Second Language Socialization", in Chuanren Ke, ed., *The Routledge Handbook of Chinese Second Language Acquisition*, New York: Routledge, 2018, pp. 82 – 99.

④ Tianglu Zhang and Chuanren Ke, "Research on L2 Chinese Character Acquisition", in Chuanren Ke, ed., *The Routledge Handbook of Chinese Second Language Acquisition*, pp. 103 – 133.

⑤ Li Yang, "Pragmatics Learning and Teaching in L2 Chinese", in Chuanren Ke, ed., *The Routledge Handbook of Chinese Second Language Acquisition*, pp. 261 – 278.

⑥ Wei Cai, "Chinese Listening Comprehension: Research and Pedagogy", in Chuanren Ke, ed., *The Routledge Handbook of Chinese Second Language Acquisition*, pp. 279 – 297.

⑦ 如 Marinus van den Berg and Guo Wu, *The Chinese Particle Le: Discourse Construction and Pragmatic Marking in Chinese*, New York: Routledge, 2006; Hana Trískova, "De-stress in Mandarin: Clitics, Cliticoids, and Phonetic Chunks", in Istvan Kecskes and Chaofen Sun, eds., *Key Issues in Chinese as a Second Language Research*, New York: Routledge, 2017, pp. 29 – 56。

第一章 绪论

实践。①

国内对少数民族汉语习得的研究主要可以分为如下几类：（1）少数民族学生习得汉语语音、语调；（2）少数民族学生习得汉语词汇；（3）少数民族学生习得汉语句式；（4）少数民族通用语语言能力和语用能力研究。②

（一）习得汉语语音、语调的研究

少数民族习得汉语研究主要有对少数民族习得普通话语音或语调的探索。③ 这些研究认为，少数民族的母语影响了其汉语语音、语调。白婷婷对少数民族学生汉语声调的偏误作了分析，认为有些是受其母语影响。但是白婷婷对这些少数民族学生的民族构成没有作具体的介绍，而不同的母语对习得汉语声调的影响是不同的。王津京则将研究对象具体到蒙古族学生，认为其母语蒙古语对他们习得汉语的声母、韵母以及声调均造成了一定的影响。对藏族习得汉语的研究主要集中在对这些学习者习得普通话语音的研究。④

（二）习得汉语词汇的研究

学者们对少数民族习得汉语词汇的研究常常采用分析偏误并剖析

---

① Qingxia Dai and Yanyan Cheng, "Typology of Bilingualism and Bilingual Education in Chinese Minority Nationality Regions: Practices, Policies and Concepts", in Feng Anwei, ed., *Bilingual Education in China: Practices, Policies, and Concepts*, Clevedon: Multilingual Matters, 2007, pp. 75 – 93; Minggang Wan and Shanxin Zhang, "Research and Practice of Tibetan-Chinese Bilingual Education", in Feng Anwei, ed., *Bilingual Education in China: Practices, Policies, and Concepts*, pp. 127 – 145.

② 本书有关中国少数民族语言习得的论述，"国家通用语" "通用语" "汉语" 均指 "中华人民共和国国家通用语言"。

③ 如白婷婷：《少数民族大学生汉语声调偏误溯因分析——以昌吉学院为例》，《广西教育学院学报》2020年第4期；代少若：《贵州省望谟县复兴镇布依族汉话的语音特征及分析》，《贵州民族研究》2020年第5期；王津京：《蒙古族大学生普通话语音偏误分析》，《语文学刊》2019年第6期。

④ 如秦岭：《藏族学生普通话语音学习现状及教学策略研究——以玉树地区藏语为例》，《西安文理学院学报》（社会科学版）2016年第5期；李永斌：《藏族学生普通话语音学习现状及教学策略研究——以玉树地区藏语为例》，《西安文理学院学报》（社会科学版）2014年第6期；甘振业、周世华、曾浩、杨鸿武：《基于DFCNN-CTC端到端的藏族学生普通话发音偏误检测》，《西北师范大学学报》（自然科学版）2020年第5期。

偏误产生之原因的方法，如少数民族习得量词研究①、习得汉语介词研究②、习得汉语动词研究③均采用这一路径。吴爽基于语料库探讨了新疆少数民族学生习得汉语形容词的情况。④ 以上研究均指出少数民族学生习得汉语相关此类词汇时常犯错误的重要原因之一是母语负迁移。

（三）习得汉语句式的研究

房玉霞对少数民族学生习得汉语比较句的情况进行了分析，从母语负迁移和汉语语言知识泛化等多方面考察了偏误产生的原因。⑤ 韩生辉对新疆少数民族学生用错汉语"是……的"构式之原因进行了考察，⑥ 但其调查方式主要是以问卷形式进行的，所获取的语料与实际生活中的语言运用情况有一定的差距。

（四）少数民族通用语语言能力和语用能力研究

国内学者对不同教育阶段少数民族学生的通用语语言能力进行了调查研究。有对幼儿或小学生通用语言能力的调查。⑦ 刘海红、薛军利利用改编的通用语言能力检测工具重点调查了藏族幼儿的国家通用语语言能力，发现被试的国家通用语言能力因地区不同、城乡不同而存在显著差异。许红花提出朝鲜族学生表现出较强的通用语交际语言

---

① 张妍哲：《维吾尔族学生汉语量词习得偏误分析》，《民族翻译》2009 年第 1 期；崔新丹：《少数民族学生习得汉语量词的偏误分析》，《语言与翻译》2013 年第 2 期。

② 薛风燕、张国云：《新疆两年制少数民族预科生汉语习得中的介词偏误分析》，《民族高等教育研究》2019 年第 6 期。

③ 纳玉兰：《藏族学生汉语动词使用偏误分析》，《青海师范大学民族师范学院学报》2017 年第 1 期。

④ 吴爽：《基于语料库的初级阶段汉语形容词习得研究——以新疆少数民族学生为例》，《语言与翻译》2018 年第 3 期。

⑤ 房玉霞：《少数民族学生习得汉语比较句结论项偏误分析》，《语言与翻译》2014 年第 3 期。

⑥ 韩生辉：《新疆少数民族学生汉语句式习得研究——以"是……的"句式为例》，《新疆教育学院学报》2014 年第 2 期。

⑦ 刘海红、薛军利：《西藏幼儿园藏族幼儿国家通用语言能力现状调查》，《西藏大学学报》（社会科学版）2020 年第 3 期；许红花：《交际语言能力视角下朝鲜族学生初级汉语能力分析》，《东北师大学报》（哲学社会科学版）2018 年第 5 期。

能力，主要得益于历史文化原因、党和国家的政策，以及高素质的教师队伍等，但是其样本量有限（仅为中心城市的一个行政班的 30 名同学），不具有代表性，尤其是该小学汉语教师 100% 具有研究生学历这一项是大多数民族地区小学不具备的条件。

与对幼儿园、小学阶段以及高等教育阶段少数民族学生通用语语言能力的调查相比，聚焦于中等教育阶段的相关研究较少。邱静远等认为少数民族初中生汉语能力存在性别差异是由于学习过程中的"表面过程"所起的中介作用。① 靳雅姝、董淑华调查认为朝鲜族高中生通用语听说水平基本接近本地同龄汉族学生，但是二语写作能力相对欠缺，认为教师带领学生阅读经典文献、以读促写是提高朝鲜族学生汉语写作能力的良策。②

刘晨红调查了民族高校大学生的通用语语言能力，认为少数民族大学生普通话水平有待提高，该文所说的语言能力主要是指听、说、读、写技能。③ 作者得出结论的根据主要是学生的自报，缺乏其他方面的佐证材料。另外作者认为少数民族学生听说读写能力不乐观的原因之一是网络语言环境的负面影响，但作者并没有对之展开论述。总之，目前对各个教育阶段少数民族学生通用语语言能力的研究相对较少，而且不够深入。

目前专门针对少数民族汉语交际能力或语用发展的研究相对较少。白玲、文静探讨了少数民族学生因受母语影响，经常省略或误用汉语话语标记而不能输出合格的语篇。④ 刘旭依据中介语理论对少数民族学生写作中出现的语用失误进行了分析，⑤ 文章中分析的失误主

---

① 邱静远、周洁、汤晨晨、吴瑞林：《少数民族初中生汉语能力的性别差异分析——学习过程的中介作用》，《民族教育研究》2020 年第 3 期。
② 靳雅姝、董淑华：《汉语经典阅读与少数民族学生汉语写作结合策略研究——以延边地区朝鲜族高中为例》，《延边教育学院学报》2018 年第 4 期。
③ 刘晨红：《民族高校大学生汉语能力调查研究——以宁夏某民族高校为例》，《赤峰学院学报》（汉文哲学社会科学版）2018 年第 6 期。
④ 白玲、文静：《少数民族学生汉语话语标记习得的偏误及对策》，《新疆教育学院学报》2011 年第 3 期。
⑤ 刘旭：《少数民族学生学习汉语的语用失误分析》，《新疆教育学院学报》2008 年第 2 期。

要是使用词汇不恰当的错误,缺乏对语境判断错误所犯失误的分析。崔有为、张砾对维吾尔族学生汉语礼貌用语的使用作了调查,认为他们使用汉语礼貌用语错误的原因主要有受母语负迁移以及对第二语言礼貌用语的特点不了解等。① 国内相关研究很少关注母语语用知识的正迁移以及通用语法知识在第二语言语用知识习得方面所起的积极作用。

任育新、张荣对蒙古族学生和维吾尔族学生的汉语致歉行为进行了考察,认为两组被试的道歉行为有趋于一致的地方,但在某些情境中,两组学生对郑重程度的认知以及道歉的必要性评估存在显著差异。② 李圊从句法手段、宏观策略、辅助修饰语、社会因素影响等四个方面对新疆少数民族发出通用语建议行为的特征进行了考察。③ 但是不同少数民族通用语语用能力发展特征不尽相同,李圊没有对少数民族具体民族成分作出进一步区分,因而调查对象过于笼统。

对藏族学生第二语言语用能力的探索主要涉及一些藏族学生英语语用能力研究。④ 对藏族学生通用语交际能力的调查不多,而对他们通用语语用能力发展过程的研究则更为少见。总之,以上对少数民族通用语语用能力的调查基本采用问卷调查收集数据,研究手段较为单一,较少涉及社会化视角下的通用语语用能力发展。

四 认同研究

(一) 语言认同研究

认同与个体学习各种知识的效果紧密关联,认同更是对个体的语

---

① 崔有为、张砾:《南疆高校维吾尔族大学生汉语礼貌用语语用能力调查研究——以塔里木大学为例》,《长春教育学院学报》2015年第5期。

② 任育新、张荣:《基于民族身份差异的汉语致歉言语行为语用变异研究》,《浙江外国语学院学报》2019年第6期。

③ 李圊:《新疆少数民族大学生汉语建议言语行为调查研究》,《喀什师范学院学报》2015年第4期。

④ 刘承宇等:《三语教育背景下藏族学生英语语用迁移实证研究》,载《外国语文论丛》编辑部编《外国语文论丛》第8辑,四川大学出版社2018年版,第367—387页;李凤:《藏族大学生与汉族大学生英语请求策略语用对比研究》,《民族教育研究》2014年第6期。

言学习施加强有力的影响。东西方学者从不同的时空角度对语言认同的概念进行了阐释。一些学者如布洛克（Block）、爱德华兹（Edwards）从心理学视角对语言认同作了界定。①布洛克认为语言认同可以理解为设想的或认为的个人自我感和交流方式（借助语言、方言或社会方言）之间的关系。爱德华兹指出我们所使用的语言形成了我们感觉到自己是谁——也就是我们的认同。②詹金斯（Jenkins）则认为界定语言认同离不开社会学视角。③语言认同与语言态度和语言意识、语言权势等有着千丝万缕的联系，相互之间的关系在后现代社会更是异常复杂。

（二）语言认同理论发展历史

人类从有历史记录以来，就开始思考语言和人的关系，并逐渐衍化为对语言和认同关系的思考。新弗洛伊德学派的埃里克森等人对认同研究做出了不可磨灭的贡献。格里森（Gleason）指出，正是埃里克·埃里克森（Erik Erikson）20世纪五六十年代的一系列作品使认同研究进入了大众的视野。④拉波夫（Labov）语言变异研究揭开了社会语言学视角下的语言认同研究之序幕。⑤拉波夫的长期观察表明，一些纽约居民有意或无意的英语发音映射了他们的语言认同。语言和认同的相关研究深受社会心理学的相关影响，尤其是受社会身份理论（Social Identity Theory）的影响。该理论由亨利·泰弗尔（Henri Tajfel）等于20世纪70年代早期提出，泰弗尔等把社会身份定义为："源自个体对自己属于一个或多个社会群体的成员身份以及所附的价

---

① David Block, *Second Language Identities*, London: Continuum, 2007; John Edwards, *Language and Identity: Key Topics in Sociolinguistics*, Cambridge, UK: Cambridge University Press, 2009.

② John Edwards, *Language and Identity: Key Topics in Sociolinguistics*, p.i.

③ Jennifer Jenkins, *English as a Lingua Franca: Attitude and Identity*, Oxford: Oxford University Press, 2007.

④ Philip Gleason, "Identifying Identity: A Semantic History", *Journal of American History*, Vol.69, 1983.

⑤ William D. Labov, *The Social Stratification of English in New York City*, Arlington: Center for Applied Linguistics, 1966.

值及情感意义的知悉而形成的自我概念。"[1] 在泰弗尔群际关系以及趋异理论的基础上,吉尔斯(Giles)、史密斯(Smith)[2]和吉尔斯等[3]提出了语言调适说(Speech Accommodation Theories),主张说话者说出的语句不仅包括发音、语速以及信息内容等,还包括话语长度以及暂停时间等,而且伴随一些副语言特征(如:微笑、直接凝视等)。这种实际生活中让自己的语体风格向对方接近的做法也就是实际使用中的语言认同,是心理层面的语言认同在实际生活中的投射。

虽然语言调适说可以用来研究二语使用者在特定时间的社会语境中的互动变化,以及他们的语言变化或二语习得过程,这种社会心理框架下的认同常被认为是静态的、单一的认同而饱受批评。

甘柏兹(Gumperz)等、勒佩奇(Le Page)和博雷特-凯勒(Tabouret-Keller)在20世纪80年代推出了语言和社会认同研究的重量级作品[4],尤其是甘柏兹主编的《语言和社会认同》(*Language and Social Identity*)一书具有里程碑式的意义,该书的重要观点是"民族和社会认同在很大程度上是通过语言建立和维持的"。[5] 这就点明了语言在维系民族认同和社会认同方面的作用。甘柏兹认为语境化视角下的社会认同和语言学习及使用有指示关联。这种强调特定语境的认同观点已经具备后现代特性。[6]

---

[1] Henri Tajfel ed., *Differentiation Between Social Groups*, London: Academic Press, 1978, p. 63.

[2] Howard Giles and Philip Smith, "Accommodation Theory", in Howard Giles and Robert St Clair eds., *Language and Social Psychology*, Oxford: Blackwel, 1979, pp. 45–65.

[3] Howard Giles, Richard Bourhis, Donald Taylor, "Towards a Theory of Language in Ethnic Group Relations", in Howard Giles, ed., *Language, Ethnicity and Intergroup Relations*, London: Academic Press, 1977, pp. 307–348.

[4] John Gumperz ed., *Language and Social Identity*, Cambridge: Cambridge University Press, 1982; R. B. Le Page ed. and Andrée Tabouret-Keller, *Acts of Identity: Creole-based Approaches to Language and Ethnicity*, Cambridge: Cambridge University Press, 1985.

[5] 高一虹、李玉霞、边永卫:《从结构观到建构观:语言与认同研究综观》,《教学与研究》2008年第1期。

[6] John Gumperz ed., *Language and Social Identity*, Cambridge: Cambridge University Press, 1982.

在 20 世纪 90 年代之前，很少有学者关注第二语言学习者的语言认同。在这之后，相关研究大量涌现"是从相邻的社会科学研究领域系统广泛借鉴的结果"。[1] 如诺顿正是在大量借鉴了社会理论家克里斯·韦登（Weedon）和社会学家皮埃尔·布迪厄（Bourdieu）研究的基础上发展了她的第二语言认同理论。

从 20 世纪 90 年代开始，从建构视角解释语言和认同的关系逐渐变得流行。建构主义者认为学习某种语言也就是通过某种语言构建认同。正如韦登所提到的，每当语言学习者听说读写目标语言时，他们不仅与目标语言社会的成员交换信息，也在构建或重构他们的归属感以及怎样与社会关联。[2] 受建构主义语言认同观的影响，近年来国内从建构视角阐释语言身份认同的研究大量涌现，如对进城务工人员语言身份认同的研究。[3] 近几年建构主义视角下的认同理论和语言社会化理论有共同之处——均强调动态流变性。

（三）语言认同、国家认同与语言社会化

人们在学习的过程中，对周围世界和自己的观念也在不断改变。因而拉夫（Lave）和温格（Wenger）认为，学习就是认同形成的过程，在此过程中，学徒成为实践社区的合法成员；认同是人与场所以及在社区实践中参与的长期动态关系。拉夫和温格认为个体所学到的知识、认同以及社会成员关系密不可分："认同、知识以及社会成员关系相关蕴含。"[4] 具体到语言学习领域，在语言社会化的过程中，学习者不断构建着自己的身份认同。他们也从合法的边缘参与者过渡

---

[1] David Block, *Second Language Identities*, London: Continuum, 2007.

[2] Chris Weedon, *Feminist Practice and Poststructuralist Theory* (2nd ed.), London: Blackwell, 1997.

[3] 如董洁：《民族志研究视角下的语言身份认同：两例北京农民工子女个案》，《语言学研究》2014 年第 1 期；董洁：《从"农民工"到工人——城市化进程中流动人口的语言身份认同》，《语言战略研究》2021 年第 3 期；方小兵：《当前语言认同研究的四人转变》，《语言战略研究》2018 年第 3 期。

[4] Jean Lave and Etienne Wenger, *Situated Learning: Legitimate Peripheral Participation*, Cambridge: Cambridge University Press, 1991, p.53.

到中心成员。语言是学习者构建自我认同、融入社群的主要工具。传统认同观只强调第二语言的交际功能而忽视其认同功能,这种观点割裂语言、文化的传承和归属感等认同维度。① 后结构主义则认为第二语言同样具有认同功能。正如诺顿所指出的"当学习者用第二语言交流时,他们与第二语言社区的成员不仅仅是交换信息,也在不断调整关于自己是谁以及在社区中有什么样关系的意识"。② 也就是说个体在第二语言社会化的过程中构建身份认同。本森(Benson)等通过对几位参与留学项目的中国香港学生的研究,指出第二语言认同由三方面构成:(1)语言水平或者说通过语言表达身份的能力;(2)自我概念,自己作为语言学习者和使用者的概念;(3)由第二语言促成的个人能力。第二点和第三点均是借助语言和社会互动的结果,也就是语言社会化的结果。③

目前有不少对少数民族群众语言认同的研究。较多的研究是以一定范围内(如某省份或某高校)的定量语言态度调查为主,对语言认同过程变化的描述较少。"人在发展的过程中会因环境和自身的因素对语言产生不同的认识和价值判断,从而形成自己的语言价值观、语言态度以及语言情感。"④ 一言以蔽之,个体经历各异社会化过程,会因各种情况的变化对语言形成新的评价。后结构主义认同观认为个体的认同不是消极、被动的,而是通过各种言语行为进行动态建构的,这与语言社会化的观点有不谋而合之处。认同的变化是语言社会化的必然结果之一,而语言认同也是考察学习者语言社会化的维度之一。从语言认同的视角考察少数学生的国家通用语言社会化的研究仍

---

① 杨佳:《后结构主义视角下的二语学习者认同研究及启示》,《辽宁大学学报》(哲学社会科学版)2021年第1期。
② Bonny Norton, *Identity and Language Learning: Gender, Ethnicity, and Educational Change*, Harlow, England: Pearson Education, 2000, p.11.
③ Phil Benson, Gary Barkhuizen, Peter Bodycott and Jill Brown, "Study Abroad and the Development of Second Language Identities", *Applied Linguistics Review*, Vol.3, No.1, 2012.
④ 姚欣:《语言认同的本质及其发展进路》,《西安外国语大学学报》2020年第4期。

第一章 绪论

然较为少见。此外,采用调查问卷的方式对学习者语言态度的调查,可以从总体上把握一定群体的语言认同,却很难深入剖析个体之间的差异,对语言认同的变化过程也缺乏洞悉。

基于学科领域视角,邢彦辉将国家认同研究归为如下五类:第一,从政治学视角对国家和政党认同的探讨;第二,从后殖民主义研究视角对文化认同的探究;第三,哲学领域对主体和认同的研究;第四,传播学视角的国家认同研究;第五,社会学领域的国家认同研究。[①] 邢彦辉的文章没有涉及语言学视角的国家认同研究,以上任何一种视角下的认同都绕不开语言的作用,尤其是后殖民视角下的文化认同和传播学视角下的认同。张媛强调对国家的文化认同是国家认同的三个层面之一[②],而文化认同包括对通用语言文字的积极评价。国家认同与诸多因素相关,而"语言、文化和价值观是其中最为基本、最为可塑的决定性因素"[③]。语言社会化是个体学习同时学习语言、文化并接受相应价值观的过程。[④] 使受教育者建立国家认同的最好途径是使其在日常学习、生活中逐渐把语言、文化和价值观培养成为习惯乃至常识。[⑤] 从学者们对国家认同所作的界定以及对语言社会化所作的定义我们可以得出结论:通用语言社会化是提升国家认同的决定性因素。

总结上述认同研究可以发现:学者们重视对语言认同的现状的调查,较少关注学习者在语言社会化过程中的语言认同的历时变化。虽然学者们已经意识到语言在国家认同中的作用并已经开始从语言学的

[①] 邢彦辉:《电视仪式传播与国家认同研究》,博士学位论文,武汉大学,2013年。

[②] 张媛:《媒介、地理与认同:中国西南地区少数民族国家认同的形成与变迁》,博士学位论文,浙江大学,2014年。

[③] 陈高华:《公民教育与国家认同的自觉》,《湖南师范大学教育科学学报》2017年第3期。

[④] Bambi B. Schieffelin and Elinor Ochs, eds., *Language Socialization across Cultures*, Cambridge: Cambridge University Press, 1986.

[⑤] 陈高华:《公民教育与国家认同的自觉》,《湖南师范大学教育科学学报》2017年第3期。

视角探讨国家认同问题,对通用语社会化在促进国家认同方面所起作用的研究还有待进一步深入。

第五节 本书结构

本书一共分为七个部分。第一部分为绪论,主要介绍研究背景、选题内容、研究意义等。第二部分为理论介绍,主要包括社会化、语言社会化概念界定、语用能力相关理论、语言认同理论等内容。同时还对语用能力、语言认同、国家认同之间相互关系的相关论述进行了介绍,并指出相关研究的不足之处。第三部分为研究设计,主要阐述研究对象、研究问题、研究方法、研究工具及数据收集与分析等内容。该部分对研究方法和研究过程进行了比较全面的介绍,同时也介绍了被调查对象的基本情况。第四部分为高校藏族学生通用语语用能力发展情况调查。第五部分为高校藏族学生语言社会化过程中的语言认同和国家认同发展情况调查。第六部分为高校藏族学生通用语语用能力及认同差异分析。第七部分为余论与结语,探讨语言社会化作为干预手段在语言教学和语言扶贫实践中的运用,阐释本书的发现并得出相关启示,剖析本书的局限性与不足,以及未来研究的可能探索方向。

第二章 理论基础及相关概念界定

语言社会化是一个双重过程,即学习使用语言进行社会化,并通过语言进入有文化意义的思维、行为和存在方式①。目的语(Target Language)语用能力的提升是以掌握该语言并熟谙相应文化为前提的,随着语用能力的提升,学习者不仅掌握了更多的目的语语言文化知识,还获得了更多和母语者交流的机会,在增强该语言感情依恋的基础上形成语言身份认同,从而逐步融入该语言共同体;而对通用语的认同,会使学习者形成对通用语共同体的认同、认可主流文化取向、接受主流观念形态,最终构建并发展国家认同。因此,通用语社会化由低到高三个层面分别是通用语语用能力的发展、语言认同的形成和发展以及国家认同的孕育和发展。本章主要对语言社会化理论、语用能力相关理论以及认同理论进行介绍和评论。

在评价语言社会理论的同时,也对该理论的重要来源之一社会化理论作简要介绍,以厘清两者之间的关系。对语用能力相关概念进行了界定以阐明为何语用能力(尤其是社会语用能力)的提升是学习者语言社会化的重要表现。本章还在聚焦语言认同和国家认同的基础上,对语言社会化理论的另一重要来源之一认同理论进行了评价。

---

① Bambi B. Schieffelin and Elinor Ochs, eds., *Language Socialization across Cultures*, Cambridge: Cambridge University Press, 1986.

第一节 语言社会化理论

一 社会化

在社会学中,社会化是指个体在与社会的互动中,内化社会文化,形成个体人格的过程。社会化强调个体与社会的互动。社会学家们认为,当个体成年以后,已经具备了社会生活的基本能力,也就是完成了初级社会化(Primary Socialization),但同时个体还会面临社会化的需要。这种对新的角色的学习,被称为继续社会化(Secondary Socialization,也有人翻译为"次级社会化")。而一些特殊群体还会经历再社会化(Resocialization),再社会化是指学习新的态度和规范以适应新的社会生活。

社会化强调个体与社会的互动。一方面,人的一生无法离开社会化。通过社会化个体不断改变自身以适应社会生活。另一方面,社会离不开社会化,通过社会化,社会结构得以维持。社会学中把在社会化过程中对个体施加影响而发挥社会化功能的个人或机构等称为社会化主体(Agents of Socialization)。常见的社会化主体有家庭、学校、同辈群体、大众传媒等[1]。

二 语言社会化理论概述

在20世纪早期,萨丕尔(Sapir)和沃尔夫(Whorf)对语言和文化关系的论述已经涉及语言社会化,二位学者指出儿童在习得语言的同时也形成了他们观察世界的视角。[2] 此后甘柏兹的"言语社区"概念[3]

---

[1] 周运清:《新编社会学大纲》,武汉大学出版社2004年版;王玲宁:《谁来伴我成长:媒介对农村留守儿童的社会化影响》,学林出版社2012年版。

[2] 尹洪山:《从社会文化理论到语言社会化理论——二语习得研究的社会学转向》,《青岛科技大学学报》(社会科学版)2011年第1期。

[3] John J. Gumperz, "The Speech Community", in David L. Sills and Robert King Merton, eds., *International Encyclopedia of the Social Sciences*, New York: Macmillan, 1968, pp. 381–386.

以及海姆斯（Hymes）的"交际能力"相关论述①为语言社会化理论奠定了基础。在吸收了米德（Mead）象征互动论并融入符号学、社会学、社会文化理论、文化心理学等相关理论知识的基础上，希夫林（Schieffelin）和奥克斯于1986年首次旗帜鲜明地提出了语言社会化理论。二位学者认为，语言社会化指儿童或初学者通过语言实现社会化，在社会化的过程中学习语言。"社会上的儿童或其他初学者通过接触和参与借助语言进行的互动，掌握有关社会秩序方面的原则以及信念体系的默认知识。"②

早期关于各种背景下母语社会化的研究表明"新手"将如何被目标语言社区的"专家"成员（如父母或兄长）社会化，并相应地将新的社会实践和语言实践内化。希夫林和奥克斯扩展了他们的语言社会化理论，他们认为语言社会化是一个终生的过程③（此类研究常被称为第二代语言社会化研究，也有人称之为第二波语言社会化研究④）。此后对青少年和成人的语言社会化研究日渐增多。⑤语言社会化理论发展至后期虽然仍然注重个体在社会中与他人的互动交往，但对"认同"等源自心理学的概念进行了拓展运用，也更强调语言社

---

① Dell H. Hymes, "On Communicative Competence", in John B. Pride and Janet Holmes, eds., *Sociolinguistics: Selected Readings*, London, Penguin, 1972, pp. 269 – 293.

② Bambi B. Schieffelin and Elinor Ochs, "Language Socialization", *Annual Review of Anthropology*, Vol. 15, 1986, p. 2.

③ Elinor Ochs and Bambi B. Schieffelin, "Language socialization: An Historical Overview", in Patricia Duff and Nancy Hornberger, eds., *Language Socialization: Encyclopedia of Language and Education*, Vol. 8, New York: Springer, 2008, pp. 3 – 15.

④ Matthew Clay Bronson, Karen Ann Watson-Gegeo, "The Critical Moment: Language Socialization and the (Re) Visioning of First and Second language Learning", in Patricia Duff and Nancy Hornberger, eds., *Language Socialization: Encyclopedia of Language and Education*, Vol. 8, New York: Springer, 2008, pp. 43 – 55.

⑤ 如 Duanduan Li, "The Pragmatics of Making Requests in the L2 Workplace: A Case Study of Language Socialization", *Canadian Modern Language Review*, Vol. 57, 2000; Patricia Duff and Nancy Hornberger, eds., *Encyclopedia of Language and Education*, Vol. 8: *Language Socialization*, New York: Springer, 2008; Alessandro Duranti, Elinor Ochos and Bambi B. Schieffelin, eds., *The Handbook of Language Socialization*, Malden, MA: Wiley-Blackwel, 2012。

会化是终生的过程。

传统认知派的语言习得理论一般聚焦于语言发展的描述和解释，如对学习者习得语音、词汇、句法等的阐释，因此对学习者的诸如内化、存储、提取和运用语言知识等认知行为较为关注；而语言社会化理论不仅仅是关注语言学习者语言知识的发展，还关注更广泛的议题。杜芙和泰尔密（Talmy）称之为"通过语言学习的其他形式的知识"，具体包括：（1）文化知识，如通过学习敬语的使用，从而知道在某种文化里表示尊重的对象及表示尊重的形式等；（2）社会知识，比如"某些类型的语言实践产生和反映了社会分层、等级以及地位标记等"；（3）意识形态，如在第二语言教学中，对某些语音或词汇的纠正，可能与有意传达一定的国家意志有关。① 如乌克兰英语教师强调乌克兰首都基辅的拉丁字母拼法是"Kyiv"而不是"Kiev"，这一做法可能与为了增强学生的乌克兰国家认同有关。②

认知派二语习得理论认为语言学习是个体内部发生的可预测的线性过程。语言社会化则侧重于在实际学习和使用语言的宏观和微观语境中观察二语学习的过程。这种方法强调语言实践的概念。③

正因为学者们认为语言社会化是持续一生的历程，所以尽管社会学中有次级社会化、再社会化等概念，但西方学者几乎不提及语言次级社会化（Secondary Language Socialization）、语言再社会化（Language

---

① Patricia Duff and Steven Talmy, "Language Socialization Approaches to Second Language Acquisition: Social, Cultural and Linguistic Development in Additional Languages", in Dwight Atkinson, ed., *Interdisciplinary Approaches to Theorizing and Analyzing Agency and Second Language Learning*, London: Routledge, 2011, p.95.
② 乌克兰总统泽林斯基认为美国从2019年6月开始将乌克兰首都基辅的英语拼写方法由俄罗斯化的"Kiev"转变为乌克兰化的"Kyiv"是一场重要的外交胜利。参见《基辅"正名"行动：乌克兰在全球推行去俄罗斯化政策》，https://baijiahao.baidu.com/s?id=1636230470512983268&wfr=spider&for=pc。
③ Pierre Bourdie, *Outline of a Theory of Practice*, Cambridge: Cambridge University Press, 1977.

Resocialization) 等概念。① 西方学者按照学习者学习语言的先后顺序将语言社会化分为第一语言社会化和第二语言社会化。

三 第二语言社会化理论

就传统而言，第一语言社会化聚焦于通过语言实践的文化范式的再生产，② 在此过程中父亲和母亲的思想意识和观念对儿童的学习内容和学习方式起着决定性的作用。

第二语言社会化一般是指非母语的学习者学习某种语言，并取得讲这种语言的语言社区成员地位和逐步具备用该语言参与活动的能力。根据杜芙的分类③，第二语言社会化可以在多种类型的语言接触场景中发生：（1）习得某种广泛使用的语言（如居住在西藏的珞巴族习得藏语）或习得优势语言（如藏族习得国家通用语）；（2）习得某种局限于某种环境的语言，如泰国大学生在大学课堂学习日语等；（3）在有讲目标语言的移民的环境中习得某种语言，如美国华裔在美国学习汉语且在生活中能接触到大量的华裔或华人；（4）在基于数字通信技术的虚拟社区学习某种语言，具体学习语言的形式有在线

---

① 笔者在"web of science"数据库搜索到的唯一一篇相关英文文献为阿克尔等（Arxer, et al., 2017）所论述的有关老年人语言再社会化的问题：Steven L. Arxer, Maria del Puy Ciriza & Marco Shappeck, "Language Resocialization and Gender Allies", in Jason L. Powell and Sheying Chen eds., Aging in a Second Language, International Perspectives on Aging, Vol. 17, Cham, Switzerland: Springer, 2017, pp. 119 – 113。国内有数篇文献（如刘玉屏：《农民工语言再社会化分析——以浙江省义乌市为个案》，《中国农村观察》2009 年第 6 期；刘玉屏：《农民工语言再社会化实证研究——以浙江省义乌市为个案》，《语言文字应用》2010 年第 2 期；赵翠兰：《精神追寻：农民工子女的语言与自我认同》，博士学位论文，南京师范大学，2011 年。）提出"语言再社会化"的说法，主要关注农民工或其子女进城后学习普通话的问题。

② 参见 Elinor Ochs, Culture and Language Development: Language Acquisition and Language Socialization in a Samoan Village, Cambridge: Cambridge University Press, 1988; Bambi B. Schieffelin, The Give and Take of Everyday Life: Language Socialization of Kaluli Children, Cambridge: Cambridge University Press, 1990。

③ Patricia Duff, "Second Language Socialization", in Alessandro Duranti, Elinor Ochs, and Bambi B. Schieffelin, eds., The Handbook of Language Socialization, Malden, MA: Wiley-Blackwell, 2012.

学习以及通过玩游戏无意中学习某种语言等。本书认为杜芙的分类还可进一步完善，如某些人群学习某种特定符号语言并由此经历语言社会化过程，譬如有些人学习英语后又/继续学习美国标准手语（American Sign Language）等。

第一语言社会化研究和第二语言社会化研究之间最大的不同点是关注对象有所不同：前者更关注儿童而后者更关注处于不同年龄阶段的成年人。然而，正如杜芙所指出的，有时某种语言内部的语言社会化进程是高度区分和多样化的。个体可被社会化成使用"一个或多个口头或书写的形式、类型、语体、言语行为以及它们所指示的社会意义"。①

第二语言社会化和第一语言社会化研究也有许多相同点：一是语言社会化的引导者相似，均是有较多经验者通过一定的手段或途径教给初学者特定社会的价值观等；二是语言社会化发生的场域相似，如家庭、社区、学校等，在西方国家语言社会化还常常发生于一些宗教场所。

四 语言社会化作为干预手段

语言社会化作为干预手段（LS as Intervention）由布朗森（Bronson）和沃森-盖吉提出。② 语言社会化作为干预手段为语言社会化研究在第二语言教学和促进社会平等相关问题上有所作为提供了可能性。二位学者强调语言社会化作为干预手段要帮助学习者发出声音，获得平等的教育机会，却没有提到通用语在帮助公民获得平等的教育

---

① Patricia Duff, "Second language socialization", in Alessandro Duranti, Elinor Ochs, and Bambi B. Schieffelin, eds., The Handbook of Language Socialization, Malden, MA: Wiley-Blackwell, 2012, p.568.

② Matthew Clay Bronson, Karen Ann Watson-Gegeo, "The Critical Moment: Language Socialization and the (re) Visioning of First and Second Language Learning", in Patricia Duff and Nancy Hornberger, eds., Encyclopedia of Language and Education, Vol. 8: Language Socialization, New York: Springer, 2008, pp.43-55.

机会以及摆脱贫困方面的作用。享有接受通用语教育的权利也是公民的一项基本权利。①

拜拉姆（Byram）指出国家通用语言具有认知、情感和行为意义。在认知方面，通用语对于课堂内外的学习是非常重要的；在情感方面，通用语象征着国家认同，与主流文化密切关联；在行为方面，通用语可以帮助国内的学习者找到理想工作，实现经济独立。②语言社会化作为干预手段的真正要义就是要保障公民接受通用语教育的权利，在全国范围内推广通用语，提高通用语教学质量从而进一步促进教育公平。同时，语言社会化作为干预手段还要求进一步加强语言扶贫，以消弭公民之间的交流障碍，使更多的人走上共同富裕的道路，促成"想象共同体"的形成。

第二节 语用能力及相关概念

一 社会语用能力和其他语言能力之间的关系

乔姆斯基（Chomsky）于1965年提出了"语言能力"（Linguistic Competence）的概念，排除了社会语言学的一些特征：背景、话题以及交际功能等。乔姆斯基所说的语言能力是指正常人普遍具有的主要受遗传决定的一种先天禀赋，是人们在一定的环境下习得某种语言的一种机制。这种语言能力主要是指交际双方的内在语言知识。乔姆斯基的"能力"是抽象的语法，无关乎语言在实际生活中的运用。③而在语言教育领域，语言能力常被具体化为"听说读写"技巧，出于考试的设计以及临场发挥等原因，这种能力测试"不能全面反映真实

---

① 本节中的"通用语""国家通用语言"泛指任何一国的国家通用语言，而不仅仅是"中华人民共和国国家通用语言"。

② Michael Byram, *From Foreign Language Education to Education for Intercultural Citizenship: Essays and Reflections*, Clevedon/Buffalo/Toronto: Multilingual Matters, p.104.

③ 杨文秀：《语用能力·语言能力·交际能力》，《外语与外语教学》2002年第3期。

的语言运用，不能体现真正的语言能力"①。

乔氏的"语言能力"忽视语言的交际目的。针对这一不足，海姆斯（Hymes）提出将社会语言能力（Sociolinguistic Competence）作为交际能力概念的一部分②。卡纳尔（Canale）和斯温（Swain）在此基础上又融入了语法能力（Grammatical Competence）和策略能力（Strategic Competence）。③ 卡纳尔1983年的著作在先前的研究基础上又添加了话语能力，这样在卡纳尔的模型中，交际能力由四部分组成。

（1）语法能力，是指语言代码特征的知识，如形态、句法、语义、语音；

（2）社会语言能力，即在语境中恰当使用语言的知识；

（3）话语能力，在口语或书面交际中实现连贯和衔接的知识；

（4）策略能力，即如何使用沟通策略处理沟通中的故障并使沟通有效的知识。④

语法能力和社会语言能力有时难以截然分开。对语用能力的解释离不开对交际能力的探讨。语用能力是指运用语用资源于具体实践的能力。语用能力常被视为交际能力的一部分，虽然概念化的形式不一样。语用能力在上述卡纳尔模型中被融入社会语言能力，社会语言能力成分包含社会文化规则，大致对应于社会语用知识和话语规则，这些规则支配着若干话语的组合。卡纳尔认为语用能力包括"意义的贴切性"和"形式的贴切性"⑤。前者与利奇所说的"社会语用成分"

---

① 李宇明：《新世纪20年的中国语言规划》，《北华大学学报》（社会科学版）2021年第1期。

② Dell H. Hymes, "On communicative Competence", in John B. Pride and and Janet Holmes, eds., *Sociolinguistics, Selected Readings*, London, Penguin, 1972, pp. 269–293.

③ Michael Canale and Merrill Swain, "Theoretical Bases of Communicative Approaches to Second language Teaching and Testing", *Applied Linguistic*, No. 1, 1980, pp. 1–47.

④ Michael Canale, "From Communicative Competence to Communicative Language Pedagogy", *Language and communication*, London: Longman, 1983, p. 7.

⑤ Michael Canale, *Language and Communication*, Routledage, 1983, p. 7.

相近①，而后者与利奇的"语用语言能力"相近。利奇把社会语用视作确定参与者与目标言语行为关系的文化价值，将语言语用能力定义为词汇和语法资源的总和，以及为语用目的而使用它们的方式。②

巴赫曼（Bachman）的能力层级模型是又一较有影响的交际语言能力模型。③ 在该模型中，"策略能力"和"语言能力＊"为主成分。"语言能力＊"又进一步分成两种类型：组织能力和语用能力。巴赫曼所说的"Language Competence"和乔姆斯基所说的"Linguistic Competence"有所不同，前者较为宽泛且涉及语言在实际中的具体运用，为了显示区别，我们把前者称为"语言能力＊"。

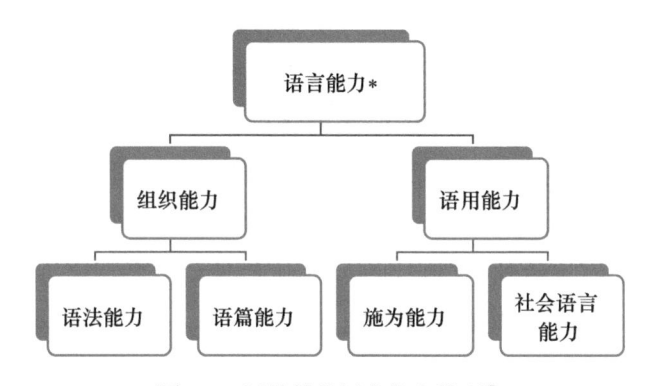

图2-1 巴赫曼的语言能力模型④

组织能力涉及说话人对语言形式方面的控制，并进一步细分为语法能力（词汇、句法、形态学、音韵学）和语篇能力（衔接/连贯、修辞组织）。巴赫曼的组织能力的构成成分——语法能力、语篇能力基本上对应于卡纳尔与斯温的语法能力与话语能力。有所不同的是：

---

① 参见 Geoffrey Leech, *Principles of Pragmatics*, London: Longman, 1983; Geoffrey Leech, *The Pragmatics of Politeness*, Oxford: Oxford University Press, 2014。
② Geoffrey Leech, *The Pragmatics of Politeness*, Oxford: Oxford University Press, 2014.
③ Lyle F. Bachman, *Fundamental Considerations in Language Testing*, New York: Oxford University Press, 1990.
④ 摘改自 Lyle F. Bachman, *Fundamental Considerations in Language Testing*, New York: Oxford University Press, 1990, p. 87。

话语能力侧重于口头交际，而语篇能力更侧重于书面交际。① 巴赫曼的语用能力则分为施为能力（Illocutionary Competence）和社会语言能力（Sociolinguistic Competence），前者指表达和阐释"言外之力"的能力，后者指"对特定语言使用语境特征决定的语言使用习惯的敏感性或控制力，它使我们能够以适合该上下文的方式执行语言功能"。②

　　与两种模型把语用能力置于交际能力的框架下不同，比亚里斯托克（Bialystok）专门探讨了语用能力的构成。③ 他认为语用能力主要包括对知识的分析和控制处理这两个方面，这与费奇（Faerch）和卡斯珀（Kasper）把语用能力划分为陈述能力和过程性成分有一致之处④，这两种模型均强调语用能力发展的最终结果是习得语用知识以及在实际生活中使用该知识时能实现自动控制。比亚里斯托克认为语用能力由三部分组成：（1）说话者将语言用于不同目的（如请求、指示等）的能力；（2）听话者理解说话者真实意图的能力，尤其是当这些意图并未直接表达出来时，例如间接请求、反讽和讽刺等；（3）掌握如何将话段（Utterance）连接起来以产生话语（Discourse）的规则。⑤ 比亚里斯托克所说的语用能力的第一部分与巴赫曼所说的施为能力较为接近，第三部分则与卡纳尔所主张的话语能力较为接近。比亚里斯托克所说的语用能力的第二部分则与其他学者的语用能力模型有较大的不同。正如比亚里斯托克所说，该模型的突出之处在于其对交

---

① 参见杨文秀《语用能力·语言能力·交际能力》，《外语与外语教学》2002年第3期。

② Lyle F. Bachman, *Fundamental Considerations in Language Testing*, New York: Oxford University Press, p. 7.

③ Ellen Bialystok, "Symbolic Representation and Attentional Control in Pragmatic Competence", in Gabriele Kasper and Shoshana Blum-Kulka, eds., *Pragmatic Interlanguage*, New York: Oxford University Press, 1993, pp. 43 – 63.

④ Claus Faerch and Gabriele Kasper, "Pragmatic Knowledge: Rules and Procedures", *Applied Linguistics*, Vol. 5, 1984, pp. 214 – 225.

⑤ Ellen Bialystok, "Symbolic Representation and Attentional Control in Pragmatic Competence", in Gabriele Kasper and Shoshana Blum-Kulka, eds., *Pragmatic Interlanguage*, New York: Oxford University Press, 1993, p. 43.

第二章　理论基础及相关概念界定

际者使用和阐释隐喻和间接言语行为等非字面形式能力的解释。

虽然从 20 世纪 60 年代开始就有对语用能力的研究，但目前学者们还没有就语用能力的确切含义和具体范围达成一致意见。利奇、托马斯均认为语用能力包括语用语言能力（Pragmalinguistic Competence）和社会语用能力（Sociopragmatic Competence）。[1] 具体说来，前者包括对常见语用用法的认知，而后者更强调社会性，即强调在具体语境中何为恰当的语言行为。托马斯指出："语用知识是指参与者对交际行为的解释和表现所依据的社会认知。"[2] 语用语言能力注重遣词造句能力和语法能力，而且包括在一定的语境下使用正确的语言形式进行交际的能力，也正如利奇所指出的：语用语言能力指学习者储备的词汇和语法资源总和以及调用这些资源的方式。而社交语用能力侧重于对文化规则、规范及角色期待的了解以及基于一定的社会文化规则开展得体交际的能力。[3]

随着对话语语用[4]和互动能力[5]研究的深入，现在人们普遍认为，形式—功能—语境的语用关联在个体内部并不稳定或预先存在，因而需要强调在交际中的适应和互动能力。社会语用能力不仅意味着个体对词汇和语法知识的熟练运用，还表明个体"有能力根据交际行为中存在的情景或社会变量制定不同的言语行为策略"[6]。因此，语用语

---

[1] 参见 Geoffrey Leech, *Principles of Pragmatics*, London: Longman, 1983; Jenny Thomas, "Cross-Cultural Pragmatic Failure", *Applied Linguistics*, Vol. 4, 1983, pp. 91 – 111。

[2] Jenny Thomas, "Cross-Cultural Pragmatic Failure", *Applied Linguistics*, Vol. 4, 1983, pp. 91 – 111.

[3] Geoffrey Leech, *The Pragmatics of Politeness*, Oxford: Oxford University Press, 2014.

[4] Gabriele Kasper, "Speech Acts in Interaction: Towards Discursive Pragmatics", in Kathleen Bardovi-Harlig & J. César Félix-Brasdefer and Alwiya. S. Omar, eds., *Pragmatics and Language Learning: Vol. 11*, University of Hawai'i at Manoa: National Foreign Language Resource Center, 2006, pp. 281 – 314.

[5] 参见 Richard Frederick Young, "Interactional Competence in Language Learning, Teaching, and Testing", in Eli Hinkel, ed., *Handbook of Research in Second Language Learning and Teaching*, New York: Routledge, 2011, pp. 426 – 443。

[6] Linda L. Harlow, "Do They Mean What They Say? Sociopragmatic Competence and Second Language Learners", *The Modern Language Journal*, Vol. 74, No. 3, 1990, pp. 328 – 351.

言能力和社会语用能力这两种能力也是难以截然分开的，但至少这种划分为从社会文化视角探讨语用能力奠定了基础。

综上所述，学者们对语言能力所做的解释不尽相同。乔姆斯基所说的语言能力基本上相当于他所倡导的抽象语法，并不包含语用能力，巴赫曼所说的语言能力则包括语用能力。本书所说的"语言能力"为广泛意义上的语言能力：不仅包括词汇、语法、语篇的知识的掌握，还包括采用一切策略运用语言处理信息、在实际生活中恰当地运用语言与人交流的能力，也就是涵盖了巴赫曼所主张的"策略能力"和"语言能力"。因此，本书所主张的语言能力、语用能力、社会语用能力之间的关系为包孕关系：语言能力包含语用能力，而语用能力包含社会语用能力。

二 语用能力研究的社会化视角

可从多种视角对二语学习者的语用能力发展进行探讨。卡斯珀总结了从四种视角对语用能力发展所做的研究：（1）从综合交际模型视角考察语用能力，把语用能力视作独立自主的成分或考察其与语法成分的相互作用；（2）把语用学习视作信息处理的过程；（3）从社会文化理论（Sociocultural theory）视角对语用学习所做的研究；（4）从语言社会化（Language socialization）的视角考察学习者如何同时习得语法知识和文化知识从而发展语用能力。下文主要对学者们从语言社会化的视角对语用能力的发展作一简要回顾。[1]

语言社会化强调在语言、社区、文化等更广范围内的互动。因此，语用能力的概念更为广泛，包括指示知识、文化价值观、规范、意识形态和认同[2]。可以说，语言社会化理论拓宽了语用能力的研究

---

[1] Gabriele Kasper, "Four Perspectives on L2 Pragmatic Development", *Applied Linguistics*, Vol. 22, 2001, pp. 502 – 530.

[2] Naoko Taguch and Carsten Roever, *Second Language Pragmatics*, Oxford: Oxford University Press, 2017.

第二章　理论基础及相关概念界定

范围。语用社会化的不同维度（如指示知识的习得以及社会化结果的多方向性等）均与语用学习有关。田口（Taguch）和瑞伊（Roever）指出了语言社会化和语用能力之间的关系。

> 语言知识和社会文化知识的相互依存是语用知识的核心，因为语用涉及语言形式及其在语境中的社会功能的知识。语言社会化方法确保研究人员在考察语用学习时将注意力集中在语言使用的指示层面。此外，由于礼貌、正式程度和面子保全等语用学特有的概念只有在现实生活中的社交互动中才有意义，因此对真实交际实践的分析（这是第二语言社会化研究中所要求的），有助于第二语言语用分析。①

因而对学习者语用能力发展的考察是剖析其语言社会化进程的有效手段之一。从社会化的视角探讨学习者语用能力发展的研究大量涌现。布卢姆－库卡首次提出了语用社会化的概念，语用社会化是指"儿童被社会化的方式，以适合社会和文化的方式在语境中使用语言"②。受第一代语言社会化理论的影响，作者认为语用社会化的研究仅局限于儿童。和语言社会化一样，此后语用社会化的研究对象也拓展至成年人。

与国外相关研究的火热局面相比，国内相关研究相对较少。胡鸿、胡健在探讨二语语用发展的新路向时，重点介绍了社会文化理论和语言社会化理论等侧重社会实践的理论对二语语用发展理论所做的贡献。③ 国内从语言社会化的视角探讨学习者语用能力发展的实证研究则更少，且研究对象主要为来华留学生。应洁琼以语言社会化理论

---

① Naoko Taguch and Carsten Roever, *Second Language Pragmatics*, Oxford: Oxford University Press, 2017, p.85.
② 参见 Shoshana Blum-Kulka, *Dinner Talk: Cultural Patterns of Sociability and Socialization in Family Discourse*, Mahwah, NJ: Erlbaum, 1997, p.3.
③ 胡鸿、胡健:《二语语用发展理论：社会学研究路向》,《滁州学院学报》2011年第3期。

为基础，采用多种研究手段对6位来华留学生汉语语用能力的发展情况进行了考察，对她们语用语言能力和社会语用能力发展进程不一致的现象进行了探析。①

综合国内外从语言社会化视角对语用能力的发展所做的研究不难发现：国外的研究对象偏重于居住于欧美国家的移民，而国内的研究对象偏重于来华留学生。中国的少数民族通用语语用能力的发展有其独特之处，他们从小接受双语教育，生活在不同程度的双语或多语的社会文化环境中。借助语言社会化理论研究中国少数民族通用语语用能力发展的文献较为欠缺。

第三节 语言认同及相关概念

人文社会科学中的"认同"是英文"identity"的翻译，"identity"及其形容词形式"identical"均有相同（词根"ident"的中文意思为"相同"）之意，均源自拉丁词"idem"。现代的"认同"研究起源于心理学，后来逐渐扩散至社会科学诸多领域。来自心理、社会、文化、文学、语言学等诸多学科的学者均对"认同"作了探讨，常涉及的议题有语言认同、文化认同、民族认同、宗教认同、政治认同、国家认同等。上述"认同"议题并非截然分开，关系错综复杂，而其中语言和"认同"的关系更是难解难分，已经"成为中国社会语言学、社会心理语言学、人类（或民族）语言学、语用学、跨文化交际、语言习得、语言教学、语言传播、话语研究等领域中的一个前沿或热点议题"②。"认同"涉及面极为广泛，基于不同学科的认同理论虽有共核，但侧重点有所不同，即使是基于同一学科的认同理论，由于视角不同，定义也会有所差异。

---

① 应洁琼：《基于语言社会化理论的留学生汉语语用能力发展研究》，《语言教学与研究》2018年第5期。

② 周庆生：《语言与认同国内研究综述》，《语言战略研究》2016年第1期。

一 语言态度和语言认同

人们对某种语言文字的功用或价值做出一定的评价,对之形成一定程度的情感投射。这种评价及情感投射的综合可被称为语言态度。最常见的分析语言态度的模型为语言态度三元模型[1],这种模型把语言态度视作由认知、情感、行为三个成分组成。认知成分指人们对态度对象的信念,如对不同语言有用度或社会影响力的评价。情感成分是指人们对态度对象的感受,比如是否同意某种语言或某种方言好听。行为成分指的是人们以某种方式行事的倾向。基于这种模型的测试语言态度的调查方法为问卷调查,另一种调查语言态度的方法为配对变语法(Matched-guise Technique,MGT)[2],通过这种方式能够获取问卷调查或采访无法了解的人们更私密、隐蔽的态度。但是这种方法较为费时,不适合较大规模的语言态度调查研究。

国内学者对语言认同的界定存在着诸多不同的意见,主要原因之一是汉语的"认同"和英语的"identity"的语义范围有所不同。汉语的"认同"主要是指情感意义上觉得有亲切感以及承认、认可等;而英语中的"identity"主要指身份认同,在探讨语言学习相关问题时,"identity"就是指对某种或数种语言使用者身份的认同。国内一些研究探讨少数民族对国家通用语言或民族语言的认同时常用语言态度或使用语言的意愿来指被试的语言认同[3]。只有在对某种语言有较

---

[1] 参见 Pádraig Ó Riagáin, *Language Policy and Social Reproduction: Ireland, 1893 – 1993*, (Oxford Studies in Language Contact), Oxford: Clarendon Press, 1997; Hans J. Ladegaard, "Assessing National Stereotypes in Language Attitude Studies: The Case of Class-consciousness in Denmark", *Journal of Multilingual and Multicultural Development*, Vol. 19, No. 3, 1998, pp. 182 – 198。

[2] 参见 W. E. Lambert, R. C. Hodgson, R. C. Gardner and S. Fillenbaum, "Evaluational Reactions to Spoken Languages", *Journal of Abnormal and Social Psychology*, Vol. 60, No. 1, 1960, pp. 44 – 51。

[3] 如土丽梅、周国炎:《城市化背景下少数民族语言认同与母语保持》,《百色学院学报》2017年第6期;王莉、崔凤霞:《我国少数民族聚居区内的汉语言认同问题研究——以新疆维吾尔族聚居区为例》,《甘肃社会科学》2009年第5期。

为积极的评价(语言态度)的基础上才有可能发展出自己是某种语言使用者的自觉意识(语言身份认同)。在第五、六章的研究中,为了方便起见,本书把侧重语言态度的泛化语言认同称为广义的语言认同,而把主要与语言身份相关的认同称为狭义的语言认同。广义的语言认同、狭义的语言认同以及国家认同是个体通用语社会化过程中经历的不同阶段。

二 第二语言习得中的认同理论

自从诺顿(Norton)从社会的视角来看待第二语言习得中的"认同"以来,大量关于语言和认同的作品得以发表。社会视角的认同理论认为,学习者学习语言时学习听说读写的方式是非常重要的,无论是在正式场合还是非正式场合,都是受到社会建构的。认同理论家对语言习得领域的传统二分法如有动机的或无动机的、内向的或外向的、受到抑制或未受到抑制的动机等提法提出了质疑。[1] 诺顿认为认同的三个特征与第二语言习得是特别相关的:第一,多元的、非统一的;第二,认同作为斗争的场所;第三,认同随着时间的改变而改变[2]。由此可见,认同作为一种观念或心理状态,是处于不断变化之中的。

诺顿等人有关语言学习中的认同的核心概念是"投资",与传统的"动机"概念相对应。语言学习中的"投资"(investment)这一概念由诺顿于1995年提出,表明学习者和目标语言之间的社会和历史构建的关系。诺顿指出,这一概念的提出受到了布迪厄(Bourdieu)文化资本理论的影响。它反映了人们根据自己的愿望和希望,在某种成本效益评估的基础上,积极地将符号、材料和其他资源投入语

---

[1] Bonny Norton, "Language, Identity and the Ownership of English", *TESOL Quarterly*, Vol. 31, No. 3, 1997, pp. 409 – 429; Pierce Bonny Norton, "Social Identity, Investment, and Language Learning", *TESOL Quarterly*, Vol. 29, No. 1, 1995, pp. 9 – 32.

[2] Bonny Norton and Carolyn McKinney, "An Identity Approach to Second Language Acquisition", in Dwight Atkinson, ed., *Alternative Approaches to Second Language Acquisition*, New York: Routledge, 2011, pp. 73 – 94.

言学习中的程度。诺顿和麦金尼（McKinney）指出，"投资"的概念和"工具型动机"的概念是不同的。[1]"工具型动机"预设一个统一的、一成不变的学习者渴望获取让本族语者处于优势地位的一些资源，而持有"投资"概念者则认为语言学习者有复杂的认同和多重的渴望。更为重要的是，持"投资"观念者还认为，当语言学习者与他人交流时，他们不仅仅是与目标语言讲话者交换信息，他们也在不断地形成关于他们是谁以及与社会世界相关的意识。因而，学习者对语言的投资也是学习者有意识或无意识改变自己的认同，而这种认同是随着时间和空间而改变的。

和认同与投资密切相关的概念是"想象的共同体"（Imagined Communities），这一概念由安德森于1991年首次提出，[2]此后诺顿、帕夫连科（Pavlenko）也对此进行了进一步探讨。[3]想象的共同体是指不能立即感知和接触的一群人，我们借助想象力与之相关联。温格（Wenger）指出直接参与社会实践以及形成具体的关系不是我们唯一归属于某个社区的方式[4]。对于温格而言，借助想象力是参与社区的一种方式。这里的"社区"概念可大可小，可能指一个国家也可能指一个民族。诺顿在温格研究的基础上提出想象的共同体与第二语言密切相关，认为这可以在部分程度上解释一些第二语言学习者课堂上的非参与性以及抵制性。这也为学界研究二语学习者的学习者能动性

---

[1] Bonny Norton and Carolyn McKinney, "An Identity Approach to Second Language Acquisition", in Dwight Atkinson, ed., *Alternative Approaches to Second Language Acquisition*, New York: Routledge, 2011, pp. 73 – 94.

[2] Benedict Anderson, *Imagined Communities: Reflections on the Origin and Spread of Nationalism* (Rev. ed.), New York: Verso, 1991.

[3] Bonny Norton, "Identity", in James Simpson, ed., *Routledge Handbook of Applied Linguistics*, London and New York: Routledge, 2011, pp. 318 – 330; Aneta Pavlenko and Bonny Norton, "Imagined Communities, Identity, and English Language Teaching", in Jim Cummins and Chris Davison, eds., *International Handbook of English Language Teaching*, New York: Springer, 2007, pp. 669 – 680.

[4] Etienne Wenger, *Communities of Practice: Learning, Meaning, and Identity*, Cambridge: Cambridge University Press, 1998.

(Learner Agency) 奠定了一定的基础。诺顿还对想象的共同体和想象的认同之间的关系特别感兴趣,这些概念在金纳(Kanno)和诺顿与帕夫连科和诺顿的论著中得到进一步论述。[1]

认同是在通过人际互动并在学习语言文化知识的基础上不断建构的。本森等人在吸收了哈雷(Harré)自我概念理论以及戈夫曼(Goffman)印象管理理论的基础上,从后结构主义的视角指出可以从六个层面解析第二语言学习者的认同。

表 2-1　　　　　　　　　　　认同的层面[2]

序号	层面	含义
1	具身认同(Embodied identity)	在我们身体内部的自我,但无法明确地知道其是什么在哪里
2	反身性认同(Reflexive identity)	自我评价,融入自我概念、特征和能力
3	投射性认同(Projected identity)	在互动中以符号方式向他人呈现的自我
4	认可性认同(Recognized identity)	在互动过程中被他人预想和认可的自我
5	想象性认同(Imagined identity)	自我对未来诸多可能之看法
6	类别认同(Identity categories and resources)	使用既定的社会类别和符号资源呈现的自我

以上六个层面的认同,与梁匡(Leung)等所主张的语言认同三分法:语言专业知识、语言归属以及语言继承中的前两种有关。[3] 专

---

[1] 参见 Yasuko Kanno and Bonny Norton eds., "Imagined Communities and Educational Possibilities [Special issue]", *Journal of Language, Identity and Education*, Vol. 2, No. 4, 2003; Aneta Pavlenko and Bonny Norton, "Imagined Communities, Identity, and English Language Teaching", in Jim Cummins and Chris Davison, eds., *International Handbook of English Language Teaching*, New York: Springer, 2007, pp. 669 - 680。

[2] Phil Benson, Gary Barkhuizen, Peter Bodycott, and Jill Brown, *Second Language Identity in Narratives of Study Abroad*, Basingstoke: Palgrave Macmillan, 2013, p. 19.

[3] 参见 Constant Leung, Roxy Harris, Ben Rampton, "The Idealised Native Speaker, Reified Ethnicities, and Classroom Realities", *TESOL Quarterly*, Vol. 31, No. 3, 1997, pp. 543 - 569。

业知识是指讲话者是否能够以一种被其他语言、方言或社交语言使用者接受的方式谈论某一特定话题，与认可性认同以及类别认同密切相关。语言归属是指个体对语言、方言或社会语言的态度和情感联系，与反身性认同紧密相连。

上述六个层面的认同也与布洛克（Block）从后结构主义视角对认同的总结有关。（1）认同为社会建构的、自我意识的、持续不断的叙事，这些叙事由个人在衣着、身体活动、动作和语言中执行、解释和投射（该项认同基本相当于本森等人所说的投射性认同）；（2）认同体现在与他人分享信仰、动机、价值观、活动和实践；（3）认同是在过去、现在和未来的关键时刻形成新的主体立场（本森等人所说的想象性认同与之部分相关）；（4）个人受其社会历史的影响，但他们也在生活中塑造他们的社会历史；（5）认同与不同的传统上的人口统计学类别有关，如族裔、种族、国籍、移民、性别、社会阶层和语言（该项认同基本相当于本森等人所说的范畴化认同）。[1]

语言社会化理论是在博采各学科之长的基础上发展起来的，要获得进一步发展必须融入其他学科的精华。"如果语言社会化理论要发展成为解释语言文化社会化的复杂过程的范例，它需要扩展其应用的社会文化和情境环境，并将应用语言学、社会历史和认知理论、认同理论的理论进展纳入其中。"[2] 本森等人的语言认同理论[3]描述的是个体同时学习语言文化的过程与结果，因而与语言社会化理论高度契合。笔者选择与语言社会化密切相关的认同层面进行研究。"具身认同"指的是自我不能离开特定的身体而存在。此层面的认同具有高度

---

[1] David Block, *Second Language Identities*, London: Continuum, 2007, p.27.

[2] Matthew Clay Bronson, "The Critical Moment: Language Socialization and the (Re) Visioning of First and Second Language Learning", in Patricia Duff and Nancy Hornberger, eds., *Encyclopedia of Language and Education*, Vol. 8: *Language Socialization*, New York: Springer, 2008, p.45.

[3] 参见 Phil Benson, Gary Barkhuizen, Peter Bodycott, and Jill Brown, *Second Language Identity in Narratives of Study Abroad*, Basingstoke: Palgrave Macmillan, 2013。

抽象性，难以明确表达。"范畴化认同"指的是既有分类特征已经确定，个体学习第二语言的时间或成效并不会对这些分类造成影响（如性别、年龄等）或明显改变（如双语者学习身份）。因此本书重点研究的认同层面是如下四种。

（1）反身性认同：学习者对自身语言能力以及在各种互动语境中使用语言的实际能力的观念。对第二语言学习者而言，反身性认同也就是第二语言学习者对自己第二语言能力以及灵活运用该语言能力的评价。

（2）投射性认同：指的是通过个人外表、姿势、服装、言辞等符号资源呈现出的认同，在心理学研究文献中以"印象管理""战略性自我呈现"等概念呈现[①]。在《日常生活中的自我呈现》（*The Presentation of Self in Everyday Life*）一书中，戈夫曼聚焦于个体如何有意识地在不同的社会环境中呈现自己，也就是他们给别人的印象[②]。呈现的方式大部分与语言及副语言的使用有关。如一些语言学习者可能希望表现出正式的自我形象，并选择仅使用礼貌的形式，而另一些学习者则倾向于使用更随意的风格，坚持以简单的形式来表达亲密，这种所表现出来的语言风格就是一种投射性认同。可以说投射性认同以反身性认同为基础，是反身性认同的外在显现。

（3）认可性认同：指投射性认同为他人所理解及接受。投射性认同有可能得不到认可，这时投射性认同与认可性认同有较多不一致的地方，两者的区别可借用戈夫曼[③]对在印象管理层面所用的"give"和"give off"二词进行解释：前者指的是有意识地呈现，而后者指的是无意识地发出。认可性认同可以被他人主观认为是"合法"的或

[①] John W. Berry, Ype H. Poortinga, Marshall H. Segall, and Pierre R. Dasen, *Cross-Cultural Psychology: Research and applications* (2nd ed.), Cambridge: Cambridge University Press, 2002, p.20.

[②] Erving Goffman, *The Presentation of Self in Everyday Life*, New York: Anchor Books, 1959.

[③] Erving Goffman, *The Presentation of Self in Everyday Life*, New York: Anchor Books, 1959.

"不合法"的[1]。

(4) 想象性认同：融进自我概念的对将来的目标及恐惧等。此认同以前文提到的想象的共同体为基础，也吸取了多尼叶（Dörnyei）和牛尾田（Ushioda）等"理想二语自我"概念的精髓[2]。这二位作者提出的"可能自我"（Possible Selves）概念包括将来的各种可能性和想象的各种认同。

三 语言认同、文化认同和国家认同

（一）三种认同之间的相互关系

语言不仅被理解为说话的方式（Ways of Speaking），而且被理解为受不同文化影响的存在方式（Ways of Being）和思维方式（Ways of Thinking）[3]。其中存在方式指的是知道如何通过语言指示身份，即语言认同；而思维方式指形成的一定的文化取向、观念形态，与文化认同、国家认同等密切相关。从语言社会化的角度来看，语言不仅传递指称意义；更重要的是，语言还构成了象征性的实践，这些实践指示社会意义。

对一国通用语言的认同一般会促进一定程度的国家认同。在1789年法国大革命期间，国家忠诚以及"祖国"等概念变得逐渐流行并深入人心。与此同时，在德国，人们竭力推崇"人民"的概念并积极阐释语言和国家之间的关系。赫尔德（Herder）提出了"一个国家、一种语言"的概念，主张只使用一种语言时，国家会变得最为强盛[4]。

---

[1] 参见 Jean Lave and Etienne Wenger, *Situated Learning: Legitimate Peripheral Participation*, Cambridge: Cambridge University Press, 1991; Etienne Wenger, *Communities of Practice: Learning, Meaning, and Identity*, Cambridge: Cambridge University Press, 1998。

[2] 参见 Zoltán Dörnyei and Ushioda Ema ed., *Motivation, Language Identity and the L2 Self*, Bristol: Multilingual Matters, 2009。

[3] Pierre Bourdie, *Outline of a Theory of Practice*, Cambridge: Cambridge University Press, 1977.

[4] Richard Bauman and Charles L. Briggs, *Voices of Modernity: Language Ideologies and the Politics of Inequality*, Cambridge: Cambridge University Press, 2003, pp. 169 – 170.

也就是说，在那时人们已经意识到通用语认同在促进民族团结和国家认同方面的积极作用。正是因为认识到语言认同对促进国家认同的非凡意义，教育机构常常通过对学生进行语言社会化来促进国家认同。一些学者对以推动国家认同为目的的语言社会化进行了研究。如沃格尔（Vogel）讨论了德国柏林一所高中历史课上师生对国家认同概念的理解[①]。弗里德曼（Friedman）则探讨了乌克兰教师在小学五年级语言文学课上采用语言社会化的手段增进学生的乌克兰国家认同[②]。弗里德曼通过观察发现，乌克兰语文教师在课堂上除了教语法和拼写技巧，还让学生参与一系列旨在让他们融入语言观念的活动。这种语言观念持有者认为乌克兰语为一种纯净美丽的语言，是儿童语言和文化遗产的一部分。

国家认同涉及社会学、政治学、哲学、历史学、语言学、文学、心理学等诸多学科。不同学科背景的学者对国家认同所作的界定可能会大相径庭。国家认同的概念和国家意识、国家形象等有所交叉。有些学者认为国家意识基本等同于国家认同（如：荣司平[③]等）。本书主要是探讨心理学视角和语言学视角下的国家认同。在中国语境下，"中华民族"意识的强弱程度无疑是国家认同强弱程度的表现之一。少数民族形成"中华民族"的认同和他们的交流方式以及在非本民族聚居地与汉族的交流互动有关[④]。实际上，由于国家通用语言文字的推广，少数民族在本民族聚居地就已经产生了"中华民族"的意识。离开本民族聚居地后，与主流社会的互动会促进语言社会化进

---

① 参见 A. Vogel, "Negotiating German Identities in Classroom Interaction: An Analysis of Pronoun Use", in Donald Backman and Aida Sakalauskaite, eds., *Ossi Wessi*, Newcastle, UK: Cambridge Scholars, 2008, pp. 143 – 170。

② 参见 Debra A. Friedman, (Re) Imagining the Nation: Language Socialization in Ukrainian Classrooms, Ph. D. dissertation, University of California, Los Angeles 2006; Debra Friedman, "Speaking Correctly: Error Correction as a Language Socialization Practice in a Ukrainian Classroom", *Applied Linguistics*, Vol. 31, 2010, pp. 346 – 367。

③ 荣司平：《论国家意识的结构》，《青海社会科学》2014 年第 2 期。

④ 张媛：《媒介、地理与认同：中国西南地区少数民族国家认同的形成与变迁》，博士学位论文，浙江大学，2014 年。

程，进一步增强对国家通用语言的认同。"少数民族群体在无意识中学会主流社会或者是汉族的文化以及生活方式"[1]是包括第二语言社会化在内的社会化进程，将促使其淡化少数民族身份，增强国家认同。

国家认同常常体现为对主流文化的认同。加拿大学者贝利（Berry）等提出的四种文化适应策略实际上也就是少数民族对主流文化认同的策略，分别是：（1）融合（Assimilation），个人不希望保持自己原有的文化身份，愿与其他文化密切互动（或在某些情况下采用新社会的文化价值观、规范和传统）时使用的策略；（2）整合（Integration），个人在与其他群体进行日常互动的同时，对自己的原始文化感兴趣并在一定程度上保持原有文化的完整性，但寻求作为更大社会网络的组成部分并参与其中；（3）分离（Separation），高度重视保持原有文化，个人回避与新社会成员互动；（4）边缘化（Marginalization），难以维持本族文化或对维持本族文化不感兴趣，但是对与来自其他文化背景的人交往也没多大兴趣[2]。中国的少数民族一般采取前两种国家认同策略。在中国，主流文化代表指中华传统文化的精髓，葛数金在梳理前人研究的基础上，对主流文化作出了界定：主流文化是指"以马克思主义思想为指导，以中华传统文化为基础，体现时代精神的、有中国特色的社会主义先进文化，其核心内容是社会主义价值观"[3]。中国少数民族践行社会主义核心价值观意味着对主流文化的认同。

（二）从语言认同到国家认同过程中的身份构建

对国家通用语言的认同，可以促进语言学习者对文化的认同，进

---

[1] 张媛：《媒介、地理与认同：中国西南地区少数民族国家认同的形成与变迁》，博士学位论文，浙江大学，2014年。

[2] John W. Berry, Ype H. Poortinga, Marshall H. Segall, and Pierre R. Dasen, *Cross-Cultural Psychology: Research and applications* (2nd ed.), Cambridge: Cambridge University Press, 2002, pp. 353-354.

[3] 葛数金：《对藏族大学生主流文化认同的思考》，《西藏民族学院学报》（哲学社会科学版）2015年第1期。

而提升他们对实际打交道的以及想象的使用国家通用语言者的认同。结合语言社会化理论，本书对张华娜、张雁军提出的语言认同的动态构建过程进行整合。二位学者认为：首先，"个体语言身份建构是语言认同的逻辑起点"①，这种构建是社会化的过程，也就是说语言社会化是语言认同的推动力量；其次，二位学者认为民族身份构建和社会身份构建是语言认同的第二阶段，在一定的社会环境中使用语言也就构建了使用者的社会身份；最后，作者认为"国家语言身份建构是语言认同的落脚点"②，只有熟练使用国家通用语言，亦即通用语社会化到达一定程度才能完成国家语言身份建构，牢牢树立中华民族共同体意识，最终达致较高程度的国家认同。

（三）媒体在促进语言认同和国家认同方面的作用

在促进学生语言认同的过程中，除了正规的学校教育，媒体也起了重要的作用。在个体的社会化过程中，家庭、学校、社会、媒体等媒介均起着重要的作用。媒体一方面起着促进学习者语言社会化的作用，另一方面起着传递"想象共同体"的作用。对于温格而言，想象是另一种社区的来源。想象之纽带在空间上延展、时间上延续。安德森首次主张人们所认为的国家是想象的共同体。"因为即使是最小的国家的成员也永远不会认识他们的大多数同胞，遇见他们，甚至听说过他们，然而在每个人的内心都存有和他们交流的印象。"③ 因此我们常常想象与同胞结成跨越时空的纽带关系，感觉与未曾谋面但将来有可能遇见的人成了一个共同体。

作为个体和群体身份的象征性标志和量度，语言具有区分手段的功能，将独特的亚群体与具有不同的、可能无法理解的语言习惯的相

---

① 张华娜、张雁军：《中华民族共同体视阈下的语言认同研究》，《西藏发展论坛》2021年第1期。
② 张华娜、张雁军：《中华民族共同体视阈下的语言认同研究》，《西藏发展论坛》2021年第1期。
③ Benedict Anderson, *Imagined Communities: Reflections on the Origin and Spread of Nationalism* (Rev. ed.), New York: Verso, 1991, p.6.

邻群体分开，并将前者与共同的认同感和群体利益结合在一起。借助在各种大众媒体中的运用，一种共同的语言可以帮助建立一个地理上广泛的、想象中的讲某种语言的社区，并建立类似国家的政体，前提是语言联系和其他共享的文化资产一同得到了加强①。

借助媒体的中介，原本在空间上相互分离的若干个体可以借由大众传媒在想象的层次上进行互动，共时性的感受得以产生并且新的想象社群得以形成②。而新媒体应用工具如"抖音""快手"等的出现，不仅可以使大众在想象的层面进行互动，也可使大众借助互联网平台进行远程互动。新媒体增加了使用者在实际生活中互动的可能性，使其进一步认识到通用语的实用价值。对国家通用语言的认同，促成了大众对使用国家通用语言群体的认同。"国家通用语言文字共同体是中华民族共同体的一个新类型"③，对此共同体的认同有助于铸牢中华民族共同体意识。

---

① Andrew Simpson ed., *Language and National Identity in Asia*, Oxford: Oxford University Press, 2007.
② 张媛:《媒介、地理与认同：中国西南地区少数民族国家认同的形成与变迁》，博士学位论文，浙江大学，2014年。
③ 周庆生:《论中国通用语言文字共同体》，《云南师范大学学报》（哲学社会科学版）2021年第5期。

第三章 研究设计

第一节 研究思路

本书旨在在了解被试总体背景的情况下，选择合适的测量工具来了解被试的通用语语言能力，并在文献分析的基础上，设计获取被试语言使用和语言态度相关信息的调查问卷。在此基础上通过问卷测试被试的语用能力，通过民族志等研究方法对核心被试的语用能力（Pragmatic Competence）发展进行深入研究，对量化数据进行验证。同时，采用量化问卷对被试的国家认同进行研究，对被试通用语语用能力和国家认同之间的关系进行探析，采用民族志研究和叙事调查相结合的方法对核心被试的语言认同和国家认同进行研究。具体研究思路如下。

（1）笔者通过少数民族汉语水平等级测试（"民族汉考"，MHK）三级试题来了解被试的通用语语言能力，通过问卷调查来获知被试的语言使用倾向和语言态度。以上测试于2020年10月进行。笔者把语言能力测试的结果和语言使用与语言态度的问卷结果均输入SPSS 24.0进行分析，比较II高校和J高校被试的语言能力。分析被试的各种语言使用情况和语言态度以得出关于被试广义语言认同的初步结论。

（2）语用能力的发展是语言社会化的重要表现之一，笔者通过多种方法来了解被试的语用能力发展情况。具体说来，笔者通过单项选择和语篇补全测试、实地观测、质性访谈等方法来了解学生的通用语语用能力。调查者于2020年10月、2021年6月以及2021年10月对两所高校的部分藏族学生开展三次内容大致相同的综合语用能力测试（包括单项选择和语篇补全部分），笔者把测得的分值输入SPSS 24.0进行分析，比较H高校被试和J高校被试语用能力的变化情况，并详细分析H高校核心研究对象答题完成情况[①]，此外，笔者还通过对这些核心研究对象实地观察和质性访谈来了解藏族学生通用语语用能力的变化。

（3）笔者设计了国家认同问卷，从情感态度、主流文化认同、行为倾向等多个角度于2020年10月和2021年10月测量学生的国家认同，把测得的结果输入SPSS 24.0进行分析，尝试分析语用能力变化和国家认同变化的相互关系，并对H高校和J高校被试的国家认同进行比较分析。同时运用民族志研究方法进行实地观察，并对核心研究对象进行深度访谈。对核心研究对象还将采用叙事访谈法，通过分析学生的回忆，勾勒其在不同教育阶段的语言社会化进程。

（4）分析被试通用语语用能力差异的原因以及语言认同和国家认同差异的原因，结合中国当前经济文化发展需求，基于语言社会化理论，对中国制定语言教育政策和语言扶贫政策给出一些建议。

第二节　研究对象

藏族在中国是人口数量排名第9的少数民族，有本民族的语言文字，绝大多数藏族人以藏语为自己的母语。2020年西藏和青海两个省份文盲人口占15岁及以上年龄人口的比例分别为28.09%和

---

① 本书交替使用"核心研究对象"和"核心被试"两个术语来指称同时参加量化研究和质化研究的被调查对象。

10.02%，远高于全国3.26%的平均水平①。藏族群众国家通用语言水平仍然较低。藏族青少年是祖国未来的建设者，因此研究藏族青少年学生的通用语言社会化具有十分重要的意义。

一 东部地区 H 高校藏族学生

不少东部地区高校（如：浙江外国语学院、南昌工学院、河海大学等）招收一定规模的藏族学生。沿江市各高校均招收了一定规模的藏族学生，其中综合性高等职业院校 H 高校招收藏族学生人数最多，H 高校为笔者所在的工作单位，方便笔者开展各项研究工作。H 高校共有藏族学生 800 多名，来自西藏和青海两个省份，男女生人数大致相等，占全校总学生人数的 8% 左右。从学生的入学途径进行划分，藏族学生可以划分为两类：一是参加普通高考并达到一定的分数线而被录取的学生；二是参加"3+3"对口招生考试并达到一定的分数而被录取的学生，此类学生主要毕业于中等专业学校、职业高中或中等职业技术学校。

按照通用语水平进行划分，该校的藏族学生可以分成三类：一是生产性双语者，占 H 高校藏族学生的比例较小。此类学生从小学一年级开始接受国家通用语语言教育，当中的绝大多数有高中阶段在沿海省份城市的学校接受教育的经历，能非常熟练地使用藏语和汉语；二是接受性双语者，大多数 H 高校的藏族学生属于此类。这些学生能自由熟练地使用藏语，其汉语听读水平和汉语为母语者较为接近，但汉语说写水平低于汉语为母语者；三是通用语水平较低者，此类学生主要来自农村或牧区，一些学生在本应接受义务教育时辍学在家数年，没有奠定好良好的通用语语言基础。

鉴于学生的专业需求和语文、数学、英语等文化基础知识状况，

---

① 国家统计局编：《中国统计年鉴 2021》，2—26 分地区按性别分的 15 岁及以上文盲人口（2020 年），http://www.stats.gov.cn/tjsj/ndsj/2021/indexch.htm，最后访问日期：2022 年 4 月 18 日。

H高校将大部分对口单招的藏族学生编入几乎是纯藏族学生的班级，将参加高考而被录取的藏族学生与汉族学生及其他少数民族学生混合编班。H高校的授课语言是国家通用语。H高校没有设置专门针对少数民族学生的预科班或语言班。在H高校，笔者采取了方便抽样和滚雪球抽样相结合的抽样策略，通过方便抽样笔者共抽得两个班级共60名学生，另外笔者通过滚雪球抽样抽得18名学生，H高校共78名学生参加了笔者的各项测试。

为了对H高校学生的语言社会化进程作深入了解，笔者对参加测试的78名学生进行目的性抽样，共联系到9名学生参加笔者的质性研究。本书把既参加量化研究又参加质性研究的学生称为核心被试。9名核心被试的基本情况如表3-1。

表3-1　　　　　　　　　9名核心被试基本信息

姓名	性别	年龄	生源地	专业
洛桑曲珍	女	19	西藏	高速铁路乘务管理
次珍	女	18	西藏	高速铁路乘务管理
旦增	男	19	西藏	电气工程
才让措	女	20	青海	会计
阿旺嘉措	男	19	西藏	建筑工程
格日措	女	20	青海	会计
格桑曲珍	女	20	西藏	国际邮轮乘务管理
白玛泽仁	男	19	西藏	国际邮轮乘务管理
仁增	男	18	西藏	高速铁路乘务管理

注：以上受访者姓名均为化名[1]。

---

[1] 以藏族为被试的研究常常用字母组合（如NMDZ、ZM等）作为被试的化名。为了方便读者区分本书的核心被试，笔者用藏族人的常用名字作为核心被试的化名。

二 青海地区 J 高校藏族学生

为了与东部沿海高校的藏族学生的语言学习情况进行对比，笔者在综合考虑院校所在地是否为藏族聚居区、在校藏族学生比例、学校专业设置等的基础上选择了青海地区一所高职院校 J 高校进行研究。青海地区高校藏族学生比例较高，2020 年 J 高校在校学生人数 6762 人，其中藏族学生 2570 人，约占全校学生总数的 38%（青海省藏族人口占全省人口的比例为 25% 左右）。J 高校与 H 高校所开设的专业有不少是相同或相似。如两所高校均开设轨道交通运营管理、物流管理、会计等专业。J 高校除英语课外的授课语言为国家通用语言，和 H 高校一样，该高校也没有设置专门针对少数民族学生的预科班，也没有提供语言班课程。笔者在 J 高校也采取了方便抽样和滚雪球抽样相结合的抽样策略。J 高校共有 65 名藏族学生参加了笔者的测试。限于客观条件，笔者没有对这些学生进行质性访谈。

第三节 研究方法

本书依据语言社会化、第二语言习得、语言认同等理论，设计具体问题进行调查并结合实际观察发现研究议题，修改研究问题，对研究问题进行深入探究。为了更全面了解学生的语言社会化进程及相关影响因素，本书采用定量和定性相结合的混合研究方法。采用这种研究方法可以发挥定量和定性研究的长处而减少这两种研究的局限性。

一 问卷调查法

问卷调查法是获取大规模数据的常见方法，具有相对便利、客观、节省时间等特点。近年来兴起的网上问卷调查更是极大地降低了时间成本和物料成本。笔者采用问卷调查法调查被试的语言使用和语言态度以及国家认同。

二 测验法

书面语篇补全测试（Written Discourse Completion Task，WDCT）、多选语篇补全测试（A Multiple-choice Discourse Completion Task，MDCT）以及口头语篇补全测试（Oral Discourse Completion Task，ODCT）等信息补全测试为常见的语用能力测试手段。研究者采用书面语篇补全测试[下文简称"语篇补全测试"（Discourse Completion Test，DCT）]。

通过语篇补全测试作为获取信息的手段被广泛运用于语言社会化研究和中介语语用学研究。语篇补全测试的经典应用为"跨文化言语行为实现项目"（Cross-Cultural Speech Act Realization Project）①，该项目用语篇补全测试法收集了七种语言的请求和道歉样本。如卡斯珀和达尔（Dahl）所指出的那样，语篇补全测试广受欢迎是因为研究人员可以很容易地控制变量，如年龄、性别、国籍、教育背景等②。这种方法使研究者能够在短时间内收集大量的数据，并且易于对原始数据进行编码，无须转录进行分析。语篇补全测试题目不宜太多，否则被试会因为作答时要书写的文字较多而失去耐心。在进行通用语语用能力测试时，笔者为了获取更多的信息，又补充了20道选择题，这样也便于进行量化统计。

三 民族志研究法

民族志（Ethnography）又称人种志，起源于人类学，描写任何具有群体特征的文化，如价值观、信仰或想法。民族志强调笔者通过亲身体验获取资料、分析证据。民族志研究比较适合分析话语、互动、行动以及行为等，已被广泛应用于社会科学研究。采用民族志的研究

---

① 参见 Shoshana Blum-Kulka, Juliane House, and Gabriele Kasper, eds., *Cross-Cultural Pragmatics: Requests and Apologies*, Norwood, NJ: Ablex, 1989。

② Gabriele Kasper and Merete Dahl, "Research Methods in Interlanguage Pragmatics", *Studies in Second Language Acquisition*, Vol.13, 1991, pp.215–247.

方法也是语言社会化研究的重要特征之一。民族志研究特别强调获取一手资料包括各种政策文件、录音、录像资料以及图片等。在研究的具体流程上，强调参与式观察与深度描写。作为观察世界的方式，民族志研究涉及参与式和非参与式观察，包括通过正式或非正式访谈获取信息以及对各种文件的审视等。

民族志让研究者看到语言实践如何与人们生活的真实条件相联系，发现语言对人们自身的重要性，以及为什么语言对人们如此重要，并观察随时空变化的语言学习进程。民族志研究强调研究者和研究对象的切身体验以及各自的反思。

语言社会化研究通过审视不断变化的社会文化环境来描述学习者的交际和互动能力是如何随着时间的推移而发展的。因此，民族志研究法是研究语言社会化最合适的方法。[1]

四 叙事分析法

叙事分析（Narrative Analysis）是使用文本或材料（口头或书面，包括照片等）来分析，按时间顺序叙说故事的一种质性研究方法，剖析过去如何形塑对现在的看法，现在如何形塑对过去的看法，以及两者如何形塑对未来的看法。"在日常故事讲述中，叙述者将事件连接成一个序列，该序列对以后的行动以及叙述者希望听者从故事中获得意义具有重要意义。"[2] 根据聚焦点不同，叙事分析可以分为五类：（1）传统叙事分析：关注故事顺序；（2）主题分析：横向关注核心理念和范畴；（3）结构分析：关注故事的语言结构及其在个人和文化层面的影响；（4）对话分析：关注主体对意义的共同建构；（5）视觉

---

[1] Don Kulick and Bambi B. Schieffelin, "Language Socialization", in Alessandro Duranti, ed., *A Companion to Linguistic Anthropology*, Malden, MA: Blackwel, 1991, p.351.

[2] Catherine Kohler Riessman, *Narrative Methods for the Human Sciences*, Thousand Oaks, CA: Sage Publications, 2007, p.3.

分析：关注视觉媒体，包括艺术、电影、电视和数字媒体。[1]

叙事访谈（Narrative Inquiry）则是叙事分析前期工作的常用手段。叙事访谈强调分享生活故事，和民族志研究的最大区别之一是叙事访谈时间跨度较长，主人公可以叙说从记事起到现在的故事。叙事研究主张，研究者和叙述者的关系在特定的研究中也是不断变化的，叙事研究把研究者和叙述者的合作视作理解叙述者经历并讲述的故事的方式。叙事调查以某种方式从叙述者那里获取详细的故事，这些故事揭示了人们如何看待和理解他们的生活。对话式倾听技巧对叙事方法至关重要；这种类型的"倾听"贯穿于整个过程，因为研究者通过对话收集数据，并与叙述者进行思想和信息的交流。研究者对新的现象持开放态度，对其保持好奇心和敏感性，且在采访过程中辩证地对待自己的假设[2]。

"当研究者想要描述难以直接观察的体验的本质和意义，并且从体验者的角度最好地理解这些体验时，叙事方法尤其有价值。"[3] 语言学习者语言认同的变化常常难以从外部直接观察到，比较适宜采用叙事访谈的研究方法。

第四节 数据采集、整理和分析

一 调查过程

（一）先导研究设计

先导研究设计旨在对学生的教育背景、国家通用语语言能力以及语用能力等有初步的了解，以便编制出合理的调查问卷和测试卷。先

---

[1] Catherine Kohler Riessman, *Narrative Methods for the Human Sciences*, Thousand Oaks, CA: Sage Publications, 2007, p.3.
[2] 陈巍、周建平、郭本禹：《本土化的大学生职业可能自我初探——来自4所高校优秀毕业生的叙事访谈研究》，《教育发展研究》2014年第21期。
[3] Phil Benson, Gary Barkhuizen, Peter Bodycott, and Jill Brown, *Second Language Identity in Narratives of Study Abroad*, Basingstoke: Palgrave Macmillan, 2013, p.8.

导研究共分为两项。一是对部分藏族学生语言使用等情况的初步调查。对学生语言使用和语言态度进行调查主要是为了了解学生的广义语言认同，问卷项目均为选择题；二是对部分汉族学生和藏族学生综合语用能力的调查。通过多种手段来测试学生的语用能力。具体包括：单项选择（测试学生的综合语用能力）、语篇补全测试（测试重点为请求言语行为能力和恭维回应能力），并通过采访、课堂观察和对学生课外活动的观察来了解使用请求言语的能力、对恭维作出回应的能力以及使用熟语的能力的发展。选择题侧重于测量学生的语用理解能力，而语篇补全测试侧重于了解学生的语用输出能力。选择题和语篇测试具体内容见附录。

（二）先导研究实施

笔者于 2020 年 9 月对 H 高校三个班的 37 名大一藏族学生进行了语言使用和语言态度的初步调查，其中有一个班（辅导员为王老师）为几乎都是由藏族学生构成的班级（该班共 32 名学生，其中一名学生为珞巴族，其余均为藏族），笔者选取其中的 31 名藏族学生为研究对象，另外还选择了 6 名来自汉族和少数民族混合的班级（辅导员为李老师）的藏族学生为调查对象。笔者采访了王老师和李老师以了解学生的语言学习情况。笔者通过方便抽样对其中的 6 名学生进行访谈，在获得同意的情况下，笔者对采访内容进行了录音。

笔者请 30 名（15 名男生，15 名女生）H 高校汉族大学生参加综合语用能力测试。这些学生年龄跨度为 18—21 岁，来自中国大陆的 16 个省份。该综合测试由两部分组成：单项选择测试（共 20 题，每题 3 分）以及表示发出请求的语用能力、对恭维回应的语篇补全测试（共 8 题，每题 5 分），以上两项满分 100 分。我们要求学生写出在一定的语境下最有可能做出的言语请求行为。鉴于现代汉语中对恭维的回应变得多样化了，被试被要求写出尽可能多类型的适切回应语句。

（三）先导研究发现及反思

通过先导研究，笔者发现原来语用能力测试卷中的题目过于简

第三章 研究设计

单,区分度不强,达不到测试的目的。被试群体对汉语熟语的掌握情况表现出较强的差异性,笔者在正式测试卷中增加了熟语的比例。通过与研究对象和辅导员交流,笔者了解到大部分藏族学生的国家通用语言听说能力在大一入学时已经能满足接受高等教育的需要。因此在正式测试时,笔者不再对被试进行通用语听说能力测试。

通过先导研究,笔者发现语言使用和语言态度调查表有待完善的地方。比如,原来的调查表仅仅要求学生填写生源地,没有要求填写具体生源地为城镇还是农村牧区等,而原先具体居住地类型会与接受通用语教育的机会以及和汉族人交往的机会相关,而这些机会会对学生的通用语语言能力产生影响。因此在正式调查表中,笔者要求学生填写他们具体来自城镇、农村或牧区。

通过初步问卷调查获取的信息,笔者同时也对访谈提纲进行了修改,如去除了"你的母语是什么?你是怎样学会该语言的?"之类的提问(根据笔者的初步调查,藏族学生母语几乎均为藏语,均为在自然环境中学会。且这一提问和问卷调查表中的内容有所重复)。通过初步访谈,笔者了解到学生通过观看电视节目有意或无意学习某种语言的频率没有笔者想象的那么高,而不少学生通过手机在线观看短视频等提高了自己的通用语语言水平。因此语言使用和语言态度问卷中增加了"您上网浏览什么语言的网页?"这一项。通过访谈,笔者了解到学生对国家通用语言以及各汉语方言的态度又有所不同,因此笔者在语言使用和语言态度正式问卷中增加了对汉语方言态度的调查。

在先导设计完成并修订了相关问卷后,笔者开展了正式研究。我们把H高校汉族学生的回答数据作为参考数据。在这之后,再对H高校和J高校的藏族学生的语用能力进行测试。语篇补全测试8道题目包含"请求""恭维回应"等两类语言行为,根据此项测试被试的语言社会化状况。在考虑时间间隔因素后,我们用大致相同的试题对被试进行了第二次和第三次测试,为了尽力避免练习效应所带来的偏差,在后两次测试时均对选择题和语篇补全测试题进行重新排序,改变了选择题中出现的人物姓名，并对语篇补全测试题中的场景稍作改动。

（四）量化数据的收集过程

笔者先后在H高校和J高校实施了调查。问卷调查由任课老师、辅导员协助进行，按照设定的计划，当场发放问卷，在学生限时完成后，相关人员当场回收问卷。语言使用和语言态度问卷调查共进行一次，于2020年10月进行。国家认同调查采用笔者编制的国家认同量表[1]。调查共进行两次，分别于2020年10月和2021年10月开展。通用语语用能力调查共进行三次，分别于2020年10月、2021年1月和2021年10月进行。

对藏族学生语言态度和语言适应情况的调查主要借助于调查表[2]。笔者分析藏族学生对汉语和藏语的一些看法来了解其语言态度。笔者对H高校的藏族学生的问卷调查主要采取分层抽样和方便抽样相结合的方式，为了尽量控制年龄这一变量，笔者的调查对象仅限于藏族大一学生。因为H高校有若干纯粹是由藏族学生组成的班级，所以笔者在H高校采用了分层抽样和方便抽样相结合的方法。笔者在H高校选取了大一年级的2个西藏班X1、X2班（共54人），1个青海班Q班（共29人），1个多民族混合班级M班（共32人，6名藏族学生，1名为苗族，其余为汉族）中的藏族学生进行调查。X1、X2班的33名，Q班中的21名，M班中的6名共60名藏族学生参加了调查。另外还对H高校若干班级的18名藏族学生进行了方便抽样调查，由笔者熟悉的藏族同学邀请他们的本民族同学或朋友来帮忙填写问卷。以

---

[1] 参考了Jean S. Phinney "The Multigroup Ethnic Identity Measure: A New Scale for Use with Diverse Groups"（*Journal of Adolescent Research*, Vol.7, No.2, 1992, pp.172 – 173）中的多群体民族认同量表（Multigroup Ethnic Identity Measure, MEIM）以及张勇、李玲《内地新疆籍少数民族大学生国家认同影响因素研究》，《河北师范大学学报》（教育科学版）2020年第5期。

[2] 参考了Chunlin Yao and Ghil'ad Zuckermann, "Language Vitality and Language Identity-Which One is More Important? Tibetan-Chinese Bilingual Education in Maketang Versus Huazangsi", *Language Problems & Language Planning*, Vol.40, No.2, 2016, pp.178 – 185。

上共78名学生中，西藏籍45人，青海籍33人。为了保证调查质量，所发放的问卷均为纸质调查问卷。共发放问卷78份，回收有效问卷75份。在J高校采用了方便抽样的方式进行调查，由笔者委托J高校的合作老师开展调查，采取了鼓励藏族同学邀请藏族同学帮忙填写问卷的方式。J高校共有65名藏族学生（其中青海籍43人）参加了问卷调查。在J高校共发放纸质问卷65份，回收有效问卷63份。

笔者事先和被试讲明各项调查进行的次数。每次调查或测试结束后，给每位被试一支黑色水笔或一本软抄本作为激励，有时笔者会在微信群内发数额不等的红包。笔者向参与者承诺研究的保密性和匿名性。

（五）质性数据的收集过程

该项目的质性研究在H高校开展。本书的数据收集自多种渠道，以便三角验证，在此基础上可以系统地比较不同类型的数据，提高数据的有效度[1]。笔者筛选核心研究对象的首要标准是这些同学必须有意向参加上述的定量测试。笔者担任两个西藏班、一个多民族混合班、一个青海班的大学英语课程教学，有较多的机会与藏族学生接触。另外，笔者同一办公室的多名同事也承担某些西藏班的英语教学任务，笔者通过这些同事也认识了一些藏族同学。此外，笔者隔壁办公室为语文教研室，一些藏族学生来向语文老师陈老师请教问题时和笔者也有一些交流。笔者从2020年10月通过多渠道收集质性研究数据。所有采访均在笔者办公室或学校某教室（中午时间有较多教室可供利用）进行。笔者努力确保除了笔者和采访对象，无其他人员在场，以便双方建立相互信任的关系。

笔者最终确定了9名核心研究对象，所有人名均为化名。笔者首先确定的核心研究对象是两个藏族班的班长白玛泽仁和旦增。白玛泽仁性格外向，善于交际，每次上课总是坐在教室前面1—3排，课堂

---

[1] Martyn Hammersley and Paul Atkinson, *Ethnography: Principles in Practice*, London and New York: Routledge, 2007.

内外和笔者交流甚多。旦增是另一个班的班长，因为英语基础较弱，缺乏自信，每次上课总是坐在最后一排。和其他藏族同学相比，旦增普通话水平相对较低，所讲汉语有时带有藏语句式，对汉族人的一些行为方式等不是非常了解，因此笔者认为他是非常合适的语言社会化研究对象。此外，尽管旦增通用语水平较低，但他愿意敞开心扉，叙说他生命中的故事，因此他也成了笔者进行叙事研究的理想人选。次珍是一个藏族班的学习委员，性格比较活泼，喜欢主动与任课老师交流，因此也成了笔者的访谈对象。此后笔者陆续确定了才让措、仁增等研究对象。

至2021年10月，笔者对9名核心研究对象每人至少进行了200分钟的访谈，主要采用了民族志的研究方法，对白玛泽仁、旦增、格日措、格桑曲珍等的研究又增加了叙事分析的研究方法。质性研究数据主要包括几个部分：（1）实地观察，主要包括这些研究对象的课堂内言语行为、课外参加各种校内活动时以及在校外社会环境中进行人际交往时的言语行为；（2）正式访谈，包括对学生和教师的访谈；（3）与笔者的微信、QQ等即时通信软件聊天记录以及研究对象所发微信朋友圈图片、文字、视频等（相关信息得到当事人许可并经过匿名化处理）。

二 数据整理

（一）量化数据整理

由于发出的问卷是纸质问卷，而且要求学生在老师的指导下当面完成，回收的无效问卷相对较少。笔者设定的无效问卷的标准如下：（1）空白卷、漏答2题及以上、重复填写同一答案、单选题选择两个以上答案的以及替他人填写的问卷均视为无效问卷；（2）不是藏族大一学生（2020年秋季入学）填写的问卷视作无效问卷；（3）在语用能力测试当中，没能前后共三次均参加测试的同学填写的问卷为无效问卷，在国家认同测试当中，没能前后两次均参加测试的同学填写的问卷视作无效问卷。笔者对 H 高校和 J 高校接受语言使用和语言态度调查的藏族学生分三次进行了语用能力问卷测试。我们把三次均完整作答的学生的问卷视作有效问卷，H 高校有 75 名学生的问卷为有效问卷，J 高校有 63 名学生的问卷为有效问卷。我们将所获取的数据输入 SPSS 24.0，分析学生综合语用能力的发展，以及性别和生源地因素对藏族学生语用能力的影响，并分析通用语语用能力和国家认同之间的相关性。

(二) 质性数据处理

笔者使用科大讯飞 AI 智能录音笔 SR101 进行采访，该录音笔具有边录边转写成文字的功能，笔者导出录音笔输出的采访文本，人工纠正其中的一些错误和重复等。9 名核心研究对象与笔者主要用国家通用语言进行交流。绝大多数被试是从小学一年级开始学习国家通用语言，虽然他们的语音有些偏差，也会犯一些语法、语用错误，但总体上每人均能用通用语较为清晰地叙述自己的经历、表达自己的想法。被试与笔者进行交流时，偶尔会夹杂一些藏文单词，因为笔者对藏语的了解有限，所以要求被试在说出藏文单词后立即用通用语进行解释，在整理录音时，笔者模仿藏族学生的藏语发音并借助讯飞语音识别软件识别出藏语单词或句子，然后借助"藏译通"和"藏英翻译"（具有多种语言互译功能）、"藏汉翻译通"三个应用程序（App）进行核对，对于还存在疑问的地方，笔者上网进行核实。

在采访结束后，笔者一般在当天晚上或第二天进行文本转写。笔者尽量回忆被试的讲话方式、声调、面部表情以及其他身体语言等，因为这也是语言社会化研究的重要内容。在转写录音的过程中，笔者得到了不少有益的启示，促使笔者对正在进行的研究进行思考，对发现的线索及时记录，在此基础上确定下次访谈的内容。对于叙事访谈的内容，笔者则是根据综合数据先写出草稿，然后与被试讨论，根据被试的建议进行补充和完善。对于藏族学生叙说中明显不通顺的语句，笔者做了修改，对部分语句进行了补充说明，而对于大致通顺的语句，笔者予以保留。

笔者也及时整理通过实地观察以及私人通信交流所获取的质性数据，对部分信息进行匿名处理。最后通过对以上渠道获取的质性数据进行汇总分析，以验证笔者所获得的量化信息。笔者借助理论分析这些质性数据，同时尝试利用质性数据丰富相关理论。

三 数据分析

在对语篇补全测试的测试结果进行分析时，遵循语篇补全测试的传统，我们用 T1 表示第一次接受测试的时间，T2 表示第二次接受测试的时间，等等。笔者请了 H 高校大学语文教研室具有副教授以上职称的四位老师检查语料，进行标注并分析，对学生的作答结果打分。对于每道题的回答，教师依据语用适切性和合乎语法性两个采分点进行给分，每道语篇补全测试题的得分为这两项之和（0—5 分）。如果回答符合母语者的表达习惯，且无语法错误，则该项回答为 5 分；回答使用了母语者常用的表达方式，但有一点语法错误，该项回答判为 4 分；和母语者的表达方式稍有偏差的回答判为 3 分；和可接受的表达有所偏差，但表达了一定意义的回答判为 2 分；只是有些沾边的回答判为 1 分；完全不相关或让人不知所云的回答判为 0 分。每一位被试的语篇补全测试部分作答结果经由两位教师进行评判，最终语篇补全测试得分为两位教师给分的平均数。

第四章 高校藏族学生通用语语用能力调查及分析

在不断学习通用语和中华主流文化的过程中，高校藏族学生的通用语语用能力也得到了发展。本章第一节基于调查所得藏族学生通用语语言能力和语用能力相关定量数据，把性别、生源地、高校社会文化环境分别作为变量对藏族学生的通用语语用能力进行对比。

表示发出请求的语用能力、对恭维作出回应的语用能力以及使用语块的语用能力是语用能力的重要组成部分。本章第二节主要是对藏族学生通用语具体语用能力发展的分析，并侧重探究核心被试通用语语用语言能力和社会语用能力的发展。

第一节 藏族学生总体通用语语用能力相关数据

H 高校和 J 高校被调查对象的平均年龄较为接近。两所高校被试男女比例也比较接近：H 高校男女生比例分别为 53.33%、46.67%，而 J 高校男女生比例分别为 60.32%、39.68%。

表 4-1　　　　　　被试年龄、性别等基本信息

变量		H 高校	J 高校
年龄		19.31 ± 1.090	19.35 ± 1.138
性别	男	40	38
	女	35	25

有关第二语言水平对语用能力以及语用行为表现的影响的研究仍较为欠缺[①]。笔者假设藏族学生第二语言水平和语用能力存在正相关关系，为此通过相关性验证，从整体上了解第二语言水平和语用能力之间的相互关系。中国少数民族汉语水平等级考试（MHK）三级试卷被用于测试学生的通用语水平，测试卷满分为100分。

为了对比 H 高校和 J 高校两组被试的通用语语言能力是否存在差异，使用独立样本 t 检验进行分析。

从表4－2中可以看出，H 高校被试的得分（M＝82.767）略高于 J 高校被试得分（M＝79.722），差异显著性为 0.153＞0.05，因此两组被试的通用语语言能力不存在显著差异。

表4－2　　　　　　　　　通用语语言能力测试均值

高校	均值	标准差	t	p
H 高校（N＝75）	82.767	12.4701	1.436	0.153
J 高校（N＝63）	79.722	12.3222		

中国少数民族汉语水平等级考试三级常被应用于新疆、青海等地的高考。两组被试均取得80分左右的平均成绩，说明两所学校的大部分被试具备了较强的通用语水平，具备了在高校继续深造所要求的通用语能力。我们通过语篇补全测试（侧重语用输出技巧）和综合语用能力测试（20道选择题[②]，侧重语用理解技巧）测试两所高校被试的语用能力。语篇补全测试部分主要分为对请求策略和恭维回应策略的测试。

[①] Gabriele Kasper and Richard Schmidt, "Developmental Issues in Interlanguage Pragmatics", *Studies in Second Language Acquisition*, Vol.18, No.2, 2001, pp.149–169.

[②] 部分测试题目根据向丽苏《汉语惯用语学习手册》（北京大学出版社2007年版）以及刘颂浩、田俊杰《留学生汉语语用情况调查》（《语言文字应用》1999年第1期）等相关语料改编。

第四章 高校藏族学生通用语语用能力调查及分析

基于布朗和莱文森分析礼貌行为的模型①,学者们分析请求言语行为时常常采用社会距离 D（Distance）和权势 P（Power）、请求强制程度 I（Ranking of Imposition）等变量。社会距离常作如下处理：熟悉 [D-]，陌生 [D+]。权势则作如下处理：讲话者有较高的地位 [P+]，参与对话者地位平等 [P=]，讲话者地位较低 [P-]。请求强制程度作如下处理：强制程度高 [I+]，强制程度低 [I-]。笔者在参照拜恩研究的基础上②，设计了如下6个会话情境。

表4-3　　　　　　　　　　请求行为情境

场景	双方关系	情境变量（距离、权势及请求强制程度）
场景1：向对方借课堂笔记	学生—学生	[D-] [P=] [I-]
场景2：请求补办校园卡	学生—陌生的行政人员	[D+] [P+] [I-]
场景3：向对方问路	陌生人—陌生人	[D+] [P=] [I-]
场景4：索要他人电话号码	负责人—陌生的新成员	[D+] [P=] [I-]
场景5：要求写实习推荐信	熟悉的老师—学生	[D-] [P+] [I+]
场景6：要求对方去学校水房帮忙打一瓶开水	室友—室友（后者小几岁）	[D-] [P-] [I-]

除了请求言语行为，恭维回应也是笔者常关注的。恭维回应涉及语言和文化的同时习得，因而也是语言社会化研究的重点议题之一。为此，我们设计了两道对恭维的回应语篇补全测试题。

分析步骤：1. 对请求、恭维回应等言语行为中出现的词汇错误、语法错误等进行标记和分析；2. 采用布卢姆-库卡和奥尔什坦

---

① Penelope Brown and Stephen D. Levinson, *Politeness: Some Universals in Language Usage* (2nd ed.), Cambridge: Cambridge University Press, 1987.
② 参见 Andrew Sangpil Byon, "Sociopragmatic Analysis of Korean Requests: Pedagogical Settings", *Journal of Pragmatics*, Vol.36, No.9, 2004。

(Olshtain)的编码方案对请求策略进行编码①,同时对恭维回应的语用适切性进行分析。

本书收集数据分为以下几个部分:请 H 高校的 78 名藏族学生和 J 高校的 65 名藏族学生在三个时间段完成语篇补全测试。在学生完成语篇补全测试后,笔者对 H 高校的 9 名重点研究对象进行进一步半结构式访谈。另外,笔者通过在 H 高校观察这 9 名学生的一些具体活动(如销售冬虫夏草、参加红十字献血活动等)来进一步观察这 9 名学生在实际生活中的各种语言行为。

一 语言能力与语用能力相关性

学者们对不同二语水平学习者的语用能力是否存在显著差异有不同的结论。一些调查②认为学习者的输入性语用能力与二语水平正相关;一些调查③指出学习者的产出性语用能力与二语水平正相关;而另一些研究④则表明二语水平对语用能力发展不具有显著作用。为了检验两所高校被试通用语语言能力与通用语语用能力是否存在相关性,笔者使用皮尔逊相关分析进行检验。

根据表 4-4 可以看出,相关显著性均小于 0.05,存在显著相关

---

① 参见 Shoshana Blum-kulka and Elite Olshtain, "Requests and Apologies: A Cross-Cultural Study of Speech Act Realization Patterns (CCSARP)", *Applied Linguistics*, Vol. 5, No. 3, 1984, pp. 196 – 213。

② 如 Nancy Bell, "Exploring L2 language Play as an Aid to SLL: A Case Study of humour in NS-NNS interaction", *Applied Linguistics*, No. 2, 2005, pp. 192 – 218; Rachel L. Shively, Mandy R. Menke and Sandra M. Manzón Omundson, "Perception of Irony by L2 Learners of Spanish", *Issues in Applied Linguistics*, Vol. 2, 2008, pp. 101 – 132。

③ 如 Maria Sabaté i Dalmau and Hortènsia Curell i Gotor, "From 'Sorry Very Much' to 'I'm Ever So Sorry': Acquisitional Patterns in L2 Apologies by Catalan Learners of English", *Intercultural Pragmatics*, Vol. 4, No. 2, 2007, pp. 287 – 315; Yuh-Fang Chang, "'I No Say You Say is Boring': The Development of Pragmatic Competence in L2 Apology", *Language Sciences*, Vol. 32, 2010, pp. 408 – 424。

④ 如 Yuh-Fang Chang, "How to Say No: An Analysis of Cross-Cultural Difference and Pragmatic Transfer", *Language Sciences*, Vol. 4, 2009, pp. 477 – 493; Saad Al-Gahtani and Carsten Roever, "The Development of Requests by L2 Learners of Modern Standard Arabic: A Longitudinal and Cross-Sectional Study", *Foreign Language Annals*, Vol. 48, 2015, pp. 570 – 583。

性。同时根据相关系数可以看出,两所高校被试通用语语言能力和三次通用语语用能力得分均存在显著正相关性。

表4-4　　　　通用语语言能力与语用能力相关性分析

被试	变量	语言能力	语用能力 T1	语用能力 T2	语用能力 T3
H 高校被试 （N=75）	语言能力	1			
	语用能力 T1	0.234	1		
	语用能力 T2	0.456	0.556	1	
	语用能力 T3	0.441	0.371	0.911	1
J 高校被试 （N=63）	语言能力	1			
	语用能力 T1	0.329	1		
	语用能力 T2	0.354	0.729	1	
	语用能力 T3	0.254	0.536	0.889	1

就个体而言,"高水平的语法能力并不能保证相应的高水平的语用能力"[①],此处的语法能力实际上指语言能力。就样本量足够大的群体而言,语法能力可在一定程度上表征语用能力。

二　两所学校藏族学生综合语用能力调查数据

调查结果显示,两所学校被试的初始通用语语用能力尚可,H 高校和 J 高校被试的平均分分别为 71.05 分和 68.21 分。语用能力表现出内部差异性（H 高校 SD=9.200,J 高校 SD=10.542）

H 高校和 J 高校被试最低得分分别为 51 分和 49 分,表示这两名学生能理解部分场景,能勉强运用通用语进行日常交际;而两所学校的最高分则分别达到 85 分（共 3 人获得）和 86 分,表明这几名被试具有较强的语用理解能力,能恰当有效地使用通用语开展交际活动。

---

① Kathleen Bardovi-Harlig, "Exploring the Interlanguage of Interlanguage Pragmatics: A Research Agenda for Acquisitional Pragmatics", *Language Learning*, Vol. 49, 1999, p. 686.

为了获知不同高校学生通用语语用能力是否存在差异,使用独立样本 t 检验对两所高校被试的通用语语用能力测试的得分平均值进行比较。

根据表 4-5 可以看出,两所高校被试的初始语用能力得分(第一次语用能力测试的结果)分别为:$M_{H1} = 71.05$,$M_{J1} = 68.21$,差异不显著($t = 1.694$,$p > 0.05$)。就整体而言,接受调查的两所学校的藏族学生的初始通用语语用能力大体相当。

表 4-5   不同阶段通用语语用能力测试得分

变量	高校	均值	标准差	t	p
语用能力 1	H 高校	71.05	9.200	1.694	0.093
	J 高校	68.21	10.542		
语用能力 2	H 高校	78.85	8.021	2.838	0.005
	J 高校	74.67	9.308		
语用能力 3	H 高校	82.96	9.983	2.629	0.010
	J 高校	78.41	10.283		

在不同的社会文化环境中生活学习后,两所学校被试的通用语语用能力均有所变化。根据表 4-5 可以看出,H 高校和 J 高校被试的语用能力得分在第二次测试时均有所提高,两组得分均值分别为:$M_{H2} = 78.85$,$M_{J2} = 74.67$,存在显著差异($H = 0.005$),H 高校显著高于 J 高校。此后,两所高校被试的通用语语言能力进一步发展,在第三次测试时,两组被试的均值分别为:$M_{H3} = 82.96$,$M_{J3} = 78.41$,仍旧表现出显著性差异($H = 0.010$)。总之,H 高校和 J 高校被试的通用语语用能力均有所发展,但 H 高校被试通用语语用能力提高的程度高于 J 高校被试。

三 不同性别被试的语用能力对比

为了了解两所高校不同性别藏族学生的通用语语用能力是否存在

差异，按照高校进行分组，使用独立样本 t 检验对不同性别被试的三次测试得分情况进行检验。

根据表 4-6 可以看出，在首次测试时，H 高校和 J 高校的被试通用语语用能力得分均存在着性别差异，其中 H 高校的情况为：M_{H1m} = 68.55，M_{H1f} = 73.91，有显著性差异（H = 0.011）；J 高校的情况为：M_{J1m} = 66.08，M_{J1f} = 71.44，有显著性差异（H = 0.047）。第二次测试时，H 高校和 J 高校的被试通用语语用能力得分均存在着性别差异，其中 H 高校的情况为：M_{H2m} = 76.40，M_{H2f} = 81.66，有显著性差异（H = 0.004）；J 高校的情况为：M_{J2m} = 72.29，M_{J2f} = 78.28，有显著性差异（H - 0.011）。第三次测试时，H 高校和 J 高校的被试通用语语用能力得分均继续存在着性别差异，其中 H 高校的情况为：M_{H3m} = 80.55，M_{H3f} = 85.71，有显著性差异（H = 0.024）；J 高校的情况为：M_{J3m} = 76.05，M_{J3f} = 82.00，有显著性差异（H = 0.023）。

表 4-6　　　　不同性别被试通用语语用能力得分均值

学校	变量	性别	均值	标准差	t	p
H 高校	语用能力 1	男	68.55	9.296	-2.617	0.011
		女	73.91	8.326		
	语用能力 2	男	76.40	7.999	-2.978	0.004
		女	81.66	7.174		
	语用能力 3	男	80.55	10.737	-2.299	0.024
		女	85.71	8.369		
J 高校	语用能力 1	男	66.08	10.698	-2.023	0.047
		女	71.44	9.622		
	语用能力 2	男	72.29	10.177	-2.614	0.011
		女	78.28	6.452		
	语用能力 3	男	76.05	10.947	-2.324	0.023
		女	82.00	8.134		

两所高校男生通用语语用能力提高的同时,女生通用语语用能力也在提高。男生通用语语用能力没有能追上女生,差距仍然存在。

四 来自不同类型生源地的藏族学生语用能力对比

为了了解来自城镇和农牧区的藏族学生的通用语语用能力是否存在差异,使用独立样本 t 检验分别对两所高校中来自两个省区的城镇和农牧区被试的语用能力进行分析。

根据表 4-7 可以看出,在首次测试时,生源地为西藏和生源地为青海的藏族学生的通用语语用能力表现出城乡差异:来自城镇的学生的通用语语用能力强于来自农牧区的学生,其中生源地为西藏的学生的情况为:$M_{T1c} = 77.41$,$M_{T1r} = 67.78$,有显著性差异($H = 0.000$);生源地为青海的学生情况为:$M_{Q1c} = 77.86$,$M_{Q1r} = 68.00$,有显著性差异($H = 0.001$)。第一次测试是在被试入学后不久进行,因此可以认为被试的通用语语用能力差异主要是中小学阶段不同的社会化过程所造成的。

表 4-7　　按入学前居住地类型分组的语用能力得分均值

地区	变量	居住地类型	均值	标准差	t	p
西藏	语用能力 1	城镇	77.41	5.432	5.033	0.000
		农牧区	67.78	8.887		
	语用能力 2	城镇	85.06	5.505	4.513	0.000
		农牧区	75.49	7.972		
	语用能力 3	城镇	88.76	6.190	3.624	0.001
		农牧区	79.46	9.773		
青海	语用能力 1	城镇	77.86	8.170	3.525	0.001
		农牧区	68.00	9.663		
	语用能力 2	城镇	84.64	2.951	7.320	0.000
		农牧区	75.07	8.015		
	语用能力 3	城镇	90.93	6.439	4.577	0.000
		农牧区	78.75	9.426		

第二次测试时,家乡为西藏和青海的学生的通用语语用能力仍然表现出城乡差异:其中生源地为西藏的学生的情况为:$M_{T2c} = 85.06$,$M_{T2r} = 75.49$,有显著性差异($H = 0.000$);生源地为青海的学生情况为:$M_{Q2c} = 84.64$,$M_{Q2r} = 75.07$,有显著性差异($H = 0.000$)。第三次测试时,这种差异继续存在。其中生源地为西藏的学生的情况为:$M_{T3c} = 88.76$,$M_{T3r} = 79.46$,有显著性差异($H = 0.001$);生源地为青海的学生情况为:$M_{Q3c} = 90.93$,,$M_{Q3r} = 78.75$,有显著性差异($H = 0.000$)。

两所高校来自城镇和来自农牧区被试的通用语语用能力均在稳步提高,来自城镇地区的被试的语用能力得分始终高于来自农牧区者,在高校生活学习一段时间后,两者之间的差距依然存在。

第二节 具体通用语语用能力的发展

在对 H 高校被试和 J 高校被试通用语语用能力进行总体定量分析的基础上,笔者对被试的具体语用能力组成部分进行定性和定量相结合的分析。

表示发出请求的语用能力、对恭维作出回应的能力以及使用语块的能力是语用能力构成的重要部分。以下是对藏族大学生使用通用语时这几个方面语用能力的探讨。其中对被试请求言语行为的探讨主要聚焦于核心被试语篇补全测试测得的语用能力和日常生活中表现出的语用能力。对被试恭维回应的语用能力的分析则包括 H 高校和 J 高校藏族学生所表现出来的共性特征的分析,也包括对核心被试日常生活中表现出的通用语恭维回应能力探讨。对藏族大学生使用通用语语块的能力也是聚焦于核心被试该方面的能力。

一 表示发出请求的语用能力

(一)语篇补全测试测得的请求语用能力

笔者从对权势的感知、对社交距离的感知、对情境的感知等三个层面分析语篇补全测试测得的藏族大学生通用语请求语用能力的发展状况。笔者聚焦于旦增和次珍这两名学生该方面语用能力的发展。

1. 对权势的感知

旦增对场景 2 "请求补办校园卡"的三次回答如下：

> T1：卡掉了。
> T2：老师，因为我把校园卡弄丢了，要办新的。
> T3：老师，我把校园卡弄丢了，可以补办一张新的吗？

"卡掉了"和"卡丢了"在汉语里都是可接受的表达。在对旦增的后续采访中，他说因为不知道该如何和行政人员打招呼，因此只说"卡掉了"。第二次测试时，旦增陈述内容较多，使用了招呼语"老师"，高校行政人员虽然不承担教学任务，在高校里一般也是被尊称为"老师"。旦增因为陪同学去该校学生服务中心办理过补卡手续，他亲自观察到补办卡的同学和行政中心人员打招呼，因此知道要用称谓语"老师"。也就是说，某个旦增不认识的同学，无意中充当了"专家"的角色，对旦增进行了社会化，使旦增感知到高校行政人员在权势上高于自己。旦增在课堂内与教师及学生的互动中，知道了汉族学生常常使用"能不能""可不可以""可以吗"表示礼貌，此后他常常把这些表示礼貌的结构用于与他人的交往中。因此第三次测试时，旦增使用了间接表达中请求许可的结构"可以……吗"。

2. 对社交距离的感知

旦增对场景 6 "要求对方去学校水房帮忙打一瓶开水"的回答如下：

> T1：您好，您去水房顺便也帮我打一瓶开水好吗？
> T2：你好，你去水房顺便也帮我打一瓶开水好吗？
> T3：麻烦你去水房打水的时候顺便帮我打一瓶开水，谢谢。

在第一次测试中，旦增使用了两次"您"，他认为这是比较礼貌、贴切的表达。与中国北方地区（尤其是北京地区）大量使用尊称语"您"不同，中国南方很多地区很少使用"您"这一称谓，对陌生人或长辈等可能会使用"您"，但使用频率也远低于北方地区。旦增来到H高校一段时间后，终于明白"您好"和"您"的使用频率并不如他想象的那么高，在沿江市熟人之间使用"您好"或"您"是不合适的。"您"在对话中，除了表示尊敬、礼貌，也用来表明距离和陌生。因此在第二次测试时，旦增使用了"你好"。经过一段时间与汉族学生的相处，旦增意识到在朋友、同学、舍友之间连"你好"也不必使用。

3. 对情境的感知

场景5为"要求写实习推荐信"。旦增的相关回答如下：

T1：您好，帮我写一封推荐信？

T2：王老师，帮我写一封推荐信好吗？

T3：王老师，我打算去天恒物流有限公司实习，你能帮我写一封推荐信吗？

旦增意识到高校教师相对学生来说是具有较高权势的，因此在第一次测试中使用了"您好"，但是在这一特定情境下，还是要首先使用称谓语打招呼较为合适，应该称呼为某某老师或某某教授。在第二次测试中，旦增继续使用称谓语发起谈话，表明其语用能力得到了进一步发展，而在第三次测试时，旦增陈述了原因，可以看出其语用能力稳步提高。

我们藏族人很尊重老师，对老师非常客气，我原本以为汉语中的"敬语"不是太复杂的，我也是听大学语文课老师说在汉语中有时也会使用比较客气的招呼语。通过观察汉族学生的言行，

我发现和老师说话时不可过于简化，不然的话老师会不高兴。（2021年9月）

旦增在采访中的陈述表明他在通用语言社会化过程中增强了语用意识。

（二）在实际生活中的请求言语行为变化情况

除了通过语篇补全测试来观察学生的请求言语行为能力发展变化，笔者也观察到了被试在校园实际生活中的请求言语行为的变化情况。以下为观测到的次珍要求教师关窗户或空调的记录：

T1：老师，关窗户。（2021年3月18日）
T2：老师，这个空调，关一下，我冷。（2021年6月17日）
T3：老师，能麻烦您把空调关了吗，我感觉冷。（2021年9月28日）

指示类言语行为（Directives）表明对话者之间的非对称关系，这种请求构成了布朗和莱文森所说的威胁面子的行为，有更高地位的人可以直接发出命令，地位相同或地位较低者发出命令必须采用较为间接的方式。次珍要求老师关教室窗户的言语行为过于直接。教师权势高于学生，在非紧急情况下，次珍应该使用礼貌标记语"请"字对请求行为进行内部修正。次珍6月17日所说的句子"老师，这个空调，关一下，我冷"既有语言错误，又有语用错误。汉族学生一般会说"关一下空调"或"把空调关了"，而藏族学生可能受到藏族动词后置的影响，说出了这样的句子。与大多数汉语句子的基本结构为"主语+谓语+宾语"（"SVO"型）不同，藏语句子的基本结构常常为"主语+宾语+谓语"（"SOV"型）。

在第二学年第一学期时，笔者观测到次珍的二语言语行为渐渐向母语者靠拢。她再次要求老师关空调的句子证明了她的语用语言能力和社会语用能力均渐趋完善。她已经意识到请求关窗户虽然属于强加程度低的行为,但是学生和老师之间存在社会距离,因此她使用了"麻烦您"和外部修饰语"我感觉冷"来进一步减缓强加的程度。

笔者对次珍就其语言使用行为进行了采访。她说在课堂内外观察到了她的藏族同学对老师讲话时较多地使用"请"字,也更多地使用间接的方式。次珍的藏族同学向次珍传递了这样一个观念:在汉族文化中,老师比学生具有更高的地位。次珍的通用语社会化进程表明,在对"新手"进行语言社会化的过程中,扮演"专家"角色的不一定必须是目标语母语使用者。另外,在学习者使用第二语言时,母语中的社会语用知识不一定能顺利迁移。在汉族文化和藏族文化中,教师均是具有较高地位者。当交际目的为要达成某项目标时,藏族人使用藏语时一般倾向于用较为含蓄的方式交流。藏族人寻求帮助时,会说出诸如"我不希望打扰你,但是我向你寻求关于某某事的意见"之类的句子[1]。藏族人交流时常考虑权势距离因素,因而也是对面子敏感的。在与教师、家长、长者和其他地位较高的人互动时,沟通是有礼貌的、尊重他人的,因而对"面子"问题高度敏感。次珍没能做到顺利迁移母语中的社会语用知识,而是在第二语言环境中通过语言社会化习得了通用语的言语请求行为方式。

(三) 请求言语行为变化原因分析

随着这些学习者通用语语言水平的提高,其在交际中使用直接策略的频率逐步降低。语篇补全测试数据分析显示,藏族学生语言层面与请求策略的错误之处在不断减少,其通用语请求行为越来越接近汉族学生,H 高校和 J 高校藏族被试所展示的通用语语用能力没有明显差别;藏族学生通过与汉族学生或其他民族学生互动(一起参加打篮球等课外活动,学校组织的一些活动如国旗护卫队训练、冲锋舟救援

---

[1] Tenzin Dorjee, "Tibetan Communication Modes", in Young Yun Kim, ed., *The International Encyclopedia of Intercultural Communication*, New York: John Wiley & Sons, Inc., 2017, p.4.

培训等）、观察模仿其语言行为提高了语用能力。根据语言社会化理论，第二语言学习者在目标语社会中借助会话交流，获得语言能力强且熟谙目标语文化者的帮助，不仅提高了语言能力，也增强了对目标语文化的进一步认识①。

次珍所学专业为高速铁路乘务，她逐渐认识到在未来的工作中，能讲得体的通用语非常重要，因而越来越注重在特定社会情境下语用使用的形式。学习者的主观能动性也使请求言语行为发生了变化。能动性将决定学习者投入多少精力理解二语语用信息以及进行社会语用方面的实践。在促进语言学习者语言社会化的过程中，社会活动的媒介作用有其局限性②。

笔者的质化研究发现，藏族学生将请求策略迁移到其他场景时所犯的错误较少，这与留学生学习汉语时将请求策略迁移到其他场景时发生较多的错误形成了鲜明的对比。可能原因有几点。第一，汉语和藏语同属汉藏语系，汉族藏族文化融通较多，地理间隔距离较小，文化差异相对较小，如藏族文化和汉族文化均属于高情境文化（High-Context Culture）。高情境文化交际者通过大量的语境、线索和关系对信息进行解码，隐式地传递信息，大量的信息依靠语境、线索和对话者关系进行解码③，共有的文化特征使得二语社会化较为顺利地进行。第二，藏族大学生学习汉语时间一般远远多于留学生所花时间，对汉语语言系统已经有了较为扎实的宏观把握，因此所犯语用迁移错误较少。第三，学习者学习某种语言的起始学习时间越早，越有利于发展

---

① 参见 Patricia Duff, "Second Language Socialization", in Alessandro Duranti, Elinor Ochs, and Bambi B. Schieffelin, eds., *The Handbook of Language Socialization*, Malden, MA：Wiley-Blackwell, 2012, pp. 564 – 586；应洁琼《基于语言社会化理论的留学生汉语语用能力发展研究》，《语言教学与研究》2018 年第 5 期。

② Jin Li, "When in China, Do as the Chinese Do? Learning Compliment Responding in a Study Abroad Program", *Chinese as a Second Language Research*, Vol. 1, No. 2, 2012, pp. 211 – 240；应洁琼：《基于语言社会化理论的留学生汉语语用能力发展研究》，《语言教学与研究》2018 年第 5 期。

③ Edward T. Hall, *Beyond Culture*, New York：Anchor Press, Doubleday, 1976.

自身的语用能力。绝大多数藏族学生在语言习得关键期开始学习通用语，为其通用语语用能力的发展奠定了较好的基础。

二 对恭维作出回应的语用能力

在本部分笔者首先对语篇补全测试测得的被试的回应策略进行分析，然后对日常生活中观测到的仁增、才让措、旦增这三名核心研究对象的恭维回应策略进行分析。

（一）语篇补全测试测得的作出回应时的语用能力的发展

通过问卷调查，可以发现藏族学生（N=75+63=138）所答恭维回应选择题第17题和第19题在附录二中答对率较高，前两次测试两道题目的答对率达到了84.1%以上，而第三次测试时两道题目的答对率均达到了94.9%以上。

对恭维回应有多种分类，其中福尔摩斯（Holmes）提出的三分法[1]：接受（Acceptance）、转移（Deflection/Evasion）和拒绝（Rejection）得到了广泛认可[2]。在我们的研究中也采用这种分类方法对DCT测得的恭维回应结果进行分类。以下为结果与讨论。

表4-8　　　　针对恭维回答情境第1题所采用的策略

	汉族学生（先导测试）N=30	藏族学生第1次 N=138	藏族学生第2次 N=138	藏族学生第3次 N=138
接受	60.0%	48.6%	52.2%	58.6%

---

[1] Janet Holmes, "Compliments and Compliment Responses in New Zealand English", *Linguistics*, Vol. 28, 1988.

[2] 如 Chung-hye Han, "A Comparative Study of Compliment Responses: Korean Females in Korean Interactions and in English Interactions", *Working Papers in Educational Linguistics*, Vol. 8, No. 2, 1992. pp. 17-31; Chen-Hsin Tang and Grace Qiao Zhang, "A Contrastive Study of Compliment Responses among Australian English and Mandarin Chinese speakers", *Journal of Pragmatics*, Vol. 41, No. 2, 2009, pp. 325-345; Rong Chen, "Responding to Compliments: A Contrastive Study of Politeness Strategies between American English and Chinese Speakers", *Journal of Pragmatics*, Vol. 20, No. 3, 1993, pp. 49-75。

续表

	汉族学生（先导测试）N=30	藏族学生第1次 N=138	藏族学生第2次 N=138	藏族学生第3次 N=138
转移	26.7%	36.2%	31.9%	29.7%
拒绝	13.3%	12.3%	13%	11.7%
回应不正确	0%	2.9%	2.9%	0%
总数	100%	100%	100%	100%

表4-9　　针对恭维回答情境第2题所采用的策略

	汉族学生（先导测试）N=30	藏族学生第1次 N=138	藏族学生第2次 N=138	藏族学生第3次 N=138
接受	70.0%	52.8%	52.8%	60.1%
转移	20.0%	38.4%	34.7%	28.9%
拒绝	10.0%	5.9%	9.6%	9.6%
回应不正确	0%	2.9%	2.9%	1.4%
总数	100%	100%	100%	100%

陈融对50名汉语母语者的西安市大学生所作的恭维回应调查结果显示，采用接受、转移、拒绝策略的比例为1.03%、3.41%以及95.73%[1]，而陈融和杨达复对160名西安大学生开展了类似调查，其结果显示采用三种策略的比例分别为62.60%、28.27%、9.13%[2]。本书的调查也表明，无论是先导测试中的汉族学生还是正式测试中的汉族学生，接受恭维回应的比例较高。

此外，藏族学生采用接受策略的比例逐渐上升，而采用转移策略

---

[1] Rong Chen, "Responding to Compliments: A Contrastive Study of Politeness Strategies between American English and Chinese Speakers", *Journal of Pragmatics*, Vol.20, No.3, 1993.

[2] Rong Chen and Dafu Yang, "Responding to Compliments in Chinese: Has It Changed?", *Journal of Pragmatics*, Vol.42, 2010.

的比例有所下降。总体而言，随着时间的推移，藏族学生恭维回应所用策略逐渐与汉语学生趋于一致。

但是，我们在进行观察时发现即使是问卷测试得分较高的藏族学生在实际生活中使用通用语时的言语行为与汉族学生仍有不小差异，不过前者使用通用语时的言语行为在逐渐向后者靠拢。

（二）实际生活中观察到的藏族大学生的恭维回应行为

在对被试日常行为的观测中，我们仍然用T1、T2、T3表示时间顺序。以下为对藏族学生仁增、才让措、且增恭维回应行为所作的记录及相关分析。

观察实录1

  T1：授课老师：仁增，你普通话讲得很好。
    仁增：普通话很有用。（2021年3月18日）
  T2：授课老师：你普通话讲得很好。
    仁增：哪里哪里，一般般。（2021年6月24日）
  T3：同学1：你的手机很时尚。
    仁增：谢谢。（2021年10月23日）

观察实录2

  T1：汉族同学2：才让措，你的背包很漂亮。
    才让措：我上星期买的。（2021年4月17日）
  T2：授课老师：才让措，你普通话讲得很好。
    才让措：谢谢老师夸奖。（2021年6月21日）
  T3：汉族同学3：才让措，你普通话讲得很流利。
    才让措：哪里哪里。（2021年9月19日）

观察实录 3

T1：（在一堂英语课上，考虑到旦增来自西藏牧区，研究者估计旦增根据图片应该能猜测出 ranch 的含义，因而向旦增提问）

图 4-1　牧场

图片来源：*Oxford Picture Dictionary*, Oxford University Press, USA, 2008, p.34。

研究者：Do you know what a ranch is?

旦增：马厩。

估计旦增没有理解"ranch"的含义，笔者在课间休息时告诉旦增 ranch 的中文意思为"牧场"，顺便夸赞旦增的汉语水平："你普通话学得不错嘛，还会使用'马厩'，有些汉族同学不知道'马厩'的含义。"

旦增：没有，没有。（2021 年 3 月 17 日）

T2：汉族同学 4：旦增，你穿着这套军训服显得很帅气。

旦增：没有没有，外面很冷。（2021 年 3 月 19 日）

在第三学期时，老师再次对旦增进行表扬时，旦增的回应变成了"谢谢老师夸奖"。

第四章 高校藏族学生通用语语用能力调查及分析

> 那你怎么学会汉语的?
>
> 高中三年学的。
>
> 厉害
>
> 高中三年,我早上一般都4:30起床背书。
>
> 你太勤奋了
>
> 😊
>
> 刚高一的时候,我们班倒数第四。
>
> 进步神速啊!
>
> 谢谢,老师,夸奖

图4-2 涉及恭维回应的交流记录

由上述记录可以看出,在第一阶段,旦增对恭维的回应与汉族学生有所差异。但是经过一段时间在汉语环境中的学习,旦增对称赞回应的方式已经同汉族学生一致。才让措的汉语语用能力也有所提高,我们观测到的第二、第三次回应均为地道的表达。但是才让措对教师和同学恭维回应的方式有所不同,可能原因是:如果称赞来自年长者或有较高权力的人,这种恭维一般被视为评价性判断,而如果恭维来自同辈,接受恭维者通常自我贬损以示谦虚[1]。

---

[1] 参见 Jin Li,"When in China, Do as the Chinese Do? Learning Compliment Responding in a Study abroad Program", *Chinese as a Second Language Research*, Vol.1, Issue 2, 2012, pp. 211-240。

我们用语篇补全测试获取语料的方法以及观察实际生活中对话的方法来评价恭维回应所得结果有所差异（虽然后者样本量较小）。如何解释书面语篇补全测试问卷所得语料和实际观测所得语料的差异？我们认为可能原因有两点。一是在做书面测试时，受测者有足够的时间进行信息加工，从而可以排除母语及母语文化的干扰，而在实际生活中需要作出即刻反应的情况下，往往受到母语文化的干扰而导致二语环境下的语用行为不当。二是"书面 DCT 用测试结果极大地提升了汉语文化中接受恭维的比例"[①]。也就是说在做书面语篇补全测试时，受测者更有可能作出接受恭维的回答，长期受西方文化的影响，这一回应方式现在被认为是十分恰当的。

与汉族同学相比，藏族同学对汉语恭维回应的回答更多地采用回避的方式，这是否因为受到了藏语的影响？研究者未能查询到用中文或英文发表的关于藏语中恭维回应方式的文献。我们通过对白玛泽仁等多位同学的采访得知，藏族人对待赞美常常用幽默的方式绕开话题回应。在汉语程度进一步提高后，用汉语交际时他们常常采用汉族人的表达方式。才让措也有类似的回答，她说："我们藏族人对别人赞美的回答方式不多，常说'没有没有'，而汉语的表达方式较多，学习了汉语后，我掌握了更多的汉语对待赞美的表达方式。"总之，通过与汉族学生或汉语较高水平学生的交流。藏族学生逐渐熟悉了汉语恭维及恭维回应的常规，在社会化的过程中发展了运用语言的能力。

三 使用语块的语用能力

（一）从"没有"到"不在"或"没来"

对藏族学生日常交际使用汉语惯用语能力发展状况的考察，主要通过互动交流和实地观测的方法进行。课堂上的师生交流以及学生之间的相关交流能有效促进学生语用能力的发展。

[①] 夏登山、王嘉：《恭维回应与汉语人际语用学语料收集方法》，《外语教学》2019年第2期。

第1例为笔者对旦增的观测实例。

T1 老师问:"某某学生今天来了吗?"旦增回答:"没有",老师点名点到这位学生时,旦增依旧回答"没有"。(2021年3月14日)

T2 老师上课时点名,点到某位学生时,旦增回答"没来"。(2021年4月22日)

T3 老师上课时点名,点到某位学生时,旦增回答"上厕所去了"。(2021年9月17日)

第2例为笔者对才让措的观测实例。

T1 笔者:你到某某楼了吗?才让措:到了。(2021年3月17日)

笔者:我没见到你啊。你在某某楼入口处吗?

才让措:入口处没有。(应为:我不在入口处)

T2 才让措:老师上课的时候我有,但中途我去厕所了,刚好您点到我了回来的时候人太多了我没跟您说。(2021年4月17日,旦增发给笔者的微信信息)[应为:老师上课的时候我在(听课)]

T3 才让措:格日措她们没来,她们请病假了。(2021年10月22日)。

旦增、才让措的第一次回答不符合汉语的交际习惯,藏语ཨ(ndo)兼有汉语"有"和"在"的意思,旦增要表达的意思为"不在",由于受到母语藏语的影响而犯了语用错误(根据笔者的观察,相当一部分藏族新生有过多使用"没有"的倾向)。旦增第二阶段的表达为标准的汉语表达,笔者没有在课堂上注意到有其他学生纠正他的回答,推测是旦增由于和藏族或汉族"专家"大量交流,逐步领会了汉语的一些地道表达,对旦增的后续采访证实了笔者的猜测。语用意识的增强可以通过在互动中借助他人的评论或纠正而获得。语用意识也可以通过日常话语中的常规参与和观察某一特定形式如何在类似情况下重复使用而产生。前者为显性社会化,而后者为隐性社会化[①]。同伴对旦增的隐性社会化使得旦增发展了语用语言能力。至于第三阶段的回答"上厕所去了"很可能是谎言。教师上课点名时常常会遇到一些学生通过撒谎争取时间,撒谎者会立刻通知缺席者赶来。二语学习者要经过较长一段时间的学习才可能掌握汉语的委婉表达。旦增来自西藏农村,由于在中学阶段经常回到家里挖虫草、放牛、捡牛粪等,耽误了学业,也使汉语语言输入相对较少。入读H高校后,旦增发现自己的普通话水平明显不如其他藏族同学。旦增说通过与汉族同学及藏族同学的交流,逐步掌握了汉语的一些地道表达方法,并逐步增加了自信。"老师,你能吃冬虫夏草吗?哇塞!把冬虫夏草泡在酒里喝,感觉特别有!"(2021年6月)不是所有人都适宜食用冬虫夏草,因此旦增所说"你能吃冬虫夏草吗?"为正确的表达。可能受藏语动词后置的影响,旦增所说的有些汉语句子仍然是把汉语动词"有"放在句末。但是,旦增已经学会了"哇塞!"在特定情境中的表达。虽然该词早就被收录进了汉语大词典出版社出版的《汉语大词典》,但课堂教学中一般不会教授该词。我们推测旦增是在与同学的活动交往中习得该表达的。据笔者观察,他说出该词语时眉飞色舞的表情与汉族学生没有多少区别。习得第二语言的情感表达方式也是语言社会化顺利进行的一项标志。

(二)使用缓冲语(Cushion Phrases)的能力

"一下"作为低调陈述词(Downgrader),是缓冲语的一种,可

[①] Elinor Ochs and Bambi B. Schieffelin, "The Theory of Language Socialization", in Alessandro Duranti, Elinor Ochs, and Bambi B. Schieffelin, eds., *The Handbook of Language Socialization*, Malden, MA: Wiley-Blackwell, 2012, pp. 1 – 21.

减轻对他人"面子"的伤害。藏族同学在入学初期也存在过多使用"一下"的倾向,如"老师三四节,可以请假一下吗,我今天身体不舒服"。笔者搜索"北京语言大学现代汉语语料库"(BLCU Chinese Corpus,BCC),仅搜索到收录的一条相关例句"让大家为我请假一下"(源自一篇微博文章)。搜索"北京大学现代汉语语料库"(由北京大学中国语言学研究中心[Center for Chinese Linguistics PKU]开发,简称"CCL语料库"),笔者没有查询到任何例句,说明"请假一下"这种"名+一下"构式还没有被以汉语为母语者广泛认可。而一些藏族学生使用"名+一下"(如"请假一下")的句式,误以为在动宾结构后添加"一下"可以表达礼貌,说明其社会语用能力有待提高。"帮我投票一下,谢谢大家""老师,我们这边有六个人在C楼这边弄卡班主任说那个要弄稍微请假一下,马上就到"。藏族学生还会说其他一些不符合汉语规范的含"一下"的句子,如"老师,把我踢一下"(请求老师把他移出"课堂派"某课程课堂)。

另外,藏族学生使用的"动宾+一下"结构还有"出勤一下"。仁增在与老师和同学的互动交往中,逐渐掌握了"一下"的正确用法。某日,几位藏族同学和汉族同学向老师解释没有签到的原因,仁增说:"老师,出勤一下,上次10月6日,我的微信坏了,所以没签到。"一位汉族同学说:"我上次没考勤成功,麻烦改一下考勤,谢谢老师。"(要求把课堂考勤记录中的"旷课"改为"出勤")汉族同学没有纠正仁增所说的句子而对他的语句进行"重铸"(Recast),但解释原因时给他提供了地道语言的示范。数月后,仁增再次解释未能签到的原因时说出了类似的句子:"我上次没带手机,麻烦老师改一下考勤。"

旦增使用缓冲语的能力也在提高。下例为藏族同学旦增在不同时期向老师请假时所用措辞。

T1："我请假一下。"（2021年3月16日）（他的藏族同桌所说句子为："明天我学生代表大会开会，老师我可以请假吗？"）

T2："老师，请假可以吗？"（2021年5月22日）

T3："老师我明天可以不来吗？我脚疼。"（2021年10月19日）

逐渐减少与礼貌相关的不合适语块的使用，表明学习者语用能力的稳步提高。

（三）使用情境专用语（Situation-bound Utterances）的能力

情境专用语也是语块的一种，是高度规约化的预制语用单元，其使用与标准化的交际情境有关①。情境专用语可以是短语，也可以是句子，如："你去哪儿啊？"

旦增英语水平欠佳。英语课上笔者用英语提问："Can you answer this question?"随后又用中文陈述了一遍："你能回答这个问题吗？"旦增回答："英语不会"，在H高校生活了一段时间后，知道了英语"sorry"的用法，但他在课堂上从不使用。因新冠疫情防控需要，H高校2021年秋学期的授课采用了线上和线下相结合的模式。授课老师在线上提问时，旦增如果不能回答问题，常常在聊天对话框中输入"饶了我吧"。此后转入线下教学时，旦增也常常回答"饶了我吧"。在接受我们的采访时，旦增回答他通过与汉族同学的交往，逐渐知晓了"饶了我吧"除了有"请求对方宽恕自己"的字面意思外，也有表示"不耐烦"的情境义，但也常常使用于不能回答老师提问时，大体意思为"我不能回答这个问题，请不要为难我"。

四 核心被试的语用语言能力和社会语用能力

经过半年左右在H高校的学习，旦增、仁增等同学语用语言能力

---

① Istvan Kecskes, "A Cognitive-pragmatic Approach to Situation-bound Utterances", *Paper Delivered to Chicago Linguistics Society*, March 7, 1997; Istvan Kecskes, "Situation-Bound Utterances as Pragmatic Acts", *Journal of Pragmatics*, Vol. 42, No. 11, 2010, pp. 2889–2897.

第四章 高校藏族学生通用语语用能力调查及分析

和社会语用能力均得到了一定程度的发展。但是旦增、仁增等同学最终的社会语用能力强于语用语言能力。在完成语篇补全测试时，旦增和仁增不知道第4题"有事要向李玲咨询"中"咨询"一词的含义（该题有所改动，前两次时的场景描述为"……有事要向李玲请教"），但当老师向他们解释了"咨询"一词的含义后，他们均较为恰当地对该题作了回答，如仁增的回答为：你好王芳同学，打扰了，听说你和李玲同学关系不错，我没有她的联系方式，我有点事要问她，你能不能给个她的联系方式？二位被试不懂"咨询"一词的含义，说明其对交际情景中常出现的一些词汇还没能掌握，表明他们的通用语语用语言能力有所欠缺。

另外，他们能较好地根据交际双方的权势及距离等选择语言形式（"被试"和王芳就读于同一所学校，两者均刚加入英语俱乐部，交际双方的地位平等，双方为陌生人，社会距离较远，因此采用间接表达中的"许可"表达："你能不能给个她的联系方式？"是较为恰当的），说明其社会语用能力得到了较好的发展。这与传统研究结论[①]不一致，这些研究认为学习者社会语用能力的发展滞后于语用语言能力。

本书认为旦增等藏族学生获得了较强的通用语社会语用能力可归结为如下原因。

（1）长期的沉浸式学习，学习汉语时间较早（一般为6周岁开始）且每周学习时间较长，累计所学习汉语时间远远超过留学生。

（2）经过长期的互通互融，藏汉文化差异较小。考古资料证明，早在四五千年前青藏高原就与黄土高原和三江流域的古道相连。先民

---

① 如 Kathleen Bardovi-Harlig, "Exploring the Interlanguage of Interlanguage Pragmatics: A Research Agenda for Acquisitional Pragmatics", *Language Learning*, Vol. 49, 1999, pp. 677 – 713; Rachel L. Shively and Andrew D. Cohen, "Development of Spanish Requests and Apologies during Study Abroad", *The Modern language Journal*, Vol. 7, No. 91, 2007, pp. 189 – 212。

在古代中国的土地上迁徙、不断进行文化交流。人们共同生活、共同生息繁衍，参与了中华民族的形成和发展①。持续不断的文化交流使得两种语言的语用表达方式差异变得相对较小，尤其是两种语言有诸多语用功能相似的情境专用语。比如在送别客人时，汉语中常用的表达方式是"您慢走"，而藏语中也有ག་ལེར་ཕེབས། （ka-le-phe，音："卡里沛"，意："您慢慢走"，其中"phe"为敬语形式标记）等说法；汉语中的常见问候语是"你/您去哪里"，藏语中则有问候语ག་པར་ཕེབས་གས། （khye-rang ka-bar phe-ge，也是"您去哪里"之意）；汉语中有问候语"你吃过饭了吗"，藏语中则有ཁྱེད་ཀྱིས་ཟ་མ་ཟོས་ཡོད་དམ། （意为："你吃过饭了吗"，也是表问候之意）。与此形成对照的是，汉语和英语各自所依托的文化则差异较大，因而美国学生很难掌握汉语"您慢走"的用法②。两种语言间的语用表达差异小，有利于学习者利用语用正迁移，较少犯托马斯（Thomas）所说的"语用失误"③；倘若两种语言间的语用特征差异大，则学习者需要付出较大的努力克服语用负迁移所带来的影响。

（3）对国家通用语言有较强的认同，因此学生学习此种语言时所产生的心理距离较小，也乐于与其他讲通用语者交流。对了解目标语言使用者并与之建立关系感兴趣的学习者比不受情感因素激励的学习者可能更关注通过第二语言传达的语用规范④。且增等能在通用语语

---

① 拉巴平措：《序一》，载马丽华《风化成典——西藏文史故事十五讲》，中国藏学出版社2009年版，第2页。

② 参见 Hong-hui Zhou, "A Study of Situation-bound Utterances in Modern Chinese", *CASLAR: Chinese as a Second Language Research*, Vol. 1, No. 1, 2012, pp. 55–86。

③ 参见 Jenny Thomas, "Cross-Cultural Pragmatic Failure", *Applied Linguistics*, Vol. 4, 1983, pp. 91–111。

④ Richard Schmidt, "Consciousness and Foreign Language Learning: A Tutorial on the Role of Attention and Awareness in Learning", in Richard Schmidt, ed., *Attention and Awareness in Foreign Language Learning*, Honolulu, HI: University of Hawai'i, Second Language Teaching & Curriculum Center, 1995, p. 1–63。

用语言能力还未得到充分发展的情况下，具备较强的通用语社会语用能力。

（4）汉语为母语者希望藏族学生成为合格的通用语使用者，把他们视作通用语社区的完全参与者，对其通用语语用能力也有较高的要求，不把他们视作语用规则不适用之的局外人。

第五章　高校藏族学生语言社会化过程中的认同发展

在学习者语言社会化的过程中，语用能力会得到进一步发展；而语用能力的发展又会造成语言认同的变化。语言社会化的调查对象超出了语言代码的各个方面（例如语法和词汇），并扩展到文化、社会知识、意识形态、认同[1]。通用语语用能力的发展和国家认同的发展有着密不可分的关系。笔者通过语言使用和语言态度量表来对藏族大学生的语言认同情况做初步了解，并使用国家认同量表在不同的时间点通过测试来了解藏族大学生国家认同的发展变化情况。笔者采用民族志和叙事分析相结合的方法考察核心被试的语言认同和国家认同发展。

本章主要分为两节。第一节通过整理数据试图回答如下几个问题。(1) 高校藏族学生的广义语言认同是怎样的？(2) 高校藏族学生的认同发生了怎样的变化？(3) 不同的语言文化环境又是怎样影响国家认同的？第二节主要是通过个案访谈了解核心被试的语言社会轨迹，探讨其在社会化过程中的语言认同和国家认同变化情况。本书试图回答如下几个问题。(1) 藏族学生在语言学习的过程中，语言

---

[1] Patricia Duff and Steven Talmy, "Language Socialization Approaches to Second Language Acquisition: Social, Cultural and Linguistic Development in Additional Languages", in Dwight Atkinson, ed., *Interdisciplinary Approaches to Theorizing and Analyzing Agency and Second Language Learning*, London: Routledge, 2011, pp. 95–116.

态度和语言使用有哪些变化？（2）藏族学生的语言认同体现在哪些层面？（3）哪些因素促进了学生的语言认同和国家认同？

第一节 语言社会化表现的问卷调查及分析

一 藏族学生的语言态度

本书把语言态度视作广义语言认同的一个层面。国外学者常把情感、认真、行为视作语言态度的三个维度（详见第二章）。国内研究人员把"好听""亲切""有用""社会影响力"视作语言态度的四个维度①。为了便于量化分析，本书也采用国内常用的四维度划分法来调查藏族学生对藏语、汉语普通话、汉语方言和英语的态度。

为了了解被调查对象对藏语、普通话、汉语方言、英语的态度，使用描述统计进行分析，分析结果如表 5-1 所示。

表 5-1　　　　　　语言态度总情况表（N=138）

	语言好听度	语言亲切度	语言有用度	语言社会影响力	合计
普通话	M = 3.04 SD = 1.306	M = 3.09 SD = 1.444	M = 3.93 SD = 0.953	M = 4.10 SD = 0.922	M = 14.16
藏语	M = 3.99 SD = 0.819	M = 3.94 SD = 0.852	M = 2.91 SD = 1.414	M = 3.14 SD = 1.336	M = 13.98
汉语方言	M = 2.16 SD = 1.082	M = 2.12 SD = 0.985	M = 1.75 SD = 0.692	M = 1.91 SD = 0.924	M = 7.94
英语	M = 3.02 SD = 1.396	M = 2.99 SD = 1.396	M = 3.83 SD = 0.973	M = 3.94 SD = 1.119	M = 13.78

---

① 参见邬美丽《在京少数民族大学生语言使用及语言态度调查》，博士学位论文，中央民族大学，2007 年；杨玉《云南少数民族大学生民族认同与语言态度研究》，博士学位论文，上海外国语大学，2013 年。

如表 5-1 所示，就总体分数而言，被试对普通话的语言态度得分最高（M=14.16），紧随其后的是对藏语的态度得分（M=13.98），对英语的态度得分为 M=13.78，对汉语方言的态度最低（M=7.94）。这说明，被试对普通话的功用、在诸语言中的地位以及发展前途等持积极的评价，然后依次是藏语和英语。

（一）藏族学生对藏语的态度

如表 5-1 所示，被试认为藏语的有用度相对较低（M=2.91），低于普通话和英语在此维度的得分。藏语在好听度方面的得分（M=3.99）、在亲切度方面的得分（M=3.94）远远超过了其他语言或方言在这两个维度的得分，表明藏族学生主要是从情感的角度对藏语有积极的认同。这与王远新（1999）对若干少数民族所作的语言态度的调查结论一致。

（二）藏族学生对国家通用语言的态度

普通话有用度（M=3.93）和社会影响力（M=4.10）方面的得分均是最高的。国家通用语言在中国的政治经济建设中起着重要的作用。藏族学生对此有了足够的认知。与对藏语的态度倾向不同，有较多的学生认为汉语普通话有很强的实用价值，很有社会影响力，而完全同意汉语普通话好听、亲切的比例相对较低。

（三）藏族学生对汉语方言的态度

藏族学生对汉语方言的评价较低，方言在好听度（M=2.16）、亲切度（M=2.12）、有用度（M=1.75）、社会影响力（M=1.91）这四个维度的得分均为最低。生源地为西藏的部分藏族学生接触过一些汉语四川方言，生源地为青海的藏族学生懂得不少汉语青海方言，然而大多数藏族学生认为各种汉语方言在日常生活中无足轻重。

（四）对英语的态度

英语在社会影响力和有用度的这两个维度的均值分别为 3.94 和 3.83，低于普通话在这两个维度的各自均值 4.10 和 3.93，但高于藏语在这两个维度的对应均值 3.14 和 2.91。这表明藏族大学生对英语在全世界的影响力已经有了充分的认识。作为全世界最广为使用的语言，英语的实用性和社会影响力得到较强的认可。

综合上述调查不难发现，藏族学生对自己的母语藏语评价较高，存有一定的藏语情结①。对普通话有着积极的看法，对汉语方言评价较低，对汉语方言没有情感依恋，也认为其在实际生活中用途不大，也没有多少影响力。我们的调查结果与王悦等人的结论一致：少数民族群众对本族语情感认同，而对汉语普通话理性认同②。

随着少数民族语言学习者语言社会化程度的进一步加深，少数民族对汉语普通话的情感认同会进一步加强，乃至形成较强的国家通用语言学习者身份认同，参见下节。

二 藏族学生的国家认同发展

不同的学科对国家认同的界定有所差异，因而采用不同方法来测量国家认同。来自心理学或社会学领域的学者往往从意识、情感态度、行为倾向三个层面来测量国家认同③。笔者设计了包含20个问题的国家认同问卷，其调查结果及分析如下。

为了了解不同的社会语言环境对于学生国家认同的影响，使用独立样本t检验对两次国家认同测试成绩进行分析，根据表5－2可以看出，H高校被试的前测国家认同指数（66.84）略高于J高校前测国家认同指数（64.76），差异显著性为0.367＞0.05，不存在显著差异。后测结果差异显著性为0.032＜0.05，存在显著差异，可以看出，H高校被试的认同指数（M＝70.08）显著高于J高校学生（M＝65.59）。两所高校被试入学时的通用语语言能力、语用能力不存在显

---

① 参见李永斌《藏汉语言态度和藏语情节（英文）》，《CHINA TIBETOLOGY》2007年第2期。
② 参见王悦、罗婷、张积家《民族认同影响双语者的语言态度》，《中国社会科学报》2016年7月19日第3版。
③ 如张阳阳、徐平：《西藏自治区国家认同状况调查研究》，《中国藏学》2013年第4期。

著差异，所学专业较为接近也可视作控制变量，因而可以推测 H 高校的社会语言环境更有利于加强国家认同。

表 5-2　　　　　　　　不同高校被试国家认同均值

	高校	平均值	标准差	t	P
国家认同 1	H 高校	66.84	13.162	0.906	0.367
	J 高校	64.76	13.738		
国家认同 2	H 高校	70.08	10.786	2.170	0.032
	J 高校	65.59	13.532		

藏族学生国家认同程度提高的原因：大部分藏族学生在没有上大学之前，虽然在学校接受国家通用语言教育，但是在课外与同学交流以及在家中与父母兄弟姐妹交流几乎都是用藏语，可以说，他们生活在比较单一的藏语环境，对中华民族主体文化了解有限；而进入高校学习后，语言环境发生了很大的变化，这些学生增强了对中华文化的了解，进一步经历了语言社会化的历程，对国家通用语言的认同进一步加强，因而其国家认同也进一步加强。

刘永兵在对新疆汉族和少数民族大学生的研究中也得出类似的结论：随着授课时间的增长，国家认同得以提升[①]。由于国家通用语言水平提高，少数民族学生视野逐渐扩大，对中国和地方历史的了解渐趋深入，与此同时他们接触、体验并认知了更多的中华民族优秀的传统文化，从而对祖国在世界舞台的不可或缺的地位越发感到发自内心的骄傲和自豪。

H 高校和 J 高校均不开设针对藏族学生的预科课程，均用国家通用语言授课，且两所学校的被试入学时的国家认同均值无显著性差异，笔者有理由相信两所高校被试入学后的不同的语言文化环境造成

---

① 刘永兵：《少数民族大学生国家认同的实现路径——民汉大学生合班授课》，《大学教育》2021 年第 2 期。

了第二次测试时国家认同均值的显著性差异。

第二节 有关语言认同和国家认同的个案访谈

语言能力的发展涉及交际能力，但也涉及语言、社会和文化资本的获取，在此过程中认同亦发生变化。身份认同与语言学习之间的复杂关系源于这样一个事实，即语言是多语言社会中的一种象征性资源，学习者的自我认同以及他们对特定语言或语言变体的价值观对他们的二语学习有着巨大的影响。语言认同和语言学习密不可分，因为正如诺顿所说："每一次语言学习者发言，他们不仅与对话者交换信息；他们也在不断地组织和重新构建他们是谁以及他们与社会世界的关系。换句话说，他们参与身份建构和谈判。"[1]

认同处于不断变化的过程中。我们在参与共同体的实践时，我们的认同会进一步发展。[2] 而这些实践共同体有可能是真实的，也可能是虚拟的，或者是想象的[3]。

本书通过对洛桑曲珍、次珍、旦增、才让措、阿旺嘉措5位藏族同学进行结构化访谈和日常观察来探讨其语言社会化过程中的语言认同，通过对白玛泽仁的叙事访谈来探讨其语言认同，对以上6位同学认同的发展主要采用本森等人的认同分析框架[4]。通过对仁增、格日措、格桑曲珍的叙事访谈，来探讨外部因素对其认同的影响。

---

[1] Bonny Norton, "Language, Identity and the Ownership of English", *TESOL Quarterly*, Vol. 31, No. 3, 1997, p. 410.

[2] Penelope Eckert and Sally McConnell-Ginet, "Think Practically and Look Locally: Language and Gender as Community-based Practice", *Annual Review of Anthropology*, Vol. 21, 1992, pp. 461 – 490; Etienne Wenger, *Communities of Practice: Learning, Meaning, and Identity*, Cambridge: Cambridge University Press, 1998.

[3] Benedict Anderson, *Imagined Communities: Reflections on the Origin and Spread of Nationalism* (Rev. ed.), New York: Verso, 1991.

[4] Phil Benson, Gary Barkhuizen, Peter Bodycott, and Jill Brown, *Second Language Identity in Narratives of Study Abroad*, Basingstoke: Palgrave Macmillan, 2013.

一　藏族学生的语言社会化与语言认同

藏族学生的语言认同是如何发展的？笔者采用本森等人的第二语言学习者认同层面视角（详见第二章）来分析藏族学生的语言认同。我们对 5 位藏族学生进行了观察和深度访谈，在此基础上分析藏族学生的反射性认同、投射性认同、认可性认同、想象性认同及与通用语学习之间的关系。

H 高校所在的城市沿江市为沿海开放城市，并无世代居住的少数民族。沿江市处于中国南北交会地带，所辖区域几乎全为平原，村庄与村庄之间无高山大河阻隔。然而，因拓荒开垦而迁移此地的国内移民来自全国各地，沿江市汉语方言异常复杂。

H 高校大部分藏族同学是首次离开青藏高原到内地求学，迥异的语言环境促进了他们对自己是藏族身份的思考，进入 H 高校进一步学习国家通用语言，藏族学生对一些汉语单词发音与汉族同学之间的差异有了觉察，也开始注意到了自己使用汉语时言语行为方式与汉语为母语者的差异。在特定环境下的互动，也塑造了他们藏族身份的认同。不少藏族同学经常会遇到这样的提问："你们家有冬虫夏草吗？""你在家放羊吗？""你骑着牦牛去上学吗？"一段时间后，藏族同学对这样的提问习以为常，以至于他们会反过来用这些话题和其他民族学生以及老师调侃。一些藏族学生（包括白玛泽仁、仁增等）经常说："老师，我要请假回家。"S 老师问："你为什么要请假？"学生回答："我要回西藏去放牛、放羊。"沿江市的汉语单语环境（虽然有众多汉语方言）唤起了大部分藏族学生对本民族语言藏语的认同，由于来自不同藏区的学生有时难以用藏语相互通话，以整个藏族群体为边界的归属感和认同程度有限。"老师跟你说心里话在这边我一个青海玉树的，好难呀！她们都讲她们那边的语音我听不懂。"（家乡为青海玉树藏族自治州称多县的藏族女生格日措，此处"语音"指"方言"）

第五章　高校藏族学生语言社会化过程中的认同发展

除白玛泽仁外，5 位藏族学生从青藏高原的藏语为主的藏汉双语环境（在部分牧区基本上是藏语单语环境）到地处平原的沿江市的汉语单语环境，周边环境的变化和自身汉语能力的进一步提升开始促使学生思考语言和认同的问题。来到 H 高校后，一些藏族学生相互交流时常常使用藏语，但是高年级藏族同学鼓励藏族新生使用普通话。认识到多练习普通话的必要性，大部分藏族新生相互交流时使用普通话频率逐渐增加。除白玛泽仁外，沿江市 5 位藏族学生开始了解并体验到普通话与汉语方言的差异。H 高校所在的沿江市因为有多种汉语方言存在，讲不同本地方言的居民用方言相互交流困难，所以城市市民（尤其是年轻市民）更多地用普通话交流，这更有利于藏族学生通过与市民互动发展他们的国家通用语言能力。但是在 H 高校内，使用沿江市的某一种方言的本地学生形成了一些小圈子，为了进一步融入这些学生当中去，一部分藏族学生开始主动学习沿江市的方言。

以下是 5 位核心被试的语言认同发展情况。

（一）洛桑曲珍：抖音视频爱好者

洛桑曲珍，女，19 岁，来自西藏拉萨，H 高校有若干个专门设置的藏族班，入学后她被编入藏族班就读。洛桑曲珍原本以为学校里有专门帮助藏族学生提高普通话水平的课程，她认为通过上语言课就能进一步缩小与汉族学生普通话水平的差距，但是到校后发现学校并不开设此类课程。H 高校给藏族班的学生所开语文课只有《大学语文》，主要注重培养学生的读写能力而不是听说能力。洛桑曲珍对中国主流文化有着浓厚的兴趣，上大学语文课时非常积极，主动要求在课堂上背诵《满江红·写怀》等诗词。H 高校所用《大学语文》教材所选篇目大部分为文言文，对藏族学生来说难度偏大。洛桑曲珍没有丝毫懈怠，课前认真预习，课上积极思考。

洛桑曲珍希望完成在 H 高校的学习回到西藏拉萨工作，几乎不考虑到西藏以外地区就业。她学习汉语非常努力。她已经能讲比较流利的汉语，只是略带口音。她的汉语学习目标是自己所讲汉语口音不要那么明显，讲话更像汉族人。在H高校，洛桑曲珍有较多的机会接触通用语，但是洛桑曲珍还是觉得自己的通用语水平不够理想，每天投入大量的时间阅读汉语文学作品。因为班里的学生均为藏族人，藏族学生之间常常用藏语交流，但洛桑曲珍总是坚持用汉语和同学交流，洛桑曲珍认为既然来到了主要讲汉语的地区，就应该尽量用汉语交流。洛桑曲珍看抖音视频时，主要看汉语为媒介的视频。

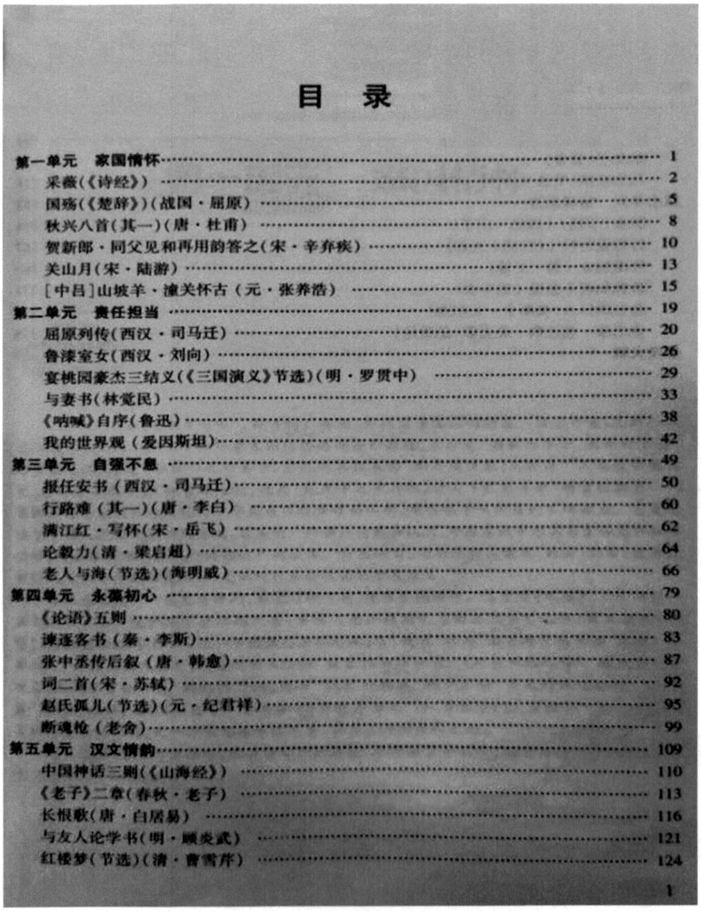
目　录

1

图5-1　H高校大学语文教材目录-1

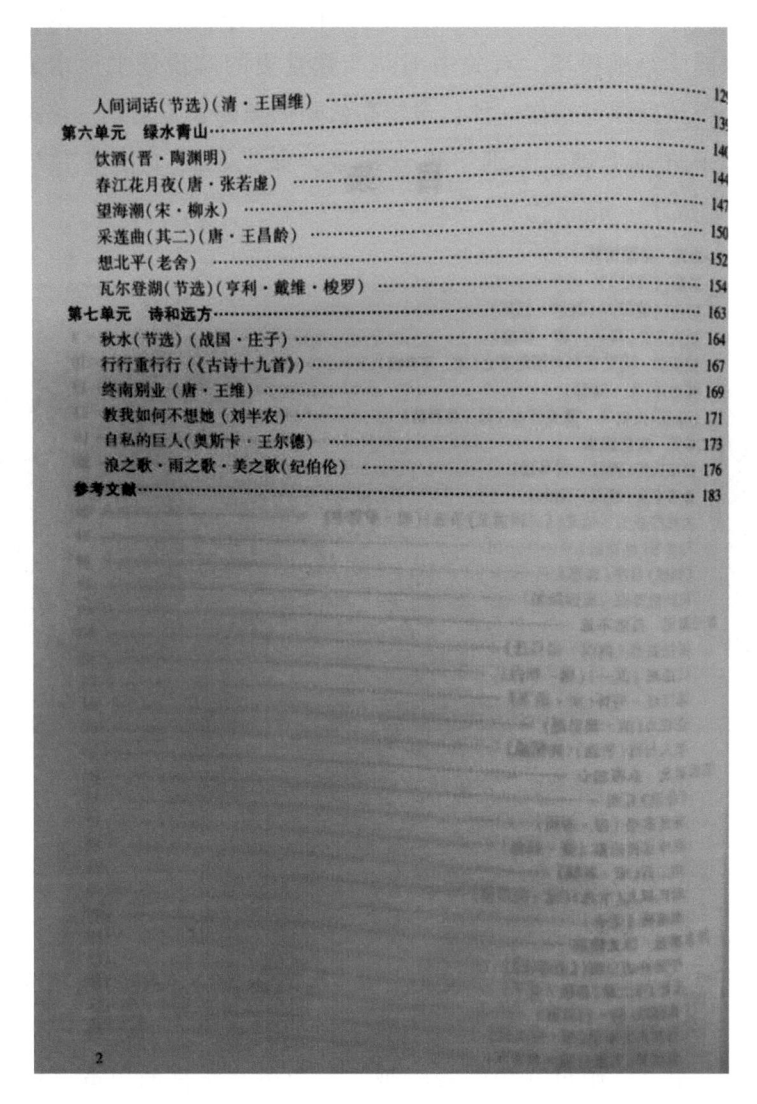

人间词话(节选)(清·王国维) ……………………………… 129
第六单元 绿水青山
　饮酒(晋·陶渊明) …………………………………………… 144
　春江花月夜(唐·张若虚) …………………………………… 147
　望海潮(宋·柳永) …………………………………………… 150
　采莲曲(其二)(唐·王昌龄) ………………………………… 150
　想北平(老舍) ………………………………………………… 152
　瓦尔登湖(节选)(亨利·戴维·梭罗) ……………………… 154
第七单元 诗和远方
　秋水(节选)(战国·庄子) …………………………………… 164
　行行重行行(《古诗十九首》) ……………………………… 167
　终南别业(唐·王维) ………………………………………… 169
　教我如何不想她(刘半农) …………………………………… 171
　自私的巨人(奥斯卡·王尔德) ……………………………… 173
　浪之歌·雨之歌·美之歌(纪伯伦) ………………………… 176
参考文献 ……………………………………………………… 183

图5-2　H高校大学语文教材目录-2

由于通用语言能力的增强，洛桑曲珍对中国共产主义青年团有了更多的了解，在辅导员的鼓励下，入学后的第二个月洛桑曲珍递交了入团申请书（入团年龄上限为28周岁）。洛桑曲珍积极参加学校组织的各项活动，譬如洛桑曲珍参加了"学生讲党史"微课比赛，录制了微课视频《重庆谈判和解放战争》并在各种微信群以及微信朋友圈争取同学给她投票。有关中国共产党党史的解说词书面语成分较多，录播该微课可视作一种包含较高认知任务的学术活动。洛桑曲珍朗读起来略显生硬，个别字也念错了，如把"日本投降后"中的"降"念成了"jiàng"。

图 5-3　洛桑曲珍主讲《重庆谈判和解放战争》微课截图①

总体说来，洛桑曲珍演讲起来声情并茂，恰当地讲演了一段时期的党史。经过一段时间的努力，她的通用语水平得到了显著提升。洛桑曲珍经常与同学就时事新闻交流观点，对祖国所取得的各项成就感到自豪。她在微信上关注了"西藏卫视"视频号。由于通用语言读写水平的提高，她也开始观看附带有通用语言字幕的用英语播出的视频。

（二）次珍：混合编班受益者

次珍，女，18岁，藏汉混合班学生，来自西藏拉萨。她所在的

---

① 文中所用视频截图以及引用的朋友圈个人内容已征得当事人同意，赞成用于本研究。

第五章 高校藏族学生语言社会化过程中的认同发展

班级以汉族学生为主,共 48 名汉族学生,6 名藏族学生。无论在课内还是在课外,次珍都积极与汉族学生打成一片。次珍上各门课时常常与汉族学生坐在一起。她积极参加班级组织的各项活动。次珍所学专业为高速铁路乘务,刚开始她并不喜欢自己的专业,只想学好国家通用语言,取得毕业文凭。她认为标准流利的汉语能帮助她找到理想的工作。她对自己的汉语学习也提出了很高的要求。从上大学前的那个暑假开始,她在微信朋友圈所发文字换成了汉语。

在 H 高校就读后,为了尽量使自己的普通话变得更为标准,她购买了可应用于手机的带拼音的字体,她认为这样可以巩固自己的汉语拼音知识,可以时刻提醒自己注意普通话的读音,尽量避免出错。

次珍同学上课积极发言,但是有时回答问题不能切中要点,有时做演讲也没有达到她想要的效果,主要是由于相关文化背景知识缺乏。可喜的是,她的课堂表现变得越来越出色。再加上汉族同学也非常友好,无人嘲笑她,这更增强了她讲流利普通话的信心。次珍所在宿舍均为藏族学生,但其隔壁宿舍和对面宿舍成员为汉族学生,为了练好汉语,次珍经常到对面宿舍和隔壁宿舍串门与汉族学生聊天。次珍来到 H 高校报到时,带了大量的糌粑以及少量奶渣等。藏族的主食糌粑是由属大麦类的青稞炒熟了磨成面制成。最常见的食用方式是把糌粑和酥油、藏茶熬成的茶水在碗中混合搅拌后食用。后来,她逐渐减少糌粑的食用量,尝试到校园内的不同食堂窗口购买各种食物,并且和汉族学生交流品尝各种美食的心得体会。具有各种地方特色的美食也体现了一定的地方文化。这样她体验各种地方美食时也增强了她对中华各地文化的了解,与汉族学生的交流更是促进了她的国家通用语言能力的提高。渐渐地次珍能有汉语侃侃而谈,常常被认为是汉语为母语者。这更增强了她学好汉语的信心。因为很少被当作第二语言使用者,次珍进一步增强了对汉语的认同,很少想到汉语是自己的第二语言。她也渐渐喜欢上了自己所学的专业,她认为将来成为高速铁路乘务人员会有更多的机会去五湖四海,也有更多的机会与来自祖国各地的同胞接触。因而次珍学习各门学科都非常认真。老师下课时，次珍常常对老师说："老师辛苦了！"

对洛桑曲珍和次珍认同发展的分析：在上大学前，二人一直有藏语使用者和通用语言学习者的认同。语言实践对语言习得起着关键的作用，二人在课堂内外大量使用通用语提高了她们的语言水平，改变着她们的语言认同。二人的认同更多的是表现在"想象性认同"这一层面：她们在单语环境中是通用语使用者。维果茨基（Vygotsky）指出："认为孩子可以在没有规则的想象情境中行事的说法是不准确的。如果孩子扮演母亲的角色，那么她就有母亲行为的规则。"① 成人的想象亦是如此。洛桑曲珍和次珍对想象中的共同体有参与的要求，其中隐性规定了人们必须具备一些资格条件才能进入这些共同体。对二人来说，所要具备的资格条件之一就是较强的通用语能力。

洛桑曲珍的想象性认同和 H 高校对她的期待有所不同：她认为自己是一个通用语学习者，而 H 高校认为她是一个合格的通用语使用者，不需要额外的辅导和帮助。同时她继续食用糌粑，表明她对自己藏族身份的认同和藏语使用者的认同。在 H 高校生活学习一段时间后，随着通用语言水平的提高，洛桑曲珍的"想象性认同"和外界趋于一致：即她是合格的通用语语言使用者。因为英语水平有限，她观看外交部推广介绍西藏的英语宣传片，主要依靠通用语字幕来理解。通用语读写能力的提高，不仅使她增强了对中华民族主体文化的理解，也增强了她对藏族历史和文化的了解，巩固了她对自己"通用语使用者"和"藏语使用者"的认同。

与洛桑曲珍有所不同，次珍在"通用语使用者"这一层面的"想象性认同"和她的期待较为一致：在西藏她是藏语和通用语的双语使用者，来到新环境中，她要成为新环境中的通用语使用者。由于来自拉萨，次珍通用语水平高于大多数来自其他地区的藏族同

---

① Lev Vygotsky, *Mind in Society*, Cambridge, MA: Harvard University Press, 1978, p.95.

第五章 高校藏族学生语言社会化过程中的认同发展

学,这使她有足够的自信。由于是藏汉混合班学生,次珍使用汉语的机会多于洛桑曲珍。虽然次珍也是在积极不断地学习通用语言,但她更多的是将自己视作"通用语使用者"而不是"通用语学习者"。因此她并没有期望学校提供通用语听说课程。次珍的"通用语使用者"认同还体现在上课时的座位选择。她认为整个班级是一个讲通用语的群体,她没有刻意选择和藏族学生坐在一起。被当成汉语为母语的使用者,这使得她持有的有能力的汉语使用者想象性认同得到了认可。

她们来到东部地区是异地求学,期待学得一些知识后回西藏就业,但是随着国家通用语水平的提高,她们认为自己的通用语水平可以使其在祖国各地畅行无阻,因此也改变了自己的就业预想。想象社区的理想成员身份会影响他们的学习动机和对学习的投资[1]。也正如诺顿和图希(Toohey)所说:与学习者目前所处的环境相比,这些想象中的社区可能对他们在语言学习方面的投资产生更大的影响[2]。学习者的认同定位会影响他们对目标语言参照群体的选择,从而影响他们的语言学习目标和结果。通用语语言水平的提高,进一步增强了他们融入通用语言使用者社团的意愿。语言学习者与社区成员融为一体的意愿以及他们理解社区所接受的信仰、实践和价值观的愿望决定了语言的使用、习得以及最终的社会化程度[3]。

由于她们对通用语形成了较强的认同,暑期回到西藏后,她们也是以较多地使用通用语而感到自豪,而不是偶尔使用通用语。

她们的认同经历了这样的发展过程:来到祖国异地的通用语学习者—融入语言社团的通用语使用者。在加德纳(Gardner)的社会教

---

[1] Yasuko Kanno and Bonny Norton eds., "Imagined Communities and Educational Possibilities [Special issue]", *Journal of Language, Identity and Education*, Vol.2, No.4, 2003.

[2] Bonny Norton and Kelleen Toohey, "Changing Perspectives on Good Language Learners", *TESOL Quarterly*, Vol.35, No.2, 2001.

[3] Caroline H. Vickers, "Second Language Socialization through Team Interaction among Electrical and Computer Engineering Students", *Modern Language Journal*, Vol.91, 2007, p.637.

育模型中①，学习者对目标语言文化的认同程度是其第二语言学习动机的一个主要因素，这反过来又对第二语言学习行为和结果施加了有益的影响。洛桑曲珍和次珍的经历充分印证了这一点。虽然二位同学起初的想象性认同有所不一致，都最终都发展成对通用语的强烈认同。

（三）旦增：推销藏区特色产品的语言学习者

旦增跨越3800多千米从西藏那曲地区的牧区来到内地求学，他珍惜来之不易的学习机会。旦增的理想是成为一名出色的工程师。

旦增上课时总是坐在前排，喜欢和老师交流。所有的任课老师都说旦增是学习动力很足的学生。刚入学时，旦增课后喜欢与藏族同学用藏语交流，这样就形成了"我们"的群体并与其他学生分隔开来。后来，他发现课后如果仅仅用藏语和藏族同学交流，不仅仅使他无法与汉族同学发展友谊，也使他与一部分藏族同学形成隔阂（因为来自不同地区的藏族同学所讲藏语方言有所不同），因而课后也更多地使用汉语与藏族同学交流。

虽然学习通用语多年，旦增在H高校使用通用语时还是遭受了一些挫折。某日，旦增在食堂就餐时，因为没有表达清楚要点哪份菜，食堂师傅问他是不是新疆人（H高校没有新疆籍学生，食堂师傅对本校学生民族构成情况可能不太了解，也可能是开玩笑），这使得他信心受挫，没想到自己的普通话还会影响交流。也有汉族同学说他讲普通话时"讲话带颤音，弹舌，腔调有些怪"。痛定思痛，旦增决定通过做兼职工作来提高自己的通用语水平。他找到了一份在学校食堂兼职的工作，在学校食堂做兼职工作，和食堂工作人员有了较多的接触，也无意中学会了不少汉语表达方式，如用"不存在"在一定场合表示"没有这回事"等。除了有点不适应当地的气候，旦增非常适应沿江市的生活。自认为通用语言水平有了显著提升后，旦增开始

---

① Robert C. Gardner, *Social Psychology and Second Language Learning: The Role of Attitudes and Motivation* (Social Psychology of Language, Vol. 4), London, Edward Arnold, 1985.

第五章　高校藏族学生语言社会化过程中的认同发展

向老师和同学推销冬虫夏草和天珠。旦增讲普通话时并没有带很重的口音，他认为自己是一位熟练的通用语使用者。但是他还是不太熟悉汉语的交际习惯，常常是直奔主题"买冬虫夏草吗？"所以到校后的一个月，未能售出几根冬虫夏草。随着在 H 高校生活时间渐久，他对普通话的交际习惯有了更深刻的了解，也成功推销了更多的冬虫夏草，但自始至终没能卖掉天珠。从下面的聊天记录中我们可以看到旦增掌握了一些通用语的交际方式。

以下为旦增和笔者的微信聊天记录（2020 年 11 月，部分文字原本缺标点符号）：

> 旦增：老师晚上好
> 笔者：你好
> 旦增：干吗呢老师
> 笔者：看书学习
> 旦增：就是想问一下老师，有没有想买冬虫夏草？
> 笔者：我帮你问问我认识的一些人，也许他们有兴趣。
> 旦增：老师你身边有想买的话，帮我看一下
> 旦增：这些是图片（旦增向笔者传来六张冬虫夏草的图片）
> 笔者：好的。
> 旦增：谢谢！打搅啦，这么晚了。

旦增在推销藏区产品之前，先寒暄一番，没有直接切入主题，通过与笔者的交流，成功地达成了交际的目的。但是其社会语用能力还需要进一步提高，如他没有对老师使用"您"字；老师回复"看书学习"后，旦增没有回复"这么晚了，您还在看书学习""您真努力""您辛苦了"等社交客套语。

到了第二学期，旦增几乎每天能卖掉一些冬虫夏草，有了一些收入，因而他更加体会到了通用语的实用价值，对通用语的认同进一步

加强了。用通用语言与来自全国各地的同学交流，旦增对祖国各地的人文地理、风俗等有了进一步的了解。同学和老师对他的通用语水平评价也渐高，因为他们发现他很少使用诸如"你们坏多多有""牦牛多多有""我们讲普通话吞吞吐吐"这种不太标准的表达方式。他也常单独去校园外购物，非常自信地使用国家通用语言。旦增认为在本地乘坐出租车也是一种学习语言的绝佳体验：

> 这里的出租车司机开车时常常开着收音机，这样我能听到普通话节目；他们接单时，又常常使用各种方言。这里的司机个个都是语言高手，也喜欢在和乘客聊天时用好几种方言讲，我通过和他们聊天也学得了一些方言。我也学会了一些流行语。原来我只了解一些四川话，没想到汉语还有其他方言。有些司机还会纠正我的语言错误，我以前说一个牦牛，有人告诉我应该说"一头牦牛"。

有时他也能较为幽默地使用通用语。如当任课老师在 QQ 群要求同学们修改群内名称时，其他同学回复"好的"，唯独旦增回答"遵命"。在就读 H 高校之前，旦增就已经了解到了汉语中"慢慢走"等的表达方式，但很少在实际生活中使用。在 H 高校生活学习后，由于和汉族学生交往增多，旦增渐渐习惯了此类表达方式。

对旦增认同发展的分析：旦增的认同发展主要体现在认可性认同上。在刚入学时，旦增把自己视作一名流利的藏语使用者，在藏族学生内部以及汉族学生中均得到认可。而他的"熟练的通用语言使用者"，经历了曲线发展。刚入学时，他对自己的通用语水平较为自信，经历挫折后，他降低了对自己通用语水平的评价，通过做兼职，他又再次将自己视作"熟练的通用语使用者"，但是并没有得到认可。在 H 高校生活了两个月后，他的通用语语用能力增强了，人们认为他是"能用普通话推销冬虫夏草的藏族学生"。诺顿指出认同是个体具有某些欲望的结果①。对于旦增，虽然他认同藏族群体，但他也希望加入更广泛的"中华民族"群体，其中包括使用普通话的合法性。普通话作为第二语言的使用者身份及个人口音，使他在部分汉族学生心目中失去了这种合法性。

到第二学期，他的通用语能力得到了进一步认可，他也被视作"讲熟练普通话的藏族大学生"。旦增能够用通用语有效地与陌生人打交道，其结果是他的国家通用语言使用者身份和个人能力得到了同步发展。帕夫连科认为"语言是主体性和个体意识产生的场所"②，也就是说，学习者是否被目标群体视为合法的说话者会影响他们对目标语言的"投资"决定。旦增经过不懈的努力，通用语言能力得到了最终认可，进一步促使他投入更多的时间和精力学习通用语言。与母语使用者社会交往越多，学习者越会认为自己的口语水平得到了提高③。学习通用语信心的增强对其学习和生活带来了更多积极的影响，形成了良性循环。

(四) 才让措：离不开QQ和微信的藏族青年

才让措，女，20岁，来自青海海南藏族自治州牧区，青海班学生。才让措非常渴望学好汉语，对自己讲汉语时的语音语调不是非常满意。但是她在课堂上很少主动发言，因为整个班学生均为藏族学生，该班学生的通用语水平比较接近，她没有因为回答出错而被语言水平较高者嘲笑的心理压力。但是她觉得专业课老师所提的问题较具挑战性，而《大学语文》课中所涉及的相关文化知识点她又不太了解，如很难理解"不为五斗米折腰"的含义，所以她很少在课堂上

---

① Bonny Norton, "Language, Identity and the Ownership of English", *TESOL Quarterly*, Vol. 31, No. 3, 1997, pp. 409-429.

② Aneta Pavlenko and Adrian Blackledge eds., *Negotiation of Identities in Multilingual Contexts*, Clevedon, UK: Multilingual Matters, 2004, p. 54.

③ Dan P. Dewey, Jennifer Bown and Dennis Eggett, "Japanese Language Proficiency, Social Networking, and Language Use during Study Abroad: Learners' Perspectives", *The Canadian Modern Language Review*, Vol. 68, 2012, pp. 111-137.

积极回答问题。但她在课堂上会认真听讲，积极记笔记。在课外，她不是非常主动地结交汉族同学，但她会去图书馆借一些课外书来看以提高自己的汉语水平。和藏族同学在宿舍内较多地使用藏语，但是一旦走出宿舍，和藏族同学交流时也是较多地使用汉语。在来 H 高校之前，只是偶尔使用微信。来到 H 高校，在手机上安装了 QQ 软件。经常使用 QQ 和微信与同学交流，所使用语言为汉语和藏语。通过微信与汉族同学交流有关各自家乡传统食物，她了解到来自不同地区的饮食文化，也积累了更多的有关饮食文化的通用语言表达方式。和男生经常借助微信看体育比赛不同，才让措主要观看歌曲和舞蹈的视频，这些视频语言以汉语为主，有一部分是藏语。才让措还关注了一些流行歌手或网红的微博。从这些微博的文章或短视频中，才让措学习到不少汉语流行语的表达，如"羡慕嫉妒恨""靠谱儿""雷人"等。她常常把这些流行语用于与她结识的少数汉族朋友交流，如有时她会对一些情侣开玩笑地说"请不要在我面前撒狗粮"。使用流行语拉近了她与汉族同学之间的心理距离。

才让措来 H 高校之前，通过手机和同学交流是汉语和藏语并用。和藏族同学进行口头交流时，较多地使用通用语言。和家人交流时，她几乎只使用母语。才让措也是从小学一年级开始学习汉语，在初中、高中阶段各科老师也主要是讲汉语，但才让措一直觉得汉语是一门工具，对之没有特别深厚的感情。但是来到 H 高校学习后，她更多地体验了中华文化，目睹端午节、清明节返乡的人流，她对中华传统节日也有了更多的切身体会，对通用语言的兴趣越来越浓厚，使用通用语言也越来越自信，并结交了不少汉族同学。她对冬至等二十四节气也有了进一步的了解。冬至前后，她在微信群或朋友圈接触了不少有关冬至吃饺子的相关信息，也更加重视春节等中华传统节日，向同学老师发送汉语春节祝福语如"名标金榜、新年舒服、祝你变富"以及汉语谐音祝福语"罗萨扎西德勒"等。才让措把自己视作优秀的国家通用语言使用者，也越来越为自己是中华民族的一份子而感到

第五章　高校藏族学生语言社会化过程中的认同发展

骄傲。

认同变化所导致的语言使用情况的变化：刚入学时，在班级微信群里交流时，才让措较多地使用藏语，如：ཡག་བྱིས་ཡག་བྱིས། ("好的好的")。她经常使用含有藏语的表情包，如图5-4组图第一行五个表情包从左至右分别表示"很惊讶""很能干""你没有说真的、骗人""不要说谎"　"你很帅"之意。第二行最后一个表情包སློབ་སྦྱོང་བྱེད་ཐབས་བྲལ་བས་ཙ་དགོས་བསྡུ་གསོག་བཀུག་ནས་བོད་དུ་ལོག为"由于无法学习，他只好收拾行李回西藏"之意。朋友圈所发图文基本上也是藏文，如དབང་བ་ཐམས་ཅད་བསོད་ནམས་ཡིན་，意思为：相遇胜过一切，拥有的都是福气。

图5-4　藏语表情包组

随着通用语言水平的提高，才让措开始较多地使用过渡性语言（此种语言不同于"中介语"）。她在微信等社交软件上使用的过渡性语言分为四种情况。

（1）藏语的汉语谐音：如"突吉切"（意为"谢谢"），"斯过玛吉怪"（ཟེ་ག་མ་བྱེད་དུ། "不要说了"之意，多为拉萨和山南地区藏族所使用），"阿木准"（"我发誓、确实"之意，多使用于西藏山南地区），"被思多灭怪"（表"惊讶"之意），"取多盖"（"管得着？"

119

之意）。

图 5-5　使用汉语谐音的藏语表情包

（2）藏语的汉语谐音和汉语混合使用，如"姑吉哒，行了"（"姑吉"是"求求你"之意，"哒"为网络流行语气词、"撒若"藏语"གཟན་རོ"的汉语谐音，意为"白痴"）。

（3）汉语和藏语混合，如组图 5-6。组图中第一张图片中的"堆龙"指的是西藏拉萨市堆龙德庆区，藏语词语意为"牛粪"，发音接近"交娘"。组图中间一张图为"这句话绝了"或"很棒"的意思。第三幅图片中藏语意为"么么哒"（表示喜爱或表达卖萌之意）。

图 5-6　藏语和汉语混合的表情包

（4）直接使用标准的通用语言。藏族同学使用藏语对应的通用语谐音，激发了汉族同学对藏语和藏族文化的兴趣，充分表明在社会化的过程中，"专家"和"新手"的关系不是一成不变的，而是动态建构的。学习通用语言，才让措不仅增强了对中华主流文化的了解，也增强了对藏语的了解。如有来自西藏山南地区的同学发如下表情包。

图5-7 汉语+汉语谐音的表情包

才让措起初对"郭罗"不了解,后来才知道"郭罗"在藏语山南方言里是"笨蛋"之意。在通用语水平提高后,才让措减少了藏语和藏汉混合语的使用,更多地使用国家通用语言。才让措更多地使用汉语表情包,如组图5-8。

图5-8 汉语表情包组

她以前所常用的藏语版"你是骗人的""学不下去了,收拾东西回西藏"表情包,也分别换成了对应的汉语表情包。朋友圈所发内容也变成了以通用语为主的。

才让措语言使用发生变化表明才让措的认同更多地表现在投射性认同这一层面,尤其表现在通过微信等社交媒体展现的投射性认同。才让措刚开始上课时消极被动,是因为她把自己视作通用语水平一般的学习者,在与同学的交流中较多地使用藏语。才让措此后使用混合语言,除了通用语言熟练程度有限外,她主要是想发挥她的主观能动性来创设"第三空间"①。

社交媒体可供个体在一种相对不受控制的动态情境下进行自我展示、熟练操作图像和文本。因此,学生可以在社交媒体环境中创造性地使用网络语言来表达自我,从而发展其社会语用能力。网络环境也是一种社会环境,在这种环境中个体不仅被社会化,也促使他人社会化,在社会语用能力得到发展的同时,个体语言认同亦会发生改变。

接触中华文化背景的表情包,才让措先前的文化记忆被激活,因为通过初高中阶段语文和历史等课程的学习,她对中国四大名著(如《西游记》等)有了初步了解,也对文学巨匠鲁迅的作品有了一定的了解,她开始使用这些表情包。使用有关鲁迅的表情包时,她开始不由自主地审视鲁迅在中国文学史上的地位。总之,微信社区激活了她先前所学的知识,提供了实时互动,提升了她的批判文化意识。藏族同学在校园中以使用通用语言为自豪,对才让措进行了隐性社会化,促成了其投射性认同的变化,最终她把自己视作有较强能力的通用语使用者,更为自觉地使用通用语。在 H 高校生活学习几个月后,才让措和来自同一藏语方言区的同学交流时也主要使用通用语。这一点与比尔德莫尔(Beardsmore)② 的结论有所不同,该作者指出期望母语相同的同龄人在正式课堂之外主动用第二语言是不现实的。笔者认为才让措在课外与使用同种藏语变体者交流时也自觉地使用通用语是因为她对通用语形成了很强的投射性认同。

微信等社交软件在其认同发展中具有不容忽视的作用。微信具有多模态交互的功能,具有实时性的特征以及一对多的参与框架,有利于使用者的语言社会化,才让措使用微信了解了更多的中华文化,这又促进了她通用语言水平的提高。随着通用语言水平的提高,她自由

---

① Claire Kramsch, *The Multilingual Subject*, Oxford: Oxford University Press, 2009.

② H. Beatens Beardsmore, "The European Schoool Experience in Multilingual Education", in Beatens Beardsmore ed., *European Models of Bilingual Education*, Cleveton: Multilingual Matters, 1993, pp. 121 – 154.

第五章 高校藏族学生语言社会化过程中的认同发展

大胆地使用通用语言,变成了通用语的积极使用者,而且讲话方式向汉语为母语者逐渐靠拢。我们所选择的讲话方式在某种程度上取决于我们打算投射什么类型的自我。①

(五) 阿旺嘉措:积极讲授藏语的通用语学习者

阿旺嘉措,男,19岁,来自西藏阿里地区。由于来自西藏牧区,阿旺嘉措使用通用语的机会少于来自城市的同学。尽管如此,由于他接受了多年的通用语教育,能听懂老师课堂上所讲的绝大部分内容,课外和同学用通用语交流时也没有多少障碍,但是他对一些汉语成语(如"四面楚歌")以及流行语(如"硬核")等不太熟悉,有时虽然能听懂汉族同学所讲的一些成语,但这些信息在大脑中加工的时间较长。他在书面表达中所用汉语句型结构也相对简单,如"以前我在牧区然后回来才上学的"。阿旺嘉措来到沿江市生活还算比较适应。阿旺嘉措特别想提高自己的汉语水平,和绝大多数来自藏区的同学毕业后想返回藏区就业不同,他也考虑在藏区以外的地方就业,他认为藏区以外的地方就业机会更多。

到 H 高校一个月后,阿旺嘉措通过在图书馆的勤工俭学活动以及在大学生自主管理服务中心("自管中心")工作等,认识了很多汉族同学,在各种活动中能够充分发表自己的意见。很多时候活动主办方会采纳他的意见,据此他认为自己已经较为充分地融入了主流文化社区,阿旺嘉措是学校街舞社的活跃成员。阿旺嘉措不满足于自己总是处于知识接受者的地位,经常教汉族老师和同学一些藏语日常用语,如ཡ་ཡ(读音"丫丫",意为"好的"或"嗯嗯"); ཞོགས་པ་བདེ་ལེགས།(读音"秀巴德勒",意为"早上好"); ཉིན་གུང་བདེ་ལེགས།(读音"宁宫德勒",意为"中午好"); བཀྲ་ཤིས་བདེ་ལེགས།(读音"扎西德勒",意为"吉祥如意");等等。常常穿藏族传统服装[如藏袍(巴扎)]、戴

---

① Patricia Duff, "Identity, Agency, and SLA", in A. Mackey & S. Gass eds., *Handbook of Second Language Acquisition*, London: Routledge, 2012, pp. 410 – 426.

毡帽等来到教室。阿旺嘉措也向汉族同学介绍了藏族的一些节日如雪顿节（酸奶节）以及望果节（庆祝丰收的节日）等。在教基本藏语的过程中，该同学获得了更多与以汉语为母语者交流的机会（H高校除了一些外籍教师，有一些教师为少数民族，但所有中国籍老师的母语均为汉语。另外H高校除了藏族，还有不少来自西南地区的少数民族学生，一部分这些少数民族学生的母语为汉语），习得了不少汉语口语表达方式，也了解了一些汉语方言，能听懂不少同学（尤其是南方一些省份同学）带有较重口音的普通话。提升了自信，在通用语表达方式上逐渐向汉族学生靠拢，如刚到H高校时，较多地说"英语不会""老师我夸奖了"之类的句子（主要是受藏语谓语动词常常置于句末的影响），两个月后则更多地说"不会英语""老师表扬了我"等。到第二学期时，阿旺嘉措通用语水平有了进一步提高，也在教汉族同学藏语的过程中更加自信，至第三学期时已经能欣赏翻译成汉语的藏族诗人仓央嘉措的诗歌。他有时也会犯一些错误，如他把《见与不见》误认为仓央嘉措的作品。

此外，阿旺嘉措和藏族同学交往时，也主要使用汉语，认为他们相互之间可以纠正错误，从而进一步促进语言能力的提升。阿旺嘉措也在购物时通过与卖家交流学习了不少表达。H高校位于江浙沪包邮区，物流发达。阿旺嘉措受其他同学影响，也热衷于网购和点外卖（这些活动在阿里牧区是难以想象的），也在和商家沟通时学会了"亲"等淘宝体表达方式。

由于对自己通用语水平有了较多的自信，大二寒假回到西藏那曲后，他也不断提醒自己是优秀的通用语使用者。他有空时教周围农牧民一些通用语，也向他们分享自己在祖国东部地区的见闻。阿旺嘉措还报名参加了村里组织的技能比赛（普通话比赛是其中的一项），他获得了普通话比赛一等奖。

阿旺嘉措的通用语学习和使用情况表明：阿旺嘉措的身份认同（语言认同）更多地表现在反身性认同和投射性认同这两个层面。刚

第五章 高校藏族学生语言社会化过程中的认同发展

图5-9 "乡村振兴"主题农牧民技能大赛获奖证书

到 H 高校时由于普通话水平较弱，他把自己视作"语言能力一般"的普通话使用者，他对自己通用语能力的评价是反身性认同。虽然他也渴望学好通用语，但他尽量避免使用复杂句型，因此通过语言呈现出来的自己为"普通话水平一般的使用者"。他在学校继续穿"巴扎"，说明他同时保存着对自己是藏语使用者的认同，正如布洛克（Block）所指出的，认同是社会建构的持续叙事，通过言语和非言语行为（如穿着、凝视和肢体语言）执行、解释和投射[1]。语言能力是经由第二语言中投射身份的先决条件，但更重要的是，学生语用能力的获得和使用在一定程度上取决于他们想要投射的身份类型和外界的回应[2]。

语用能力的发展和认同的发展是相辅相成、相互影响的关系。通

---

[1] David Block, *Second Language Identities*, London: Continuum, 2007.

[2] Phil Benson, Gary Barkhuizen, Peter Bodycott and Jill Brown, "Study Abroad and the Development of Second Language Identities", *Applied Linguistics Review*, Vol. 3, No. 1, 2012, pp. 173-193.

过使用通用语讲授基本藏语，以及由此扩大交际圈，这些促进了他通用语水平的提高。在表达方式上向汉族学生靠拢，说明他对通用语产生了进一步的认同。同时语言社会化是多方向的，阿旺嘉措在讲授藏语和藏文化的过程中，他扮演了"专家"的角色。他的文化资本得到重视，他充分认识到了自己是藏汉双语者的优势。通过穿藏族传统服装表明他对藏族身份的认同，将"文化和语言差异理解为需要维护的集体身份的标志，而不仅仅是需要克服的障碍"[1]。但他更多地把自己视作"H高校讲普通话的一名大学生"，同时他们年轻人乐于从网络平台购物以及点外卖也是一种文化，阿旺嘉措效仿其他同学，表明他对这种文化的认可和接受。他把自己视作流利的藏汉双语使用者，他为双语能力给他带来的文化和符号资本而感到自豪。阿旺嘉措的认同是变化的，基于语境实现而且不断进行转换。认同是渐进的从未完成的，认同产生话语实践而又有话语实践产生认同。

帕夫连科和兰托夫（Lantolf）将获得新的语言、社会和文化实践的过程描述为一种"自我转换"，在通过话语实践转换自我的过程也是通过语言社会化实现认同发展的过程[2]。学习者所掌握的语言是其认同的前提条件，语言认同是一个复杂的发展过程，其认同发展取决于学习者的语言基础、语言社会化程度以及对未来的期待等。学习第二语言影响着学习者的自我感以及通过语言使用呈现自己的方式。在新的语言文化环境中，学习者取得的投射性认同和认可性认同与其自反性认同密切相关。具体说来，这些学生在来H高校就读前对藏语和通用语均有一定程度的认同，在H高校就读后，个人在校内校外经历的具体语言社会化过程有所不一致，导致其通用语言认同层面有所不

---

[1] John U. Ogbu and Herbert D. Simons, "Voluntary and Involuntary Minorities: A Cultural-ecological Theory of School Performance with Some Implications for Education", *Anthropology & Education Quarterly*, Vol. 29, No. 2, 1998, p. 175.

[2] Aneta Pavlenko and James P. Lantolf, "Second Language Learning as Participation and the (Re) Construction of Selves", in James P. Lantolf, ed., *Sociocultural Theory and Second Language Learning*, Oxford University Press, 2000, pp. 155–178.

一致。

此外，第二语言水平的提高一般会促使学习者对第二语言的认同增强，但是二者之间不总是呈线性正相关关系①。我们的个案研究表明藏族学生通用语水平提高后均提高了对通用语的认同。对母语不是通用语的中国少数民族学生而言，通用语是一种特殊的第二语言，在某些方面起着类母语的作用，因而学习通用语后对通用语的认同发展进程要远远快于学习一般第二语言，学习通用语后对其认同程度也会强于学习一般第二语言后的语言认同程度。

二 藏族大学生语言认同和国家认同发展的叙事分析

我们的研究对象是目前在高校就读的藏族学生，同时我们还要追溯研究这些学生在上大学前语言认同和国家认同的发展，因此我们对其中的4名核心被试还采用了叙事研究的方法。以下为对格日措、格桑曲珍、白玛泽仁、仁增的叙事访谈及分析。

（一）格日措——过多使用"在"字的青海玉树女生

格日措，女，20岁，来自青海省玉树藏族自治州（以下简称"青海玉树州"）。格日措中小学阶段均接受了正规学校教育，她从小学一年级开始就学习通用语，但通用语社会化进程非常缓慢。她就读小学和初中时只是在课堂上学习一些汉语，课外几乎不和同学用通用语交流。她曾经就读的那所小学整个学校当时几乎没有汉族学生。格日措所就读的初中当时学生规模在1600人左右，而汉族学生不到10人。在小学和初中阶段，她和汉族学生几乎没有什么交往。

"我们那边（几乎）都是藏族学生，汉族的特别少，很少聊普通话。我现在到了大学才知道汉语有多重要。我初中上的是藏文班。"
"……我上初中时又洗衣服、又做饭、又看奶奶（笔者注：又照顾奶奶），妈妈和爸爸都在很远的地方，没有时间来看我们。"

---

① Phil Benson, Gary Barkhuizen, Peter Bodycott, and Jill Brown, *Second Language Identity in Narratives of Study Abroad*, Basingstoke: Palgrave Macmillan, 2013.

她读职业高中时和汉族学生的交往仍然较少，只是在实习期间和汉族群众有了相对较多的接触。

后来我上了高中，我们那边高中也是免费的（注：格日措所说的高中是指当地的职业高中）。我读护理专业，我们学校汉族很少，而且我们班汉族没有。我到外面买东西时学会了一些汉语。第三年时我去医院实习了。我去医院干活（指在医院实习）时也学会了一些汉语，到医院来看病的有汉族人也有藏族人。我听汉族人讲话，学会了一些汉语。实习期间，每天说一些重复的句子，如：来给您量体温了。

在这个学校（注：指H高校）只有我一个人（是）青海玉树的。我们班（其他同学）都是青海海南（注："海南"指青海海南藏族自治州，下同）的。他们说的我一点都听不见（注：指听不懂），我说的他们听不见。我一个青海玉树的，好难呀。他们以前都学过会计课程，就我没学过。班里有三名汉族同学，他们和班里的藏族同学是海南同一所学校的。他们会说海南的一些事。我和同学现在都是用普通话讲，但是有些地方我都不会说。后来我认识我们班上的朋友南吉卓玛，她初中上的也是藏文班，汉语比我好多了，我的朋友渐渐多起来。我现在知道当年初二没有参加汉语班，参加了藏语班，现在也很后悔。我们真的要说普通话。作为学过汉语的人，不会说普通话，多可笑。我以前只关心我们那个地方的事。和他们的共同话题较少。只有关心国家大事，才能和她们聊到一起去。

格日措来自青海玉树州，所讲藏语玉树方言归属于康方言（参见第一章藏语分布示意图）。而H高校虽然有不少青海籍藏族学生，但大都来自青海省海南藏族自治州（以下简称"青海海南州"），讲藏语安多方言。格日措和青海海南州籍藏族学生无法用藏语沟通，只能

第五章　高校藏族学生语言社会化过程中的认同发展

用国家通用语言交流，然而入学初期时她的通用语水平非常有限，她深刻体验到了语言障碍给她带来的隐性区隔（Invisible Segregation），而班里的藏族同学和仅有的三名汉族同学借助通用语跨越了交流的障碍。班里的藏族同学不断向她强调能流利使用普通话是非常值得自豪的事情。由于起初无法用通用语清楚地表达自己，她在课堂上沉默寡言。认识到通用语学习的重要性，她在手机上下载并安装了"小红书"和"喜马拉雅"App。她通过每天浏览"小红书"的网页内容来提高自己的阅读水平，同时通过听"喜马拉雅"播出的各种节目以提高自己的通用语听力水平。经过一段时间努力后，她已经能使用通用语言介绍她的家乡玉树。她乐于向藏族同学和汉族同学介绍玉树歌手组合ANU（由藏族青年宫巴和巴雅组成）。2022年北京冬季奥运会开幕式在"鸟巢"举行，现场响起ANU演唱的藏语歌曲"fly"，这一幕更是让格日措兴奋不已，她不断向同学和老师宣传这一消息。目前她还没能非常熟练地掌握通用语，但已经充分意识到掌握通用语的重要性，以至于现在十分后悔在初二汉文班、藏文班分流时选择了藏文班而没有选择汉文班。

对格日措各阶段认同的分析如下。

1. 第一阶段：小学和初中阶段

由于爸爸妈妈在外地务工，格日措常年与奶奶生活在一起，这使家庭作为语言社会化的主体所发生的作用有限。格日措上高中之前对通用语的认同非常有限。和同伴们的交流也是语言社会化得以发生的重要条件之一。除了家庭、学校，个体还可通过接触社会实现语言社会化。在家庭和学校实际使用汉语有限的情况下，在小学和初中阶段，格日措通过外出购物习得了一些生活中广为使用的汉语。

2. 第二阶段：高中阶段

在高中阶段，她通过外出购物习得了一些日常用语，此后又通过在医院参加实习，通过与医生和患者的交流，以及观察医生和患者的交流，习得了一些汉语。她也建立了由医生和护士以及一些实习生组成的社交网络。由于工作繁忙,所能交流的话题较为单一,她使用通用语的机会仍然相对有限。然而即使是重复使用一些相同或相似的语句或词块也给了她一些自信。这是在真实的环境中进行的实践,其结果取决于她理解和沟通的能力。由于能运用通用语解决实际问题,她对通用语形成了初步认同。

3. 第三阶段:大学阶段

虽然H高校有800名以上的藏族学生,但仅有格日措一人来自青海玉树州。起初她是该校藏语或汉语语言社团的局外人。玉树藏语话语的局内人身份体现在她和高中老师及父母的联系上。在迫不得已的情况下,入学初期她通过社会实践和语言使用与学校的通用语使用者保持着一定的社会距离。在H高校的学习生活可谓格日措的"关键性经历",正是H高校的严峻考验促进了她语言认同的发展。

随着通用语语言能力的显著提升,格日措成功摆脱了课堂内的被动聆听者与课外活动边缘人的角色,主动融入了由汉族、藏族等众多通用语使用者构建的社群之中,从而获得了该社群内的"正式成员身份"[1]。这一转变不仅拓宽了她的交际圈,也深刻影响了她的自我认知。面对与来自海南州的藏族同学间藏语交流的障碍,格日措曾一度质疑自己作为藏语使用者的身份认同。同时,由于缺乏与海南州学生共同的高中学习经历,她进一步体验到了"身份认同的困惑"[2]。

经过不懈的努力,她融入了包括三名汉族学生的班级集体,和班里学生一起参加各种活动,当她跨越民族和语言界限时,她的语言和社会发展是相辅相成的。她的平时成绩持续稳步上升,最终在期末考试中收获了令人满意的成绩。这一过程中,她愈发深刻地认识到,利用通用语言作为工具,实现个人学习目标是完全可行的。

在H高校建立的社交网络为格日措提供了大量在自然环境中面对

---

[1] Jean Lave and Etienne Wenger, *Situated Learning: Legitimate Peripheral Participation*, Cambridge: Cambridge University Press, 1991.

[2] Erik H. Erikson, *Identity: Youth and Crisis*, New York: Norton, 1968.

面使用通用语的机会。学生的交际圈越广,他们在目标语言中获得的收益就越大,无论他们的对话者是不是母语人士。关注更多的以通用语为载体的话题,促进了个体的语言社会化。此时,她增强了对通用语的认同,增强了自己通用语使用者这一身份的认同,比较排斥"青海班学生"这样的说法,而要求老师或其他班级同学称呼他们为"会计班学生"。社交网络在其语言社会化的过程中起着极其重要的作用。通过话语来确立主体位置是一个赋权的过程。最终通过话语实践,她不仅把自己呈现为合格的通用语使用者,取得了投射性认同,而且其合法的(legitimate)主流通用语使用者地位被接纳,获得了认可性认同。由于通用语水平的提高,她借助自身熟谙玉树文化的优势不遗余力宣传玉树当地文化,在一定程度上兑现了先前具备的"文化资本"[1]。

(二)格桑曲珍:放牛多年的昌都藏族女生

格桑曲珍,女,20 岁,藏族,来自西藏昌都地区牧区,有三个姐姐和一个弟弟。在格桑曲珍上小学一年级时,她家里有 100 多头牦牛,两个姐姐已出嫁,家里缺乏人手,家人让她辍学回家放牛,格桑曲珍在牧区小学接受教育不足一学期,初中三年几乎没有上学。

> 我上小学时的语文老师是藏族人,他汉语讲得并不好,他教我们语文和数学。他首先用汉语讲,再用藏语解释意思,他用的是藏语方言。我们学语文学得非常吃力。我只学会写几个汉字。后来家里要我回去做事,我就不上学了。我小时候跟小朋友一起玩的时候,学会了说一些汉语,比如说哥哥、姐姐、等等我、你、在吗、你在哪里、快点、上去、下来、一起去、走。我那时的朋友都是牧区的,她们的汉语发音不是很标准,和电视上那些人说得不一样。在牧场我看了康巴卫视和其他电视台播出的电视

---

[1] Pierre Bourdie, *Language and Symbolic Power*, trans. Gino Raymond & Matthew Adamson, Cambridge: MA: Harvard University Press, 1991.

剧。我看了《文成公主》《水浒传》《西游记》。看完那些电视剧，我学会了听、说、所以、女她、男他、公主、妖怪、师傅、是谁。我还看了《熊出没》，我学会了帮哥哥做农活，学会了砍树、别跑、光头、蜂蜜、吃货、老板、站住等。我学会了"我再也不砍树了""这有好吃的""光头强又来砍树了"等句子。我模仿他们说话的方式。

后来家里经济条件改善，她有机会上了当地的职业高中，这三年的教育是免费的。这所高中除了藏语文，其他课程均由藏族或汉族老师用汉语讲授。由于几乎没有什么汉语基础，格桑曲珍学习藏语文以外的课程都很费力，但她非常刻苦努力。经过三年的学习，格桑曲珍奠定了一定的汉语基础，此后她通过对口单招进入H高校学习。

刚开始我连自己的名字都不会写，我就读的高中是寄宿制学校，学校要求每个学生在学校都讲汉语。我在高中只学了一学期英语。我上大学后才知道，很多同学从小学就开始学习英语，来自拉萨的同学从小学一年级就开始学习英语（注：藏族学生所说的"高中"包括普通高级中学、中等专业学校、职业技术学校等）。

入读H高校后，格桑曲珍发现自己的汉语普通话水平明显低于本班其他藏族同学，英语水平也低于其他同学。使她感到既痛苦又庆幸的是，班上只有她一人来自昌都地区，其他同学来自西藏其他地区。

我刚到这里的时候真的很孤独、很难受，虽然我们是西藏班，还有西藏的学生很多，但是我们西藏那边各个地方都有不同的语言，所以我们班里西藏昌都的只有我一个人。后来，我们班里我交了两个朋友，她们两个是西藏拉萨的，我们三个平时聊天的时候都用汉语交流。

第五章　高校藏族学生语言社会化过程中的认同发展

入学初期因为和其他同学无法用藏语交流而在校内没有什么朋友，这使她感到很痛苦（昌都地区藏族较多使用藏语康方言，而西藏其他地区一般使用藏语卫藏方言，参见第一章藏语分布示意图）。格桑曲珍在校内只能用汉语普通话和老师、同学交流，虽然面临不少困难，她还是觉得这种语言环境对自己有利，她认为这可以使她较快地提高自己的汉语水平。

格桑曲珍提高自己汉语普通话水平的愿望非常强烈，为此她采取了如下措施。(1)坚持通过一些手机应用程序（App）听一些用汉语播出的文学作品如《明朝那些事儿》等。这与其他同学常常通过看视频学习汉语的方式有较大的不同。(2)买了《孩子为自己读书》《修心三不》《为人三会》等书籍以供自己课后阅读。(3)加入学校排球队，增加与汉族学生接触交往的机会。格桑曲珍通过外出购物、就餐等也提高了自己的通用语水平。

> 和我们那边不同，这边的服务员全部说普通话，和她们讲话时我也得用普通话。我印象最深的是一家叫"海底捞"的火锅店，服务员不断跑过来和我说话，和他们说多了，我的普通话水平也就提高了。

对格桑曲珍语言认同的分析：格桑曲珍所在的村庄不太重视教育，再加上当时家庭贫困，她被迫辍学在家放羊放牛，没有奠定良好的通用语基础，通用语言社会化进程较为缓慢。学校和家庭是社会化和语言社会化的重要场所，格桑曲珍在本应小学和初中受教育的阶段，所受教育有限，因此在学校经历了较少的通用语言社会化。在家中几乎不讲普通话，因而也无法在家中接受通用语言社会化。只有和还在上学的同龄人交流时，才会偶尔使用汉语。电视节目不仅使她学到了一些通用语词汇，也为她和小伙伴的交流提供了一些话题。观看电视节目促进了她对通用语的认同。

在格桑曲珍上高中前,对她而言学校和家庭发挥的作为语言社会化的主体的作用有限,媒体却起了最重要的作用。在智能手机还不太普及的年代,电视推动了个体的语言学习,促进了语言学习者的语言社会化。对格桑曲珍影响最大的三部影视作品恰巧与张阳阳、徐平对藏区民众最喜欢的影视作品所作的调查得出的提名前三的影视剧一致①。电视剧《文成公主》促进了她对汉藏交流史的了解,《水浒传》促进了格桑曲珍对中华历史文化的认知,《西游记》则使其形成了中华民族成员的集体记忆,动画片《熊出没》不仅使其学会了一些基本的汉语句型,也使其习得了一些道德规范,如《熊出没》中台词:"我再也不砍树了"不仅使她学会了汉语主谓宾的基本结构,还使其习得了一些社会规范:人类不应该破坏生态环境。

在大学阶段,班里只有她一人来自昌都地区,讲藏语康方言,而班里大部分同学讲藏语卫藏方言,她和其他同学无法用藏语沟通。格桑曲珍深刻领悟到学好通用语的重要性,不断做出努力。大学里大量用通用语开展的活动促进了她的语言习得。正如诺顿所说:"如果学习者投资于第二语言,他们会理解他们将获得更广泛的象征和物质资源,这转而来会增加他们文化资本的价值。"②诺顿进一步指出:投资的概念是认为"当学习者说话时,他们不仅与目标语言使用者交换信息,而且不断组织和重组他们是谁以及他们与社会世界的关系"③。借由通用语获得了更多的文化资本价值,加强了格桑曲珍是通用语使用者的自我认知,更使她增进了对通用语的认同。加入学校排球队后她不断参加训练和比赛,不仅进一步提升了打排球的水平,其团队合作精神也得到了培养,而且在与队员交往的过程中,耳濡目染了一些

---

① 参见张阳阳、徐平《西藏自治区国家认同状况调查研究》,《中国藏学》2013年第4期。

② Pierce Bonny Norton, "Social Identity, Investment, and Language Learning", *TESOL Quarterly*, Vol.29, No.1, 1995, p.17.

③ Pierce Bonny Norton, "Social Identity, Investment, and Language Learning", *TESOL Quarterly*, Vol.29, No.1, 1995, p.8.

第五章　高校藏族学生语言社会化过程中的认同发展

文化价值观念。学习不仅仅是一个获得一系列技能和知识的认知过程，而且是通过共同实践改变其在不同社区参与模式的一部分。① 随着格桑曲珍越来越游刃有余地参与社区实践活动，她在社区中的责任感也会增加，成为更积极的参与者，其通用语语言能力得到提升，文化意识得到进一步增强。作为通用语教育的受益者，格桑曲珍打算报考小学语文教师资格考试。她打算获得语文教师资格证后回到藏区教通用语，打算对通用语进行持续性"投资"，表明她对通用语有非常强烈的认同。

格桑曲珍在H高校的社会化是多方向的，朝向藏族学生及藏语，但更多的是朝向通用语。

（三）白玛泽仁：不断增强通用语言认同的优秀兼职导游

和旦增不同，白玛泽仁（下文简称"白玛"）很少谈及他小学以及初中的经历，他叙述的重点是高中阶段（他就读的是中等专业学校，下文简称"中专"）。我们把白玛的叙述分成两个阶段。

1. 第一阶段：中专学习阶段

白玛的学习经历和大部分在H高校就读的藏族学生有所不同，他在入读H高校之前，在同一省份的川江市某中专就读，所学专业为导游。由于在兼职期间接触了大量来自祖国各地的游客，他对汉语普通话和方言的差异了解较多。那所学校所在地的川江市本地学生常常讲川江市方言，白玛泽仁长期与汉族学生一起上课、一起打篮球。他参加学校的"健身俱乐部"以及社会上的"环湖跑俱乐部"这两个俱乐部的很多成员讲川江市方言，因此习得了川江市方言。所以在校内，他渐渐形成了对沿江市某种汉语方言的认同。他通过担任兼职导游，形成了通用语学习者身份的认同。

对目标语言的投资也是对自己身份认同的投资，而这种身份认同是随着时间和空间而变化的。由于在语言社会化的过程中，一些语言

---

① Jean Lave and Etienne Wenger, *Situated Learning: Legitimate Peripheral Participation*, Cambridge: Cambridge University Press, 1991.

学习者认识到了目标语言的价值，因而也不断投入时间和努力。白玛在川江市当兼职导游的过程中与游客交流，习得了不少汉语交际的规范，通用语水平进一步提高。

> 我想尽了各种办法，通过了导游资格考试。但刚开始我汉语不太好，有些汉语字词发音不标准，我很努力，但是有些景区解说词就是记不住，刚开始也有因为某些单词发音不标准，需要多次重复才能使人理解，有时也因为反复这样做使人生气，我觉得我和其他导游不一样，我是一个藏族人。后来，我觉得我已经来到东部地区，我要努力学好普通话，当好兼职导游。因此，我在学校里学习特别认真，课堂上积极发言，虽然我讲汉语带有口音，但我的汉族同学从不嘲笑我，我既感动又深受鼓舞，课下我经常找汉族同学聊天，在宿舍里我认真背诵景区解说词，经过一段时间的努力，我汉语讲得越来越好，我觉得普通话非常有用。来到沿江市后，我结识了更多的汉族同学，我更多地了解了用普通话和人打交道的方式，对中国的传统习俗有了更多的了解。我在H高校大部分时间是在讲普通话，我普通话讲得也很好，很多情况下，我首先想到自己是一个中国人。(2021年3月18日)

从白玛的经历我们可以看出：在川江市白玛更加理解了汉语的实用功能，不断主动投入时间和精力学习，也深切体会到了学习汉语所带来的回报，也开始逐渐把自己视作成功的第二语言学习者。在川江市，白玛对汉语更多的是广义的语言认同，也就是对汉语持较积极肯定的态度，而来到H高校所在的沿江市后，白玛有了更多国家通用语学习者身份的认同。

2. 第二阶段：H高校学习阶段

来到沿江市后，白玛发现自己的汉语水平比绝大多数藏族学生高，这使得他更加自信。在沿江市白玛找到了更多的兼职工作。

> 我觉得我的汉语水平和汉族学生差不多，这边的兼职活儿也更多，我就是一名地地道道的中国人。我带团，我带游客的时候经常和他们聊天。我讲汉语时有时带点口音，但我长得和汉族人没有什么明显区别，游客有时会以为我是来自中国南方的汉族人，很少有人想到我是藏族人。我是一名兼职导游，我觉得我和汉族导游也没什么两样。(2021年3月20日)

他常常在朋友圈或微信群用汉语或藏汉双语介绍西藏。图5-10为他的微信朋友圈截图。

此外，白玛通过与学校周边人士交流，还学习了沿江市郊区的方言，会说不少短语及句子，但不及他所说的川江市方言流利。

对白玛认同发展的分析如下。

在白玛前后两个学习阶段，其认同的层面（见第三章）发生了变化。首先是认可性认同（Recognized Identity）的变化，原先因为通用语水平较低，他不被视作合格的通用语言使用者，但是随着他通用语水平的提高，人们认可了他能讲较流利普通话的导游身份。

其次是投射性认同（Projected Identity）的变化。起初，白玛把自己定位为普通的通用语学习者，由于通用语水平的增强，白玛把自己想象成讲流利普通话导游当中的一员。

和大多数藏族同学一样，他是从一个地区转移到了另一个地区学习，从接受中等教育提升到接受高等教育。但是由于他在沿海省份已经生活了三年，不仅通用语水平高于其他藏族大学生，对于中华传统文化甚至地方文化（如吴越文化）也了解得更多。用布迪厄的术语说，来到H高校时，他已经具备了足够的文化和语言资本。他运用这些资本快速融入了汉族同学交际圈。来到H高校所在的沿江市后，其反身性认同（Reflexive Identity）发生了变化，表现在白玛对他所具有的国家通用语言能力更加自信，并且形成了良性循环：认同越强使用越多，使用越多认同越强。同时认同是身份建构的过程。

图 5-10　"西藏导游讲解平台"微信公众号介绍导游参加环保活动

语言认同是一个动态发展的过程。在一定的社会语境下，学习者对某种语言的认同会从广义的语言认同（较高的功用评价和较强的情感依恋）发展成狭义的语言认同（身份认同）。周明朗提出，"语言认同"可以分解为一个过程中的两个建构：一个建构是学习者多重身份库，另一个建构是学习者个人语码库①。周明朗所说的学习者多重

---

① 周明朗：《语言认同与华语传承语教育》，《华文教学与研究》2014 年第 1 期。

身份库是指个人在一定的社会环境下,按照自己的阶级、性别、地位、文化等多重身份库中选择一个或多个身份与人交流。笔者认为,在语言社会化的过程中,学习者会逐渐建构自己的第二语言身份,而随着第二语言社会化程度的加强,学习者会更自信地用第二语言表达自己的身份。

在上述案例中,几个研究对象在不断构建自己的身份,进入 H 高校后,随着通用语水平的提升,这几位同学对通用语的认同逐渐增强,而很难用英语开展自由会话,他们的个人语码库由藏语和汉语构成。此后,随着语言社会化程度的进一步加深,国家通用语言使用者身份意识进一步增强,数位同学逐步完成了国家语言身份构建,增强了国家认同。

(四) 仁增:不断构建身份的藏汉双语学习者

仁增是一位以藏语为母语,汉语为第二语言,并且学习了英语的 H 高校男学生,某班班长。仁增的汉语水平相对于其他藏族学生而言较弱,仁增为一个藏族班的班长,并且乐于和任课老师及其他老师交流。仁增自愿参与本项调查。本书采用叙事的方式对仁增进行深度访谈,采访时进行录音,把录音转换成文本,在此基础上进行分析。我们试图回答五个问题:(1) 语言认同有哪些特征?(2) 语言认同是如何影响语言使用的?(3) 语言认同又是怎样促进国家认同的?(4) 社会化因素在促进藏族学生的文化认同方面起了什么作用?(5) 语言政策又对藏族学生的语言认同起了什么影响?

以下为访谈的结果及分析。

1. 第一阶段:小学阶段

仁增母语是藏语,在藏族文化中长大,在家里以及和大多数亲戚交流时用藏语,只有和那些外出读书的大学生亲戚交流时才夹用通用语。其就读的小学为牧区小学,该小学没有汉族学生就读,开设有藏语、汉语、数学等课程,所有老师均为藏族。汉语文课也是由藏族老师授课,同学们课外几乎完全是用藏语交流。那所小学一年级开始就教授汉语普通话，教室里有藏汉双语的张贴画"普通话是校园语言""请讲普通话，请写规范字""爱国旗、唱国歌"等。仁增记得在小学时学过"我爱北京天安门"等歌曲。仁增另外也学习藏语文课，数学等科目则是用藏语授课。他在小学阶段没有学习过英语。

仁增在小学阶段对藏语和汉语都有了一些初步认同，对英语没有认同。随着对国家通用语言初步认同的确立，也渐渐开始有了一些国家意识，看了不少抗日题材的影视作品，对中华儿女所表现出的英雄气概极为赞赏，同时也了解了伟大祖国曾遭受的苦难，对中国的国家概念有了初步了解。

> 我从记事起说的就是藏语，和父母以及亲戚都是用藏语交流，但是外出读书的大学生回来时会有意无意讲一些汉语，可能是炫耀吧。我从八岁开始上小学，就开始学语文的字母（汉语拼音），但学起来藏文比较好记，大部分都是12音。我们那个小学没有汉族同学，课下我们都是说藏语。我们从小学一年级开始学习汉语，汉语文课和藏语文课课时差不多，数学等课是用藏语讲授的。我很自然地学会了藏语。经过六年的学习，我基本上也能听懂汉语了，也会用简单的句子和汉族人交流。见到汉族人时，我努力和他们说上几句。我们那时没那么重视汉语文，觉得把自己的母语学好就行了。但我还是通过看课外书和看电视剧学会了一些汉语。那时我读了《格萨尔王》《小老鼠》《马丁先生》《西游记》等等。那时候格萨尔王汉语藏语一起联合的有（笔者注：指"那时候有汉语藏语双语对照版的《格萨尔王》"）。我们村里条件不怎么样，一个村里人看一个电视，所以看什么电视剧大人做主。我看了汉语版的《西游记》《茶马古道》。后来我还看了电影《地道战》等。那时网络不发达，我对外面的世界了解不多。刚开始我只知道我生活的地方，只知道布达拉宫及一些寺庙

等。学了汉语文课后,我才知道我们的国家很大很大,有长江还有天安门等,我有了一点大范围的意识。

2. 第二阶段:中学阶段六年

初中三年,仁增来到县城的一所寄宿制学校求学,这所初中招收的学生都是藏族学生。该学校每天升国旗、奏国歌。学校开设汉语文课、藏语文课以及英语课等语言课,汉语文课由汉族老师授课。理科类课程(如数学课)用的是汉语编写的数学课本,由藏族老师用汉语讲授,学生听不懂时,老师用藏语解释相关知识点。而汉语文课由于是汉族老师执教,不再是用藏语解释汉语,而是直接用汉语教汉语。仁增开始较多地使用汉语,但所讲汉语中夹杂着一些藏语词汇。随着汉语水平的进一步提高,仁增回家后在看用普通话播出的电视节目时理解得更多了。他也开始看综艺节目,偶尔也听听普通话广播,他对中华传统文化的了解也更深刻了。初中毕业后,仁增来到位于地级市市中心的中等专业学校就读(仁增在叙述时把这一阶段的学习称为"高中阶段"学习),来到中专读书后,仁增发现学校的大多数课程由汉族或藏族授课老师用通用语讲授。在高中阶段,仁增已经可以比较流利地和一些同学用汉语交流。随着汉语水平的增强,仁增的中国人意识进一步增强。但他也时刻不忘自己藏语使用者的身份。

初中三年,我的藏族同学来自同一个县,大家讲的藏语方言差不多一样,基本没有相互听不懂的情况。学校比较重视汉语教学,老师不仅讲课本知识,也拓展了一些课外知识。我们有汉语早自习,只看汉语书,我渐渐迷上汉语历史书,我看了《中华上下五千年》。回家后,我基本上只看汉语的电视节目。上了初中以后,我每年都看春晚,刚开始主要是看歌舞节目,后来也看一些相声和小品等,我慢慢能看懂一些了。藏语的大多数是老片子。刚开始还看看藏语频道,后来就不看了,我的父母亲还看西藏电视台的藏语节目。父母大部分是没上过学，所以他们交流只会用他们的语言。父亲跟我说，如果用汉语把自己的名字写上那有多好。上高中后，我发现有的藏族同学和我讲的藏语有所不同，有时也会出现相互听不懂的情况，班里还有少数几个汉族同学。我们在课外讲普通话渐渐多起来，普通话原来这么有用。汉语是我们国家语言，学习汉语是必然的，也很方便。自己的母语也要学好。我们藏族有句俗话"能学到另一种语言是你的本事，忘记母语是你的耻辱"。

3. 第三阶段：东部地区求学

上大学后，由于和来自不同藏区的学生接触，他对藏语也有了进一步的认识，对本民族的语言认同有所加强。在H高校，除了英语和日语等外语课以及对来华留学生开设的部分课程，其他所有科目的授课语言都是汉语，在学校日常生活中用到的语言也主要是汉语。仁增了解到不仅藏语有多种方言，汉语也有普通话和方言之分。仁增进一步了解了汉语的交际作用。仁增体会到借助汉语不仅可以和汉族同学交流，可以和来自青海的藏族同学交流，还可以和其他少数民族学生甚至和外国留学生等交流。通过打篮球等活动，仁增结识了不少汉族朋友，进一步熟知了汉语的交际规范等。仁增还加入了学校的国旗护卫队，H高校2020级国旗护卫队共有58名预备队员，其中藏族学生8名。仁增除了参加国旗护卫队的一些日常训练，还参加国旗护卫队组织的一系列活动，如"12月13日国家公祭日降半旗仪式"等。加入国旗护卫队后，他不仅和汉族学生有了面对面的交流，还因加入国旗护卫队微信群和汉族同学有了更多的借助即时通信工具的交流。H高校给藏族班学生开设《大学语文》课程，所选篇目大部分为文言文。此外授课老师根据学生对中华历史文化掌握的实际情况对相关知识点进行了拓展和补充。如为了使学生对中国的历史朝代有更深刻的理解从而帮助他们更好地理解课文，教师补充讲解了《朝代歌》等。

仁增学习该课程后，对中华文化相关的文史哲知识有了进一步的了解。

朝代歌

三皇五帝始，尧舜禹相传。夏商与西周，东周分两段。

春秋和战国，一统秦两汉。三分魏蜀吴，两晋前后延。

南北朝并立，隋唐五代传。宋元明清后，皇朝至此完。

图5-11　《朝代歌》

授课老师在讲《朝代歌》时，不仅对"三皇五帝"典故进行了讲解，还进行了诸多拓展，任课老师讲到不少海外华裔有祭祀炎帝和黄帝的活动等。学习了该篇课文后，仁增收获颇多，如：他不再认为黄帝"姓黄名帝"。仁增除了观察汉族学生的言行，学习他们地道的表达方式，还注意努力纠正自己的发音，随着通用语水平的提高，仁增越发为自己是中华民族的一员而感到骄傲。

由于通用语言水平不断提高，仁增开始在业余时间玩诸如"三国演义"和"西游记"等网络游戏。除了在从学校举办的各种活动中进一步了解中华传统文化，仁增还在手机上观看用汉语介绍祖国名山大川的视频。仁增经常刷抖音视频看各种笑话、段子等。由于经常刷抖音，仁增了解了很多汉语流行语，并很快把所学运用到和同学的交际中去，汉语能力不断提高，这又进一步增强了他学习汉语的自信。

由于英语基础相对较弱等，且不愿付出努力，仁增的英语水平无明显提高，对英语还是几乎没有认同。

我到这所学校后，遇到了来自青海的藏族同学，天呐！他们讲的藏语我基本上听不懂，我只能用不太好的汉语普通话和他们交流。我和来自昌都的同学用藏语交流也很困难，他们讲的藏语和我们不一样，有时也只能换成汉语交流。来到这边后，我的汉语水平提高了不少，只要他们讲普通话，我是大部分都能听懂的，我发现汉族人经常用"环绕"（注：间接之意）的方式讲话，我也学会了"环绕"的表达方式。但是本地人讲的方言我是听不懂的，这种方言听起来跟日语差不多。我们去商场购物时，一些营业员或其他服务人员向我们打招呼时，首先会用当地方言，看到我们不说话，她们才会改用普通话。我通过参加各种体育活动如打篮球、踢足球等认识了不少汉族同学，我还加入了街舞社、国旗护卫队。国旗护卫队每天晚上6点半到10点训练，训练中途休息的时候我们也是讲汉语。虽然我的汉语不太好，日常交流也没多少障碍。有时我看学校流动电子屏里的滚动信息也能学到一些汉语。我现在特别想去首都北京旅游。我的英语还是不太好，英语在我们的生活中也没多少用，遇到不懂的英语单词我们可以查手机，英文句子也可以用手机拍照后用有道翻译软件翻译成汉语，我对学习英语也没什么兴趣。I'm Chinese. I don't speak English.

仁增的生活经历表明多种因素促进了他语言认同、文化认同以及国家认同的形成。

（1）课本促进了学习者的文化认同

课本及其他出版物常常起着社会化的作用，如美国华裔所学的汉语课本中常常有持之以恒、老有所为、重教育、谦虚的思想，这些思想影响着学习者的价值观[1]。课本不仅包括学科知识，也传递社会规范和文化价值。课本上的文化知识强有力地影响着学习者的文化认同。仁增在小学阶段通过汉语课本了解了祖国的名山大川（如长江等）以及文化古迹（如天安门等），为文化认同的形成奠定了初步基

---

[1] Xiao Lan Curdt-Christiansen, "Reading the World Through Words: Cultural Themes in Heritage Chinese Language Textbooks", *Language and Education*, Vol. 22, No. 2, 2008, p.100.

第五章 高校藏族学生语言社会化过程中的认同发展

础。在中学阶段主动阅读汉语历史书,则是因为在社会化的过程中,他对中华文化产生了更多的认同感。在上大学后,仁增学习以文言文为主的《大学语文》,则进一步增强了对中华传统文化的认知。

(2) 媒体传播促进了语言社会化过程中的文化认同和国家认同

近年来,随着现代通信技术的发展,传播渠道和媒体的多样性不断增加,在这些渠道和媒体中,意义不仅通过文本,还通过音乐、声音、图像和各种数字媒体进行传播。"从婴儿期开始,年轻人现在通过屏幕图像、音频信息和基于文本的交流不断学习大众媒体的语言。"[1]

在仁增求学的每一阶段,大众传媒不仅促进了语言社会化,还促进了文化认同和国家认同。少数民族的媒介接触与其国家认同感之间的关联性较强[2]。媒体促进了"集体记忆"的习得和传承。在小学阶段仁增通过看电视知道了长江、长城、天安门等具有符号象征意义的事物。此外他还观看抗日战争影片如《地道战》、抗美援朝影片如《英雄儿女》等,这些都增强了其中华民族集体记忆。

电视能加强国家意识,电视促进了普通话的传播。电视为观众提供源源不断的机会,使其通过与具有典型民族特征的人联系的日常体验,认识到自己是国家的一部分,由于人们经常与全国各地的其他人分享观看同一节目的经验,他们可能会开始感觉到他们有着共同的价值观,以及作为一个"家庭"团结在一起的感觉。仁增与同学分享观看抗日影片的感受,在与同学交流的过程中,国家认同进一步加强。

而仁增在中学阶段观看综艺节目,进一步增强了国家集体记忆,还习得了更多的主流社会文化,使之逐渐成为自己的无意识。媒体

---

[1] Stuart R. Poyntz, "'On Behalf of a Shared World': Arendtian Politics in a Culture of Youth Media Participation", *Review of Education Pedagogy and Cultural Studies*, Vol. 31, No. 4, 2009, p. 369.

[2] 张媛:《媒介、地理与认同:中国西南地区少数民族国家认同的形成与变迁》,博士学位论文,浙江大学,2014年,第Ⅱ页。

"传播一定的社会规范和文化意义,并且因为不断的重复,使这种规范和意义成为全民的集体无意识"①。媒体所传播的流行文化也促进了语言社会化和文化认同。作为中华文化的一部分,港台流行文化也深刻影响着仁增。香港"四大天王"刘德华、张学友、黎明、郭富城在20世纪90年代红极一时,仁增出生于2001年,但谈起"四大天王"来如数家珍,足见港台流行文化影响之深远。他学会了港台明星常用的一些身体语言和面部表情等。

仁增经常玩以西游记故事、三国演义故事等为主题的在线游戏,这些游戏蕴含丰富的儒家思想以及其他中国古代文化。密集互动的在线游戏过程强化了玩家对国家身份的认知。当玩家参与在线游戏时,他们将被分配一个角色,并且他们应该根据游戏规则思考、行动并与其他角色互动故事情节。随着进一步参与游戏,玩家进一步内化和强化游戏中蕴含的品德。

进入高校后,仁增更多地受手机和户外媒体影响。智能手机和无线网络相结合传播了更多的文化。仁增通过手机观看汉语"抖音"视频、"火山"小视频等,受到中华主流文化的影响,各种文化形式也是汉族及其他少数民族同时熟悉的文化形态。如:仁增通过抖音小视频"中国人口密度最小的省"(严格说来有关西藏人口的表述应为"西藏是中国人口密度最小的省份")对自己的家乡有了更为深刻的了解,他学到了一些地理知识:西藏为中国人口最少的省份、拉萨是中国日光城、西藏"江南"是林芝,也促使他追问"江南"的含义。观看历史文化类题材短视频在促进国家认同方面的作用已经被相关心理学实证研究证实,"温婉的语言、古典诗词以及背景音乐等元素更易启动直觉系统"②。启动个体的直觉系统可以启动其国家情感,增

---

① 韩震:《大众传媒、大众文化与民族文化认同》,《马克思主义与现实》2010年第4期。
② 周彦榜、李强、暴卿、孟祥寒:《短视频对民族地区大学生国家认同的影响》,《心理技术与应用》2021年第6期。

第五章 高校藏族学生语言社会化过程中的认同发展

强其国家认同。

图 5-12 "中国人口最少的省"视频截图

观看共同的文化促进了共同的认同。这也就是仁增和同学在交流一些娱乐热点和国家大事相关信息时无障碍的原因。而校园的户外媒体（如电子屏等）一般宣传的是社会主义核心价值观等主流价值观，多次接触相关内容后，仁增对主流文化有了进一步的了解。学习主流文化和本民族文化并不矛盾，"两种文化的对话不会导致融合或混合。两者都保留着自己的统一性和开放的整体性，但它们是相互使之丰富的"①。

（3）语言政策促进了语言认同和国家认同

世界上绝大多数的民族国家都推广通用语言。通用语普及过程中以及普及之后各族群之间的交流与融合，是国家认同的催化剂，"因而大力推广通用语言，也就是唯一官方语言的模式，成为大多数国家

---

① Mikhail Bakhtin, "The Problem of Speech Genres", in Mikhail Bakhtin, Caryl Emerson and Michael Holquist eds., *Speech Genres and Other Late Essays*, Austin, TX: University of Texas Press, 1986, p.7.

语言政策的基本指导思想"①。2000年，中国出台了《中华人民共和国国家通用语言文字法》，助力于推广普及国家通用语言、增强中华民族的国家意识②。2001年，西藏自治区教育厅下发《关于调整全日制小学、初中课程计划的通知》，该通知要求全区小学从一年级开始开设汉语课，而此前大多数小学是从三年级开始开设汉语课。如今的绝大多数在校本科生和大专生就读小学是在2000年以后。这些学生从小学一年级开始学习国家通用语言。

以仁增为例，正是从小学阶段就学习汉语，为以后的学习奠定了基础。在小学阶段接受正式的汉语教育，仁增对中华文化有了初步了解，有了模糊的国家意识。此外，通过在学校正式学习汉语，也为其在课堂外受媒体的影响无意识地学习汉语奠定了基础。在中国，各自治区的语言政策稍有差异，但一般是强调在中学阶段继续加强国家通用语言教育。在这一政策的影响下，仁增获得了更多的接触和使用通用语言的机会，逐步构建起了想象的共同体。在接受高等教育阶段，仁增继续受语言政策的影响。中国的一项基本语言政策是要求高等学校用国家通用语言文字开展教学活动，进一步帮助少数民族学生习得国家通用语言。

（4）组织化的社会活动促进了学习者的语言社会化

多种多样的组织化活动存在于校园中，大学生社团作为典型的组织化活动，为学生提供了通过活动表达自我的机会，同时也为某些语言能力欠佳的同学提供了社会交往的机会③。组织化活动能有效促进个体的社会化，包括语言社会化。

仁增通过参加国旗队等社会活动，与汉族学生密切交往，促使其

---

① 田鹏：《语言政策与国家认同：原苏联民族语言政策的失误与思考》，《俄罗斯东欧中亚研究》2013年第1期。
② 周庆生：《中国语言政策研究七十年》，《新疆师范大学学报》（哲学社会科学版）2019年第6期。
③ 沈洪成、任菲菲：《语言障碍与隐性区隔：以一所东部高校的维吾尔族学生为个案》，《民族教育研究》2017年第2期。

第五章 高校藏族学生语言社会化过程中的认同发展

社会语用能力不断提高,同时,国旗本身是一种象征符号,既能促成交流,也能促进文化的交流。升国旗的仪式感也增强了他的国家认同。通过对旦增、格日措、格桑曲珍的叙事研究表明,在与外界不断互动的过程中,他们的话语实践发生了变化,他们的语言认同施加了影响,同时也产生了国家认同的变化。没有固定不变的单一国家认同,"只有根据话语的公众影响程度、背景、所涉话题、针对听众而通过话语构建的国家认同"[①]。受一系列包括语言在内的符号和活动的影响,个体的国家认同感得以孕育。

---

① Ruth Wodak, Rudolf de Cillia, Martin Reisigl and Karin Liebhart, *The Discursive Construction of National Identity*, Edinburgh: Edinburgh University Press, 1999, pp. 186 – 187.

第六章 高校藏族学生通用语语用能力及认同差异成因

藏族学生语言社会化发展程度不同主要表现在社会语用能力发展的差异。调查结果显示，来自不同地区的藏族学生的通用语语用能力表现出一定的差异，在不同高校就读的藏族学生的语用能力随时间的变化也表现出一定的差异。具体如下：一是来自城市的藏族学生通用语语用能力高于来自农村和牧区的藏族学生；二是女性藏族学生的通用语语用能力高于男性藏族学生；三是经过一年左右的学习后，在 H 高校就读的藏族学生的通用语语用能力高于 J 高校藏族学生，前者的国家认同也强于后者。笔者主要通过访谈和文献梳理来探究这些差异产生的原因。

第一节 个体语用能力差异和认同变化分析

一 核心被试个案分析

在第四章，笔者初步介绍了几名核心被试的通用语语用能力发展轨迹。第五章笔者运用语言社会化理论考察了核心被试的语言认同和国家认同发展轨迹。本节侧重分析九位核心被试语用能力差异原因。[1]与语用能力的变化相比，国家认同作为一种心理特征相对稳定。笔者分析洛桑曲珍和仁增以及次珍共三人的国家认同变化情况，因为前两

---

[1] 有关核心被试的筛选标准和选择过程，详见第三章第四节。

第六章 高校藏族学生通用语语用能力及认同差异成因

者国家认同发生了显著的变化,而次珍则是作为国家认同无显著变化的代表加以分析。

（一）洛桑曲珍

图 6-1 至图 6-4 为 H 高校被试（N=75）在语用综合选择测试、语篇补全测试、通用语评价、国家认同问卷调查方面的各自均值以及洛桑曲珍相应的得分情况。

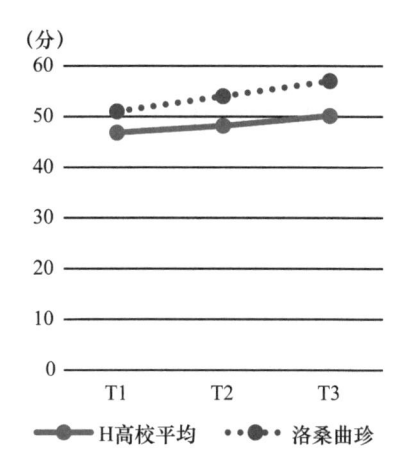

图 6-1 洛桑曲珍语用综合选择测试得分情况

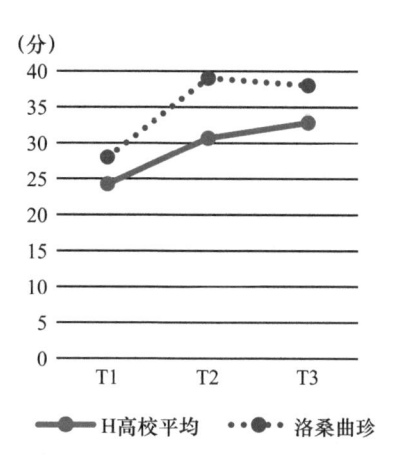

图 6-2 洛桑曲珍语篇补全测试得分情况

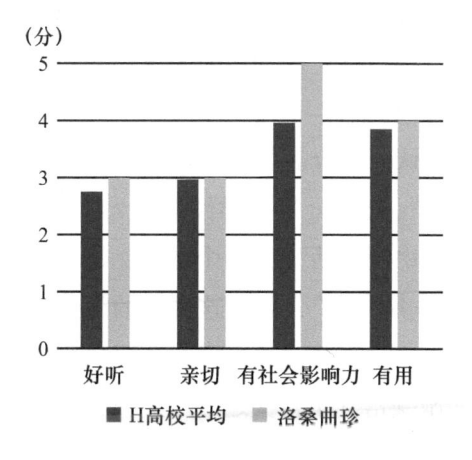

图 6-3 洛桑曲珍对通用语的评价

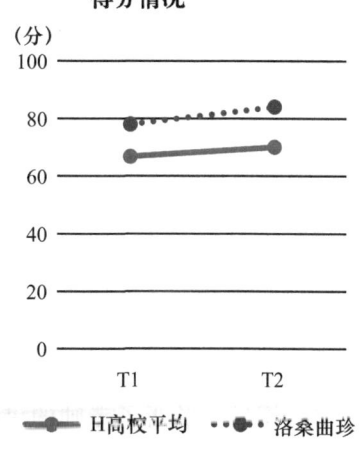

图 6-4 洛桑曲珍国家认同变化情况

从图 6-1 和图 6-2 中可以看出，洛桑曲珍的语用综合选择测试得分均高于平均值，而语篇补全测试得分在第二阶段有明显的提高，此后趋于稳定，但依然高于均值。从图 6-3 中可以看出，洛桑曲珍对通用语的各项评价均高于平均值。

从图 6-4 中可以看出，洛桑曲珍的国家认同得分也是高于平均值。H 高校被试国家认同得分均值从 66.84 分提高到 70.08 分，而洛桑曲珍的得分则从 78 分提升至 84 分。

洛桑曲珍来自拉萨市市区，从小接受国家通用语言教育。她就读的那所中学，除了藏语文和英语外的学科均用通用语授课，每周接受通用语授课 20 小时以上。学校的很多老师来自内地，不少老师具有先进的教学理念，有些老师在英语和通用语课堂上采用交际教学法，激发了藏族学生的学习积极性。洛桑曲珍的父亲在当地经营一家小杂货店，经常有汉族人来杂货店里购物，他父亲具备一定的普通话交流能力。洛桑曲珍去她父亲店里玩耍时也有使用通用语的机会。

促使洛桑曲珍报考 H 高校的原因是这所学校灵活的就业安排以及该校位于经济发达地区的优越地理位置等。由于对 H 高校讲通用语的环境总体上非常满意，洛桑曲珍具有很强的学习通用语的动机。她的两名任课老师和辅导员均反映她上课能踊跃回答问题。笔者对洛桑曲珍上课表现的实地观察也得出了同样的结论。此外，洛桑曲珍性格外向、善于交际，加入了学校的多个社团。

笔者比较洛桑曲珍不同阶段国家认同调查表作答情况并对她进行了采访。对于"有必要学习《论语》《史记》等国学经典""如果个人经济条件很好的话，我也想一直在中国生活"这两个选项，洛桑曲珍的作答选项从"一般"变成了"非常同意"，因而这两项的得分也从 3 分变成了 5 分。在我们的采访中，洛桑曲珍说上了一学期"大学语文"课后，聆听了老师的讲解，她领悟到了古文之深厚底蕴，认为很有必要学习国学经典提升个人素养。随着通用语语用能力的进一步提高，她基本上能做到无障碍地和汉族同学交流，进一步觉得自己是国家的主人,为自己是中华民族的一员而感到自豪。从洛桑曲珍的经历可以看出,课本在传递知识的同时,也在传播文化价值和社会规范[1]。课本对洛桑曲珍社会化的结果是促进了她国家认同的提升。学习者通用语语用能力的发展会扫除交流障碍,最终国家认同感也会增强。

洛桑曲珍的语言社会化经历展现了语用能力发展和认同发展的一些特点。首先,家庭背景会决定个体接受某种语言教育的途径,因而对其第一、第二语言语用能力有较大的影响。家人、同伴、教师、社会、他人共同形成社会影响因素影响个体的国家通用语学习动机[2]。较强的学习动机会使学习者对某种语言作出比较积极的评价(也就是我们所说的"广义语言认同"),会促使学习者作出更多的"投资"(investment),增加和本族语者的交往频率以提升语用能力。其次,性格对个人语用能力的发展也有较大的影响。较为外向的性格将使得个体的交际圈相对更广,在同等时间跨度内,与性格内向者相比,前者有可能接受更多的语言文化输入,从而加速语言社会化进程。最后,通用语语用能力和国家认同之间有正相关关系;随着自身通用语语用能力的发展,学习者也会增强对通用语的认同,洛桑曲珍报名参加"学生讲党史"微课比赛充分说明了这一点(详见第五章)。

(二) 次珍

图6-5至图6-8为次珍在各项测试中的相应得分情况。

次珍和洛桑曲珍的语用能力发展情况有相似之处:测试得分均在不断提高,每次测试均高于组平均值。但也有一些不同之处,具体表现在:次珍第二次综合选择得分和第一次相同,第三次时取得了满分

---

[1] Xiao Lan Curdt-Christiansen, "Language Socialization through Textbooks", in Patricia Duff and Stephan May, eds., *Encyclopedia of Language and Education*, *Language Socialization* (3rd ed.), Berlin: Springer, 2017, pp.195–210.

[2] 王国华:《藏族大学生国家通用语学习动机影响因素及作用机制——基于扎根理论的研究》,《民族教育研究》2021年第2期。

60分，但语篇补全测试的成绩却在稳步提升，从31分升至37分再至39分。

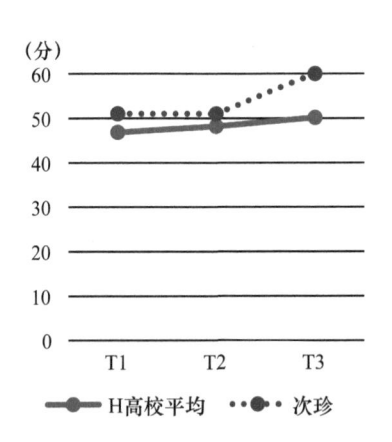

图6-5 次珍语用综合选择测试得分情况

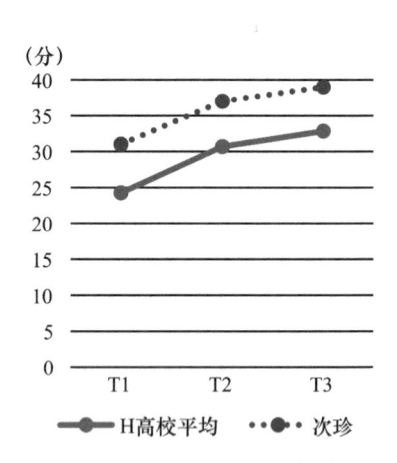

图6-6 次珍语篇补全测试得分情况

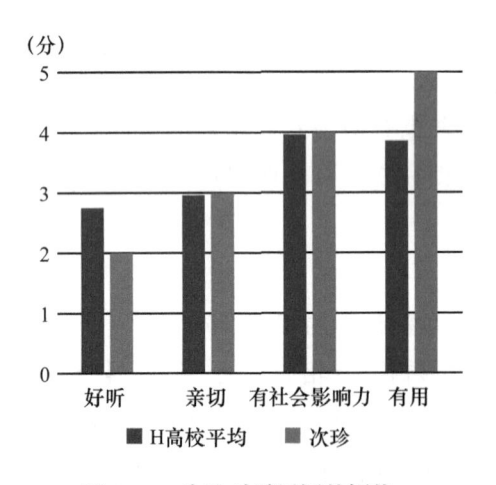

图6-7 次珍对通用语的评价

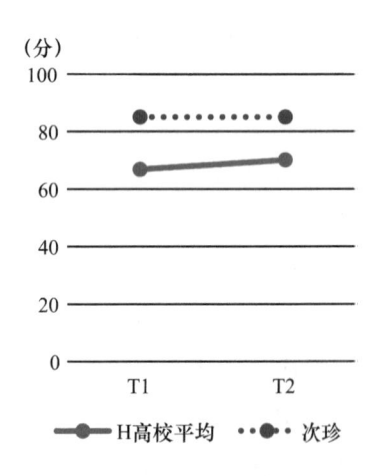

图6-8 次珍国家认同变化情况

次珍对通用语言的评价和洛桑曲珍有所不同，洛桑曲珍在语言评价四个维度给出的分数均高于均值，而次珍在"好听"这一项上所给分值较低。表明其在入学初期，对通用语的感情依恋不强，更多地侧重其实用价值。

次珍的国家认同得分没有发生变化,两次调查得分均为85分。笔者发现她的作答结果只是有些微小的变化,如对"我对分裂国家的言行深恶痛绝""看到西方国家出版的绘制不准确的中国地图,我觉得非常不舒服"这两项的作答结果,第一次回答分别是"同意""非常同意",第二次作答结果则分别是"非常同意""同意"。

次珍也来自拉萨市区的一所中学,在学校接受教育情况和洛桑曲珍较为相似。她的父亲在一家汉族人经营的公司工作,但回到家很少说汉语。母亲是家庭主妇,在家几乎只讲藏语。

但学校鼓励学生尽量在学校使用通用语,如学校运动会的播报语言为通用语。次珍在校外还是有不少接触和使用通用语的机会,如拉萨街头既有汉族人经营的商店也有汉族人摆的摊位,次珍购物时和商贩用通用语交流。采访中次珍告诉笔者,她从小就学习国家通用语言,对祖国的历史文化了解比较多,因此对国家认同调查表各项目的回答大部分都是"同意"或"非常同意"。

次珍入学时语用能力测试总分82分,远高于H高校被测均值(71.05分)。由于注重通用语的实用价值,她特别注重讲通用语的规范,因而特别注重发音和语法,有较强的语用意识,因而语篇补全测试成绩提高较为迅速。

次珍的案例给我们的启示:如果在家庭内缺少通用语语言环境,较为有利的社会环境可以弥补这一缺失,促进学习者在课外通过社会交往发展语用能力。"注意"(Noticing)是语用能力某些方面得以发展的必要条件之一。此外,对多数人而言国家认同一旦形成,在短期内很难发生较大程度的改变。因此,通过通用语教育培养群众的国家认同要作为一项系统工程尽早抓起。

(三)旦增

图6-9至图6-12为旦增在各项测试中的相应得分情况。

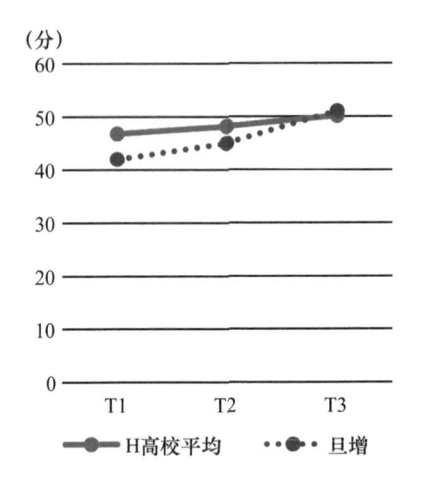

图 6-9　旦增语用综合选择测试得分情况

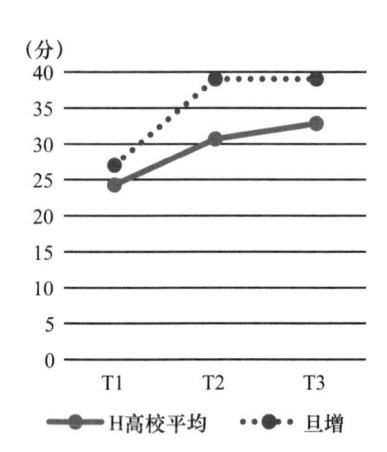

图 6-10　旦增语篇补全测试得分情况

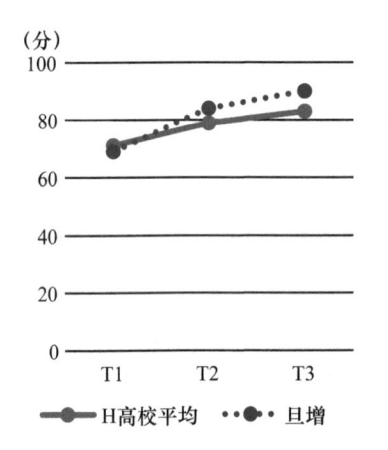

图 6-11　旦增语用能力变化情况（选择+语篇补全测试）

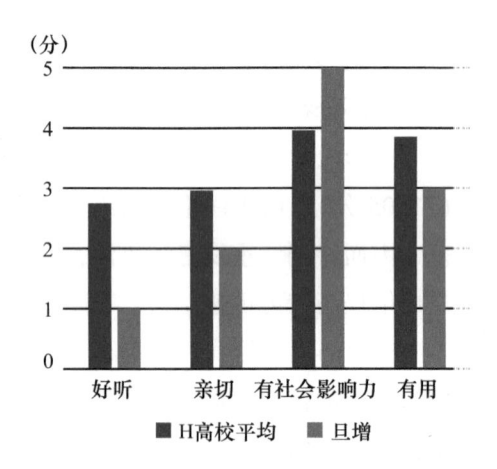

图 6-12　旦增对通用语的评价

旦增曾经就读的小学和初中位于那曲地区牧区，教学设施较为简陋。初中毕业后，旦增升入那曲地区政府在拉萨市创办的高中（拉萨那曲Y高级中学）。旦增在前两次通用语选择综合测试中得分均低于均值，只是在第三次才勉强超过组均值。相比之下，旦增的语篇补全

第六章　高校藏族学生通用语语用能力及认同差异成因

测试语用测试得分有了显著提升（从 27 分提高至 39 分），此后保持稳定。这些数据表明学生并不是在语用能力的每个方面都得到发展，而是有些方面发展迅速。尽管如此，把两项测试得分相加，可以看出旦增语用能力测试得分有了明显的提升。

在对通用语评价的四项指标上，旦增给出的三项评价指标均低于均值。旦增是在那曲牧区接受的九年义务教育，与同组其他同学相比，耳濡目染通用语较少，因而在 H 高校入学初期对通用语的评价低于组均值。

旦增语用能力的提高，与其学习动机与社会化过程相关。由于来自西藏牧区，通用语基础较弱，他所说的普通话能让人理解，但很不地道，如他入学初期是这样评价沿江市气候的："这边的话，白天特别少，马上就天黑，空气也没有新鲜。"我们在实际生活中的观察也与语用能力测试结果一致：入学初期旦增通用语语用能力较弱。如他有时会给老师发送微信："在干嘛的。"但是旦增性格外向，刚到 H 高校时学习通用语主要是较强的工具型动机（想要推销一些藏区特色产品）所驱使，但是由于通用语语用能力欠佳，屡受挫折，此后在与人交往的过程中，他特别注重语言使用的形式及场合，因而通用语语用能力不断提高。

旦增从事几份兼职工作并同时推销藏区农产品，在课外与人交往的机会多于一般同学。他和同学、老师以及校外人员广泛接触，接受大量的语言输入，这最终转化成了他的语言输出能力。

旦增的案例给我们如下启示。一是有利的目标语环境有利于语用能力的提高。旦增长期在牧区学校读书，通用语能力发展缓慢；而在 H 高校学习生活数月后，通用语能力有了质的跃升。二是较强的学习动机会促使学习者语用能力的发展，而学习者的工具型动机也可能转化为融合型动机，鞭策个体在学习方面作出更多的"投资"（Investment），这又反过来促使学习者的语用能力得到进一步发展，这也进一步说明了加德纳的学习动机理论[①]和诺顿的"投资"理论[②]并不矛盾。

(四) 才让措

图 6-13 至图 6-15 表明才让措在各项测试中的得分情况。

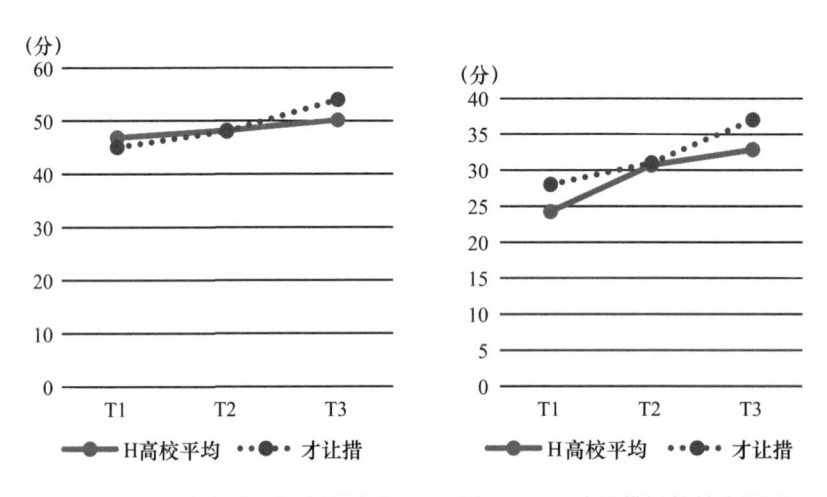

图 6-13　才让措语用综合选择测试得分变化情况

图 6-14　才让措语篇补全测试得分情况

从图 6-13 和图 6-14 中可以看出，才让措语用测试总得分 45+28=73 分略高于平均值（71.05 分），在第二次测试时为 48+31=79 分，和所在组均值 78.85 分非常接近，但在第三次测试时她的得分 54+37=91 分高出所在组均值（82.96 分）约 8 分。

从图 6-15 中不难发现：才让措对通用语有较高的评价，除了"亲切"这一维度她打了 2 分以外，其余三项她的给分均高于所在组平均值。

[①] Robert C. Gardner, *Social Psychology and Second Language Learning: The Role of Attitudes and Motivation* (Social Psychology of Language, Vol. 4), London, Edward Arnold, 1985.

[②] Bonny Norton, "Language, Identity and the Ownership of English", *TESOL Quarterly*, Vol. 31, No. 3, 1997, pp. 409–429.

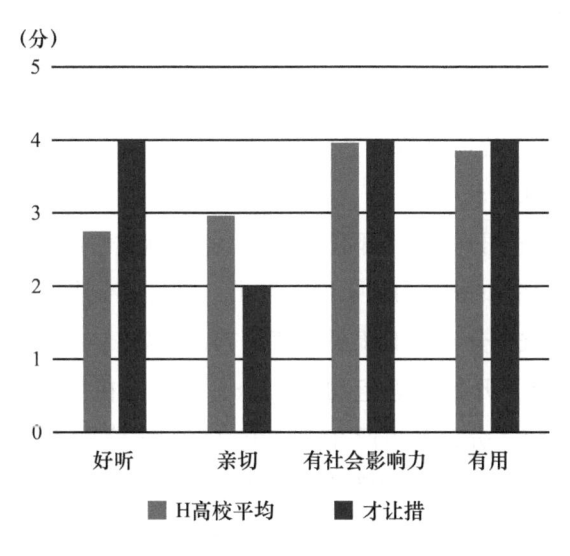

图 6 – 15　才让措对通用语的评价

才让措的家乡是青海省海南藏族自治州。才让措的父母均为牧民，所在县有一些汉族人居住，但其父母亲与汉族人打交道较少。才让措中小学时的同学大都是藏族人，因此才让措在课外也主要使用藏语。

与其他同学相比，才让措更喜欢使用即时通信软件与他人交流（详见第五章），在第一阶段更多地使用藏语。才让措在第一阶段和藏族同学面对面交流时也更习惯于使用藏语，因此通用语语用能力进步不明显。此后，在实际生活中逐渐领悟到通用语的重要性，她开始更多地使用通用语。才让措告诉我们，使用微信和 QQ 等通信工具与老师和同学交流时，她有足够的时间考虑使用何种措辞。她说和同学发微信交流，开始注意了汉语语气词的细微差别，如"雪山下的勇士们，继续加油啊"中的"啊"字表达了一定的感情色彩，如果换成"吧"等，语气则稍有不同，如果当面交流的话可能只注重"继续加油"这一关键信息了。而借助微信等软件交流一段时间后，由于语用能力的提高，她也越来越有信心和同学用通用语当面交流。

才让措的案例给我们不少启发：不少学习者语用水平的提高正是善于利用现代通信技术的结果。现代通信技术允许信息接收者自行决定对信息做出反馈的时间，因此他们可能因此会更关注某些语用特征，从而能更有效地表达自己。

（五）阿旺嘉措

图 6-16 至图 6-18 为阿旺嘉措在各项测试中的得分情况。

从图 6-16 和图 6-17 中可以看出，阿旺嘉措第一次语用测试总得分 42+23=65 分，远低于平均值（71.05 分），在第二次测试时为 45+32=77 分，开始接近组均值 78.85 分，但在第三次测试时他的得分 51+36=87 分，高出所在组均值（82.96 分）约 4 分。

阿旺嘉措说他对他高中和初中阶段的汉语文课都不太满意，因为藏族老师上汉语文课时总是夹杂着一些藏语。他有强烈提高通用语言交流水平的愿望，因此高中毕业后报考了 H 高校。在他的印象中生活在沿海开放地区的人士均能讲流利的普通话，因而他认为到东部地区

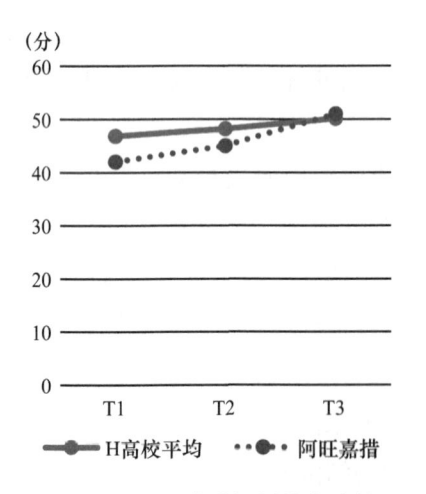

图 6-16　阿旺嘉措语用综合选择测试得分情况

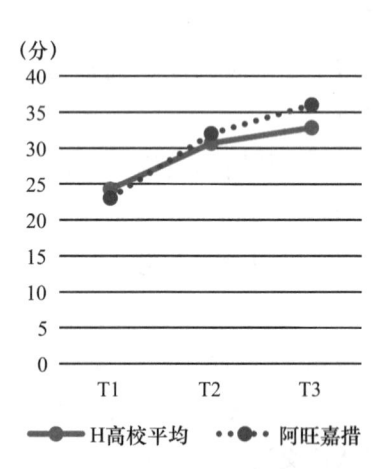

图 6-17　阿旺嘉措语篇补全测试得分情况

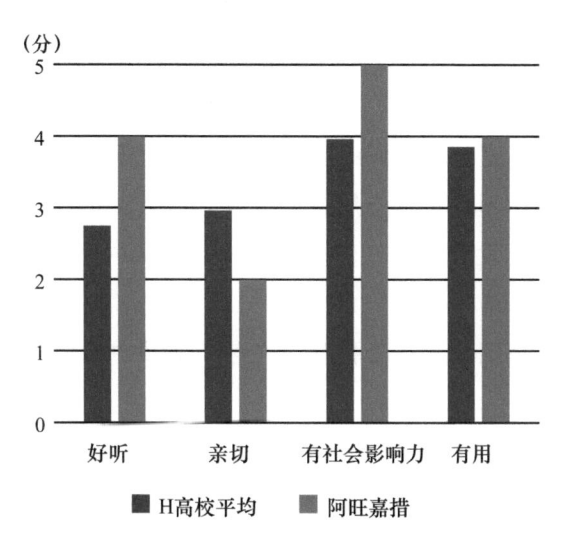

第六章　高校藏族学生通用语语用能力及认同差异成因

图 6-18　阿旺嘉措对通用语的评价

高校就读能迅速提高普通话水平。阿旺嘉措对 H 高校的环境比较满意，因为在大多数情况下他不得不完全使用通用语。他在手机上安装了应用软件"藏英翻译"，该软件可将汉语、藏语、英语词汇和句子进行相互翻译。他可以随时查阅没听懂的汉语和英语单词等。阿旺嘉措刚开始比较注重表达句子意思，而较少注重表达形式。后来，他通过教同学藏语，意识到了汉语和藏语在表达方式上的一些不同，他认为藏语是比汉语有更多礼貌表达方式的语言。他也开始更多地使用通用语言的礼貌表达结构如"能不能""可不可以"等。

阿旺嘉措对通用语的评价和才让措比较相似，只是对在"有社会影响力"这一项打了 5 分，认为通用语具有很强的社会影响力。

阿旺嘉措语用能力较为欠缺的是对语块的掌握。在大一上学期，他仍然很难理解许多流行语和情境专业语的含义，在我们的采访中，阿旺嘉措说是在听同宿舍的两位同学吵架时学会了"背黑锅"的用法的。他说参加语用测试后也基本上忘掉了测试内容了，没想到他的同学在实际生活中会使用测试中出现的一些表达方式。其中一位同学对另外一位同学说："你在宿舍焚烧藏香才导致我们被通报批评的，不要让我来替你背黑锅。"据说那位同学是在观看体育比赛听解说时学会了该流行语的用法的。

阿旺嘉措的案例给我们的启发是：在新的环境中，如果个体具有较强的目标语学习动机其语用意识一般会较强，而较强的语用意识会促进语用能力的发展。

（六）格日措

图 6-19 至图 6-20 为格日措在各项测试中的得分情况。

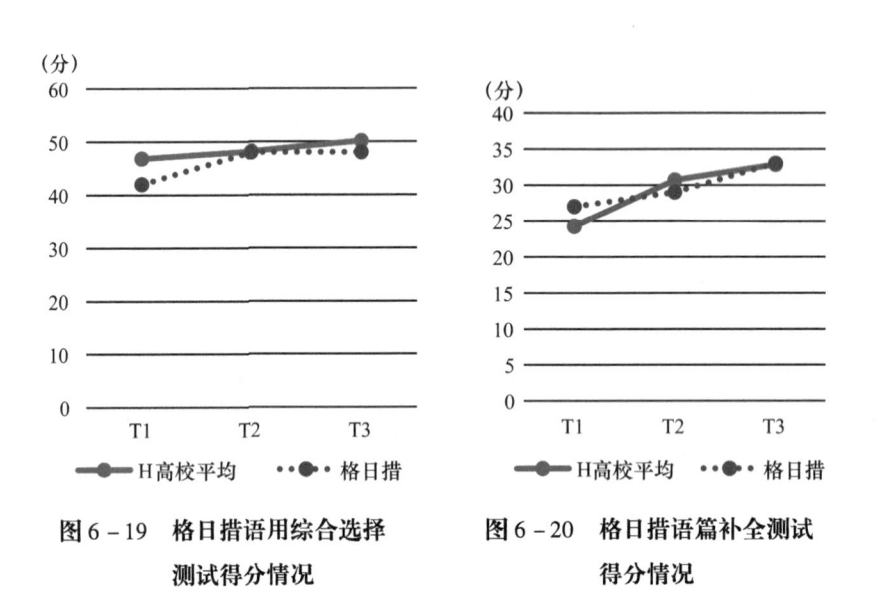

图 6-19　格日措语用综合选择测试得分情况

图 6-20　格日措语篇补全测试得分情况

格日措是 H 高校唯一籍贯为青海玉树州的学生。她的父母外出务工，她和祖父母生活在一起，在家不讲通用语。她的小学、初中同学几乎全是藏族人，相互之间在课外很少用通用语交流。可以说，由于通用语社会化环境的缺失，她在小学和初中阶段，只是学了一些通用语的语言知识，基本上不具备通用语交流能力。她在就读职业高中时，由于有机会参加实习，她才逐步具备了一些初步的通用语语用能力。即便如此，入读 H 高校时，她的通用语语用水平低于大多数藏族同学。这不仅表现在她在两项语用能力测试中得分低于组均值，也表现在她经常说出一些包含语言错误或语用错误的句子。如格日措喜欢使用"在"字，而这一"在"字实在让人费解。如有一次她在微信中向笔者发"在害怕英语考试"这样一句话，该句有明显的语言错误，缺乏主语，以及有多余的"在"字，也有明显的语用错误，缺乏称呼语"老师"，显得不够尊敬。她所说的类似句子还有"在我真的不会""在没有办法""在我"等。

有不少通用语用能力一般的同学通过努力最终超越了所在组平均水平（见前面几个案例）。格日措的通用语语言能力也得到了较明显的提高，但最终没能超越平均水平。格日措是核心被试中唯一被调剂录取到H高校的。她所在班级的其他同学均是参加对口高考而被录取的，以前所学专业为会计，和在H高校所读专业正好衔接，而格日措职业高中所学专业为护理。格日措在专业课学习上面临着巨大的挑战，花在通用语学习和社会交往上的时间相对较少。

格日措的案例给我们如下启示。一是在语言习得关键期（Critical Period），学习者如果较少运用目标语，将会对后期语用能力发展产生不利影响。虽然和语音语调的习得有所不同，错过关键期后，成年人有可能在有利的环境中发展出接近母语者的语用能力，但往往要付出巨大的努力。格日措长期在牧区学校读书，通用语语用能力发展缓慢；而在H高校学习生活数月后，通用语语用能力有了相同程度的提高。二是以目标语为授课媒介语的专业课学习动机的强弱与目标语语用能力存在正相关关系。专业课学习动机强，在大多数情况下学生会增强与老师和同学用目标语进行互动，在这过程中语用能力会得到进一步发展。

（七）格桑曲珍

图6-21至图6-23为格桑曲珍在语用能力测试和认同测试方面的得分情况。

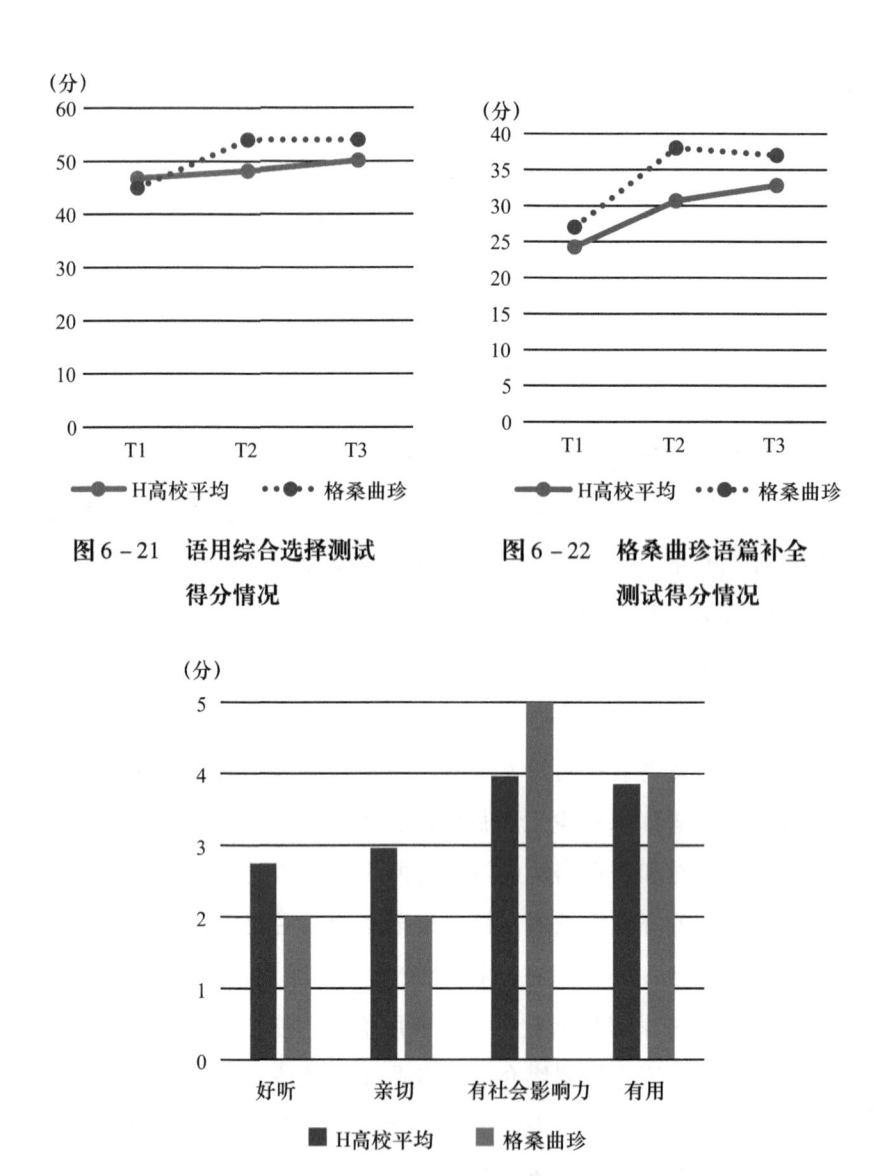

图 6-21　语用综合选择测试得分情况

图 6-22　格桑曲珍语篇补全测试得分情况

图 6-23　格桑曲珍对通用语的评价

很明显，在进入 H 高校时，格桑曲珍就意识到了通用语在实际生活中的运用价值，但是她对通用语在"好听"和"亲切"这两项维度上的给分低于组平均值。

第六章 高校藏族学生通用语语用能力及认同差异成因

格桑曲珍在昌都地区牧区长大,童年时期生活较为艰苦。格桑曲珍和格日措二人的经历和在 H 高校的处境有相似之处。二人在义务教育阶段和通用语接触非常有限,二人在藏族学生中属于讲某种方言的少数群体。所不同的是,格日措接受了完整的义务教育,而格桑曲珍累计在义务教育阶段接受教育不足一学期。在参加第一次语用能力测试时,格桑曲珍的得分(45 + 27 = 72 分)超过了所在组均值(71.05 分),该项测试结果有点出乎我们的意料,但我们在实际生活中观测发现,格桑曲珍的通用语语用能力确实已经超过了 H 高校藏族学生的平均水平。格桑曲珍的学习经历引发了笔者的兴趣。

在上职业高中前,格桑曲珍辍学在家多年,她通过看电视学了一些基本的通用语口语,和偶尔来牧场玩耍的藏族同伴学了一些通用语口语,通用语交际能力非常有限,不具备通用语读写能力。她的哥哥想要在一个汉族人开的饭店里找一份洗碗的工作,却因通用语言交际能力太弱而没能成功。这件事深深地刺激了她。因此格桑曲珍在 CHM 职业高中读书时不仅学习专业课非常刻苦,也投入了大量的时间学习通用语,她抓住一切机会和汉族老师交流。CHM 职业高中一方面要帮助部分学生参加对口高考升入高等学校,另一方面要帮助部分学生做就业准备,因此该校的通用语教学既重视语法和阅读教学,也注重交际能力的培养。该校的通用语教学任务主要由汉族老师承担。经过三年职业高中的学习,她的通用语读写能力和交际能力均有显著提升。进入 H 高校前,她已经能够阅读通用语文学作品。在 H 高校,格桑曲珍仍然非常刻苦地学习,自己购买了一些学习材料来提高语言水平。她说:"因为课太满了,没有时间,图书馆没有去,我自己买了一些课外书在看。"除此之外,格桑曲珍还是有意识地培养自己的交际能力,在校内和校外与人交往均提高了她的通用语语用能力。她所加入的校女子排球队共有 12 名队员,其余 11 名队员均为汉族人,来自全国各地。格桑曲珍说她们分享各自的经历很有趣。另外,格桑曲珍说在校外场合注意观察也能提高自己的通用语交流水平。格桑曲珍向笔者描述了一次她在沿江市外出就餐的经历。她在某包子店吃早餐时,进来一位女顾客。以下为女顾客和收银员的对话:

女顾客:你好,我想要一笼包子和两根油条。
收银员:你在这边吃还是打包带走?
女顾客:什么"在这边吃?"就是堂吃呗。我堂吃。
收银员:在这边吃就是在我们店里用餐。您也可以打包带走。
女顾客:"堂吃"就是在店里吃,你怎么还没听懂呢。

格桑曲珍对汉族人之间也会有沟通障碍感到吃惊,但她自此学会了"堂吃"的用法,外出就餐时会使用。

格桑曲珍虽然在"有社会影响力"和"有用"两个维度上所给出的分值高于组平均值,但在"好听""亲切"两个维度上所给的分值却低于平均值。这说明其在入读 H 高校初期,虽然业已认识到通用语的重要性,但对通用语的依恋程度依然有限。可能原因是在义务教育阶段接触通用语言较少,没有及时播下感情的种子。虽然在职业高中三年,她的通用语言水平提升较为迅速,但是她对通用语的感性认知仍然较为欠缺。

我们从格桑曲珍身上得到的启发和从格日措身上得到的启发有点类似:浸润于目标语语言社会化环境越早,就越利于目标语语用能力的培养;接受学校教育是习得语言的最有效的途径之一,但不是唯一的途径;在错过语言习得关键期后,在较为有利的环境中不断努力,仍然可以发展出比较出色的语用能力。

(八) 白玛泽仁

图 6-24 至图 6-26 为白玛泽仁在语用能力测试和认同测试方面的得分情况。

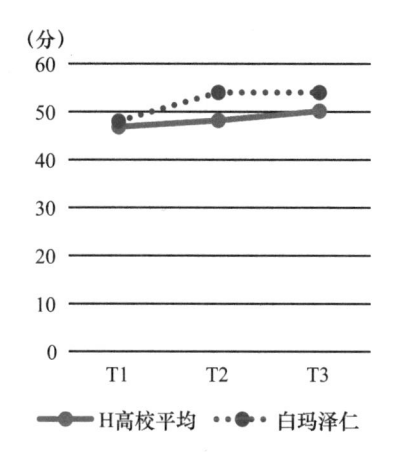

图 6-24 白玛泽仁语用综合选择测试得分情况

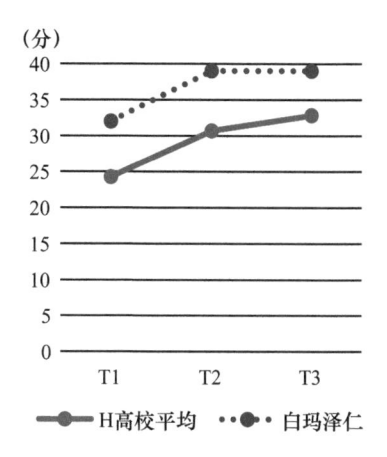

图 6-25 白玛泽仁语篇补全测试得分变化情况

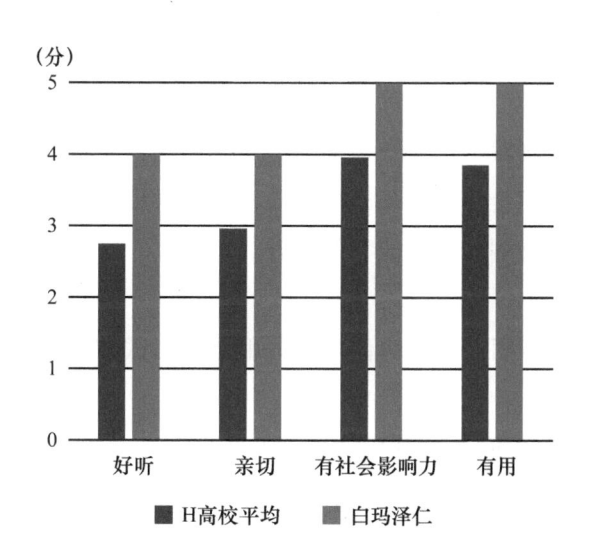

图 6-26 白玛泽仁对通用语的评价

白玛泽仁在入读 H 高校之前，在内地川江市 CZ 中等专业学校接受了三年旅游管理专业教育，该专业包含大量的语言实践。因此白玛泽仁通用语语用能力总体上高出大多数藏族同学不少。白玛泽仁告诉我们，他在 CZ 中专读书期间，不仅和汉族同学过从甚密，还和学校

167

年轻老师们一起聊美国的职业篮球比赛以及欧洲的足球比赛等。

白玛泽仁因为对自己的通用语水平较为自信,在报考大学时没有考虑学校是否有预科班或提供语言强化辅导。白玛泽仁告诉笔者,H 高校有丰富多彩的课外活动是他选择到此就读的重要原因。他没有继续修读旅游管理专业,而是修读与旅游管理比较接近的国际邮轮乘务管理专业。白玛泽仁上课表现得较为积极,在大多数情况下能较为迅速地回答老师提出的问题,相应的,其语用能力测试得分较高。他性格外向,具有较强的社交技巧,这使他结识了很多汉族同学,加入 H 高校篮球队后,他更是迅速扩大了交际圈。

白玛泽仁的案例也给我们不少有益的启示:高校学生的第二语言语用能力与学生所学专业有较大程度的关联。一些文科类授课课程中就包含大量的语言实践,如各高校、中等职业学校的旅游管理专业一般会开设旅游文化、职场礼仪等课程,在讲解这些课程的过程中,教师也同时会对学生进行显性社会化,对学生所犯的语用错误会及时纠正。在校外的实践活动中,与理工类学生相比,文科类学生与他人面对面交流的时间会相对较长,在不知不觉的过程中会经历更高强度的语言社会化,有利于语用能力的提升。

(九)仁增

图 6-27 至图 6-30 为仁增在语用能力测试和认同测试方面的得分情况。

仁增在"好听"(3 分)、"亲切"(3 分)、"有社会影响力"(4 分)、"有用"(4 分)四个维度的所给分与所在组对通用语评价的均值非常接近。这也表明,和大多数 H 高校的被试一样,仁增在入学初期更注重通用语的实际运用价值。

与组均值提升较为缓慢(70.08 - 66.84 = 3.24 分)相比,仁增的国家认同提升较为显著(85 - 68 = 17 分)。根据均值可以推断,H 高校被试在提高语用能力的同时也增强了国家认同感,二者之间存在正相关关系(参见第五章分析)。仁增国家认同提升非常显著,这可能与他进入 H 高校后加入国旗护卫队有关。除了交际语言外，国旗作为一种象征符号也在对个体施加影响。校内升国旗活动作为一种仪式，唤醒了活动参与者的集体记忆，从而增强了他们的国家认同。

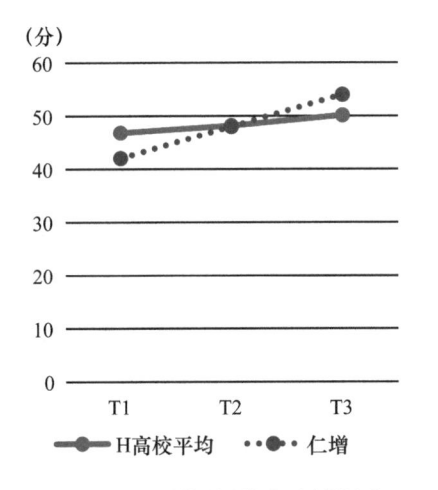

图 6-27　仁增语用综合选择测试得分情况

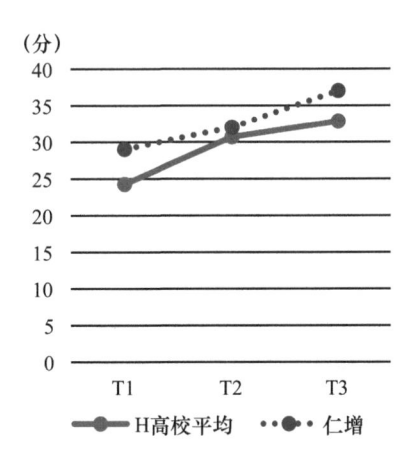

图 6-28　仁增语篇补全测试语用能力测试得分情况

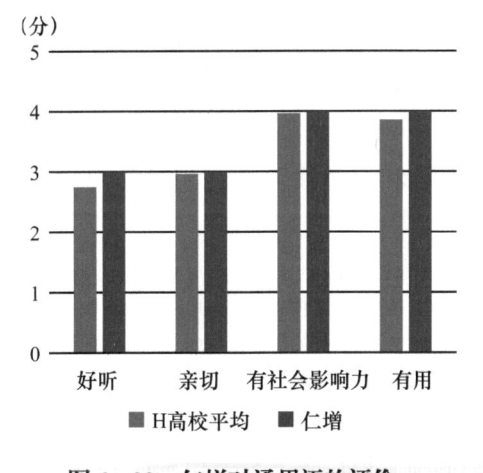

图 6-29　仁增对通用语的评价

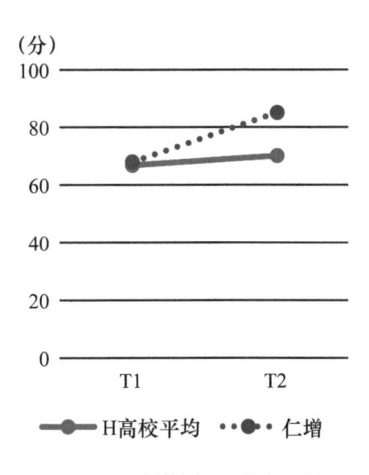

图 6-30　仁增国家认同变化情况

我们可从仁增的学习经历得到一些启示：参加校园内的组织化活

动有利于第二语言学习者语用能力的发展。与课堂教学活动相比，校园内的组织化活动更接近"大社会"生活。

二 学习者能动性因素

学习者能动性（Learner Agency）在学习者语言社会化的进程中有着强有力的影响。学者们常用语言能动性这一概念解释学习者促进自身学习的一些行为，如参与与寻求帮助[1]。学者们[2]也用这一概念来描述学习者消极参与的一些行为，如沉默等。学习者能动性既能提供也能限制语言学习机会，这取决于特定的社会文化环境和学习者的意图或目标。

在 H 高校有较多通用语使用机会的情况下，一部分藏族学生（如核心被试次珍、白玛泽仁等）选择了积极融入本地社区；而另一部分学生还与入学前的社区或原先"想象的共同体"保持着积极的联系。而原先的社区虽然也可能使用通用语，但是某些成员不能规范地使用通用语，不利于其他成员通用语语用能力的发展。

图 6-31 这张海报包含不少语言错误。较多的错误语言输入，将妨碍学习者语言水平的提高。来自西藏那曲地区的一些学生常常转发此类海报，却不能积极参加本校开展的一些活动，这将对他们的通用语言社会化造成不利影响。

在我们的核心研究对象中，次珍和洛桑曲珍在通用语学习过程

---

[1] 如 James P. Lantolf and Aneta Pavlenko, "(S)econd (L)anguage (A)ctivity Theory: Understanding Second Language Learners as People", in Michael P. Breen, ed., *Learner Contributions to Language Learning: New Directions in Research*, New York: Routledge, 2001, pp.141–158; Kelleen Toohey and Bonny Norton, "Learner Autonomy as Agency in Sociocultural Settings", in David Palfreyman and Richard C. Smith, eds., *Learner Autonomy Across Cultures: Language Education Perspectives*, New York, Palgrave Macmillan, 2003, pp.58–72。

[2] 如 Naoko Morita, "Negotiating Participation and Identity in Second Language Academic Communities", *TESOL Quarterly*, Vol.38, No.4. 2004, pp.573–603; Sandra Lee McKay and Sau-Ling Cynthia Wong, "Multiple Identities: Investment and Agency in Second-Language Learning among Chinese Adolescent Immigrant Students", *Harvard Educational Review*, Vol.66, No.3, 1996, pp.577–609。

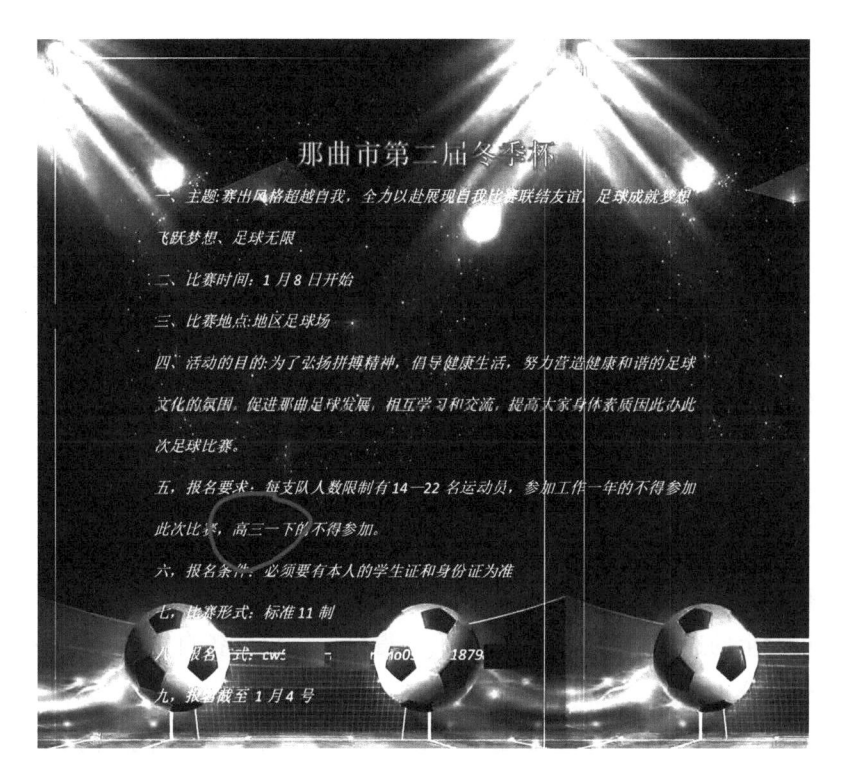

第六章 高校藏族学生通用语语用能力及认同差异成因

图 6-31 足球比赛宣传海报

中发挥了较强的学习者能动性，因而通用语语用水平提升较快，也表现在她们较强的国家认同上（如洛桑曲珍和次珍积极参加学校组织的"学生讲党史"微课比赛等）。而未能成为笔者核心被试的拉巴次仁和拉巴才仁等，学习能动性不强，课堂内经常保持沉默，在课外也倾向于用藏语和同学交流，因而通用语语用能力提升不够明显。

第二节 性别因素造成的语用能力差异

H 高校被试男女生之间和 J 高校被试男女生之间的通用语语用能

171

力差别一直存在。

在首次测试时,H 高校和 J 高校的被试通用语语用能力得分均存在着性别差异。H 高校女生平均分为 73.91 分,男生平均分为 68.55 分,女生比男生高 5.36 分;J 高校女生平均分为 71.44 分,男生为 66.08 分,女生也是比男生高 5.36 分。第二次测试时,男生女生通用语语用能力差异仍然存在,H 高校女生平均分为 81.66 分,男生平均分为 76.40 分,女生比男生高 5.26 分;J 高校女生平均分为 78.28 分,男生为 72.29 分,女生男生高 5.99 分。第三次测试时,女生平均分仍然领先于男生,H 高校女生平均分为 85.71 分,男生平均分为 80.55 分,女生比男生高 5.16 分;J 高校女生平均分为 82.00 分,男生为 76.05 分,女生比男生高 5.95 分。

两所高校男生通用语语用能力提高的同时,女生通用语语用能力也在提高。男生通用语语用能力没能追上女生,差距仍然存在:两所高校女生的通用语语用能力测试平均得分一直领先各自学校男生平均得分 5 分以上。

有极少数的研究认为部分地区或民族的男性第二语言能力强于女性,如王明珂指出"羌族男性的汉话或藏话比女性强"[①]。一般认为,女性语言能力包括语用能力强于男性。多项研究表明女性在第二语言学习上比男性更具优势[②]。邱静远等对青海藏族初中生所作的实证研究表明:少数民族初中生的通用语水平存在性别差异[③]。但是从性别差异的角度聚焦语用能力差异的实证研究相对较少。王雪梅采用何自然编制的英语语用能力调查题,对国内某校英语专业大学生的语用能力作了实证调查,调查结果显示女生二语语用能力强于男生二语语用

---

① 王明珂:《羌在汉藏之间:川西羌族的历史人类学研究》,中华书局 2008 年版,第 12 页。
② Tabitha W. Payne, Richard Lynn, "Sex Differences in Second Language Comprehension", *Personality & Individual Differences*, Vol.50, 2011, pp.434–436.
③ 邱静远、周洁、汤晨晨、吴瑞林:《少数民族初中生汉语能力的性别差异分析——学习过程的中介作用》,《民族教育研究》2020 年第 3 期。

第六章 高校藏族学生通用语语用能力及认同差异成因

能力①。我们的调查结果与此结论较为一致：藏族大学女生的通用语语用能力强于藏族男生。

可以从语言社会化和社会语言学的角度解释女生在语用能力方面优于男生的原因。一是语言社会化的视角。在第五章，我们已经提到，媒体在促进个体的语言社会化方面起着重要作用。根据我们的观察和采访，藏族男生和女生每天都花大量时间使用手机，男生往往花大量时间玩在线游戏，而女生则花较多的时间观看综艺节目和电视剧等。男生玩各种在线游戏时也接受第二语言输入，但这种输入常常是有限的，游戏中所涉及的语言语法结构简单，重复率高，且在生活中很少使用。而女生通过在手机上看电视剧、电影等，不仅学会了大量的汉语语言知识，也熟知了不少汉语语用知识，在接受的语用相关的输入质和量方面与男生相比均有优势。二是社会语言学的视角。社会语言学相关研究表明：女性更注重语言的规范性，女性不仅仅满足于传达信息。女性需要借助语言来维持或提高社会地位②。由于性别从属关系，许多文化中的女性都不允许像男性一样追求现实世界中的成就；因此，她们必须更多地依赖象征性资源，如语言、外表和个性等，以显示自己是可接受的文化成员③。因而女性学习第二语言时也更注重语言在特定情境中的使用，相应的，其第二语言语用能力提升相对较快。另外，女性与他人交流时关注交谈双方的共性，尝试建立并维持一种聚合的社会关系，这导致了女性相对注重交际时的礼貌、面子，更用心推断会话含义，等等，发展了其语用意识。学习第二语言时，女性也有相对较强的语用意识。虽然与其他文化背景的女性相比，藏族文化中女性的地位相对较高，但她们仍然受到性别从属关系的约束，在学习通用语言时，比较注重语言的得体性。

---

① 王雪梅：《EFL 学习者语言能力、语用能力性别差异研究及其教学启示》，《外国语言文学》2006 年第 1 期。
② Ronald Wardhaugh, *Introduction to Sociolinguistics*, New York: Blackwell, 1984.
③ Penelope Eckert, "The Whole Woman: Sex and Gender Differences in Variation", *language Variation and Change*, Vol. 1, 1989, pp. 245–267.

第三节　家庭背景造成的语用能力
差异和认同差异

　　本书没有定量分析家长文化程度以及职业和学生语用能力差异之间的关联。笔者通过质性采访获得了不少相关信息。城镇家长受教育程度较高，重视教育，有不少人能讲比较流利的普通话，有时在家也用普通话和子女交流，有些家长和子女一起观看通用语电视剧（如次珍的父亲和母亲和她一起观看电视剧《搭错车》等），而这些都是促进子女汉语语用能力发展的有利因素，不少城镇家长对中华主流文化也有较多的了解，在家中这些学生已经较多地接触并了解了中华主体文化，也在某种程度上经历了通用语社会化，观看电视剧有助于学生理解通用语的会话含义。

　　对照之下，一些农村和牧区家长汉语水平有限甚至完全不具备交流能力，在家完全不讲汉语，经常要求孩子回来牧羊、放牛、采摘冬虫夏草等，有时甚至会让他们休学1—2年在家从事农牧业生产活动，严重影响了孩子的学业和通用语语言能力发展。核心被试之一格日措的共同居住人是她的奶奶，她奶奶是文盲，完全不懂通用语，对中华主流文化也没多少了解。家庭通用语环境的缺失构成了通用语学习的不利因素。因此，格日措入学时通用语语用能力测试得分较低。

　　有一些农牧区的藏族学生甚至在本该接受义务教育的年龄阶段没上过一天学。农牧区的藏族学生一旦离开了学校，则几乎是完全脱离了汉语环境，通用语语用能力无法得到发展。H高校生源多样化，有些学生是通过对口单招而入学的，部分学生的通用语水平令人担忧。笔者所任教班级有一名来自西藏那曲牧区的学生拉巴次仁，他初中三年几乎没有上学，而是在家放牧，此后就读于西藏某职业技术学校，从该校毕业后进入H高校就读，该生通用语水平非常有限，不太愿意与老师交流，只是参加通用语语用能力测试，而不愿接受访谈。他首次通用语语用能力测试得分为 56 分，比平均分 71.05 分低 15.05 分。H 高校的通用语环境比较有利，因此他的通用语语用能力也有所提高，他后两次测试成绩提升至 68 分和 74 分，但仍然低于 H 高校被试均分（$M_{H2} = 78.85$，$M_{H3} = 82.96$）。

第四节 城乡差别造成的差异

城市藏族学生国家通用语言社会化程度强于农村和牧区藏族学生的主要原因有汉语优质教育资源分布的不均衡、与周边汉族人的接触程度以及家庭背景等。

一 通用语教育资源的不均衡

首先是师资力量相对不均衡。根据语言社会化理论，语言社会化是"专家"把初学者引入新的文化体系的过程。"专家"在"初学者"语言社会化的过程中起着举足轻重的作用。根据我们的访谈，城市里教授汉语文课以及其他学科的老师有相当一部分为汉族老师。2014 年，拉萨江苏实验中学和拉萨北京中学建成，江苏省和北京市分别资助超过 2000 万元[1]。有大量来自江苏、北京、天津等地的援藏教师在这些学校工作，这些老师不仅普通话发音标准，而且言语交际行为方式也基本是汉族人的通用方式。我们的采访对象次珍曾说："我就是跟来自天津的援藏老师学会使用标准汉语的，我跟他们学会了如何在一定的语境下使用'与时俱进'等词语。"相比之下，在农村和牧区教授汉语文科目的大部分为藏族老师，其他科目如数学等虽然主要是用汉语讲授，但一些藏族老师的汉语水平有限，有时上课时还混杂一些藏语。某些藏族老师讲汉语时带有很重的口音，对中华主流文化也不是非常了解，对在一定的语境下如何使用恰当的汉语词汇

---

[1] Miaoyan Yang, "From Dislocated to Local: Policy Implications of 'Educational Aid for Tibet'", *Asian Studies Review*, Vol. 43, No. 1, 2018, pp. 94–113.

也没有做到完全了然于胸。我们的调查也印证了相关文献的调查结果，如邢永萍指出在某农牧区藏文小学，汉语文课也是藏族老师上课，而该授课老师"藏语口音较重，使用方言和倒装句较多"[①]。

其次是图书等教育配套资源的不均衡。洛桑曲珍、次珍来自拉萨城关区，据她们反映，她们各自曾经就读的中小学图书馆有不少汉语和藏语藏书，还有不少汉语多媒体教学资源；而且增来自农牧区，所就读的中小学图书馆馆藏图书较少，且大部分为藏文图书。课本及其他图书在个体的社会化中也起着重要的作用。正如张晓兰所指出的，作为教育中主要和基本的教学资源之一，课本为知识传播、扫盲教育、文化融合和社会化奠定了基础[②]。课本及与课本相关图书不仅包含学科知识，而且蕴含社会规范和文化价值。通过课本及相关图书的社会化涉及语文、数学、历史、物理等诸多学科。

二　城乡社会化环境不同造成的差异

城市藏族学生汉语语用能力强也与较多地接触汉族人有关。在城市里，有不少做生意或旅游的汉族人，有一些从事小买卖的汉族人在那边定居数年甚至数十年，他们在语言表达方式方面也影响着藏族人。城市里的语言环境在一定程度上已经是藏汉双语环境。藏族学生次珍（非核心研究对象）说："我们家所在小院里就有汉族人，和他们交往，我不仅学会了地道的汉语发音，还学会了如何正确地使用汉语，汉族人表示感谢和道歉等和我们藏族人有些不同。"而在农村和牧区，藏族学生除了在学校接触少数几个汉族老师外，较少接触到汉族人，甚至有的农牧区中小学连一个汉族老师也没有。"西藏农村是一个基本没有汉语习得和使用的地区……即使是学了点汉语知识的小

[①] 邢永萍：《西部民族地区汉语教学的问题及对策研究——以青海省果洛藏族自治州为例》，《青海师范大学民族师范学院学报》2018年第2期。

[②] Xiao Lan Curdt-Christiansen, "Language Socialization through Textbooks", in Patricia Duff and Stephan May, eds., *Encyclopedia of Language and Education, Language Socialization* (3rd ed.), Berlin: Springer, 1997, pp. 195-210.

学生，也只是在汉语课的课堂上有限地使用。"[1] 我们从对藏族学生的访谈中得知，其他藏区的农牧区也存在类似的情况（如来自青海玉树州的格日措说她小时候很少接触到汉族人，课外几乎不讲汉语）。可以说农牧区的语言环境几乎为单一的藏语环境。缺乏与"专家"的互动，"新手"很难将所学习的语言文化知识内化。

第五节 高校社会文化环境因素

无论是在 H 高校就读的藏族学生还是在 J 高校就读的藏族学生，其通用语语用能力均得到了进一步发展，但前者语用能力强于后者。具体原因试分析如下。第一，H 高校的校内及校外汉语环境优于 J 高校。虽然 H 高校和 J 高校均为用汉语授课的高校，但 H 高校藏族学生比例（约10%）远远低于 J 高校（约38%），因而在 H 高校就读的藏族学生有更多的机会使用汉语与汉族学生及其他民族学生交流。曾经在牧区接受教育的藏族学生进入高校后倾向于使用本民族语言的情况比例非常高，在学校也更有可能会寻找本民族的学生进行交流，且使用母语[2]。囿于这种民族文化、语言圈子是一种"分离策略"（详见第二章）[3]，这会严重阻碍少数民族学生对国家通用语言的掌握和使用。

第二，校外语言环境的差异也造成了两所高校藏族学生通用语语用能力的不同。没有藏族群众在沿江市长期居住，藏族学生在校外无法与当地居民用藏语交流，只能使用通用语，促进了其通用语语用能

---

[1] 李永斌:《语言和谐背景下西藏的汉语习得和使用》，中国藏学出版社2013年版，第90页。

[2] 管雪梅、何忠泉:《高职院校少数民族学生汉语现状与反思》，《兰州石化职业技术学院学报》2020年第1期。

[3] 参见 John W. Berry, Ype H. Poortinga, Marshall H. Segall, and Pierre R. Dasen, *Cross-Cultural Psychology: Research and applications* (2nd ed.), Cambridge: Cambridge University Press, 2002；周庆生《语言适应—传承模式：以东干族为例》，《语言战略研究》2018年第4期。

力的发展。在单语环境中,他们更有可能采用"融合策略"和"整合策略",加快对中华民族主体文化的认同,进而增强国家认同。而青海省藏族人口约25%,J高校所在城市有不少藏族居民,藏族学生走出校园后仍然有可能使用藏语与他人交流,这在一定程度上限制了其通用语语用能力的发展。语言学习是参与性的、社会性的,与社会环境密不可分[1]。在特定社会环境中使用某种语言机会的多寡与学习者语用能力紧密相连。

---

[1] Lev Vygotsky, *Mind in Society*, Cambridge, MA: Harvard University Press, 1978, p. 183.

第七章 余论与结语

第一节 余论：语言社会化作为促进公平的手段

语言社会化作为干预手段（LS as Intervention）强调要使公民获得平等的受教育机会。标准化的公共教育被广泛认为对公民获得平等机会进入主流教育机构是非常必要的①。只有保障公民接受通用语教育的权利才能确保他们在国内接受标准化的公共教育。唯有提高少数民族的通用语水平，才能使得他们借助通用语获得更多的技能并消除交流的障碍。语言社会化是促进公平的重要手段：切实提高少数民族的通用语交流水平，对于在后脱贫时代消除相对贫困、促进乡村振兴具有重要意义。语言社会化是语言和文化的同时学习，对铸牢中华民族共同体意识亦具有不可小觑的意义。本节在梳理第四、第五、第六章相关数据及分析的基础上，结合文献资料，总结通用语教学的成功经验及不足之处，探讨语言社会化在语言扶贫、乡村振兴中的作用，最后落脚通用语社会化对铸牢中华民族共同体意识的意义。

一 语言社会化与通用语教育

我们的定量和定性研究结果表明，语言社会化的结果是促进了学

---

① Will Kymlicka, *Politics in the Vernacular: Nationalism, Multiculturalism, and Citizenship*, Oxford: Oxford University Press, 2001, p.20.

习者语用能力的发展,而藏族学生通用语语用能力的提升减少了藏族之间以及藏族与国内其他民族之间交流的障碍,促进了民族大团结。H高校不仅从西藏地区招收藏族学生,也招收了门巴族、珞巴族(主要居住在西藏自治区林芝市墨脱县)学生,甚至招收了数名僜人(主要居住在西藏林芝市察隅县)学生。门巴族、珞巴族、僜人学生告诉笔者他们和藏族学生的交流主要借助通用语进行。国家在民族地区推广通用语言,促进了少数民族群众对中华主流文化的认同,也进一步推动了国家认同。事实证明民族地区的中小学通用语教学以及高校针对少数民族学生以通用语为媒介的教学是卓有成效的。但是,目前的通用语教学仍然存在着一些不足之处。有必要从显性社会化和隐性社会化两个层面加强通用语教育。

语言社会化有"显性"语言社会化和"隐性"语言社会化之分。"显性"语言社会化最初是指父母或其他照料者在一定的语境中直接教孩子相应的礼貌规范,此后此概念得到进一步拓展,也可用于指在学校或其他场域中对学习者明示地教授礼仪规范等。在与他人的日常交往中无意识习得社会规范,则是"隐性"语言社会化。

(一)语言教育中的语言社会化理念

教师必须建立语言社会化理念。一些藏族学生的中华主流文化知识相对薄弱,通用语言交际能力较弱(如H高校的拉巴才仁、拉巴次仁),与一些教师忽略树立语言社会化理念不无关系。树立社会化理念意味着适当采用显性教学语用知识、激励学生使其发挥主观能动性以及有意识地培养学生的文化认同和国家认同。

大学语文教师可以在教学中尝试使用社会化教学(Socializational Teaching)范式[1]。大学语文教师可以在讲授语言知识点的过程中有

---

[1] Li Wei and Zhu Hua, "Language and Literacy Teaching, Learning and Socialization in the Chinese Complementary School Classroom", in Xiao Lan Curdt-Christiansen and Andy Hancock, eds., *Learning Chinese in Diasporic Communities*, Amsterdam/Philadelphia: John Benjamins Publishing Company, 2014, pp. 117–136.

意识地隐性传递社会规范和文化观念。学生虽然可以通过隐性社会化习得一些语用表达，但是可能需要长年累月的学习才能掌握。因此，教师要对学生所犯的语用错误进行及时纠正。教师也应指导学生对自己的语言学习进行反思，使学生在其语言社会化过程中充分发挥主观能动性。根据施密特（Schmidt）的观点，"注意"是语用习得的必要条件[1]，因此促进学习者注意目标语语用特征的教学干预应该促进他们的语用学习。相关研究结果表明，不仅一些语用知识是可传授的，而且专门学习过语言知识的学生的语用能力超过了没有接受相关培训的学生[2]。

培养学生的语用能力有必要同时采用显性教学法和隐性教学法。采用显性教学法教授二语语用课时可采用元语用解释[3]，也就是向学生直接呈现社会语用规则和语言语用工具。要对学生的语用错误及时给出反馈。来自目标文化的朋友等可以提供学习者对词汇、语法或发音的纠正性反馈，但很少对给定语境中不恰当语言选择作出评论。此外，二语学习者很难较快地习得程式化语块。教师要对藏族学生课堂内外使用汉语语块时的错误及时进行纠正，同时要鼓励通用语水平更高的学生对藏族学生的通用语语用错误进行及时纠正。

根据施密特的"注意假说"[4]，虽然内隐学习意味着学习者没有意识到自己在学习，但是不加以注意的话，就很难吸收所学内容。教

---

[1] Richard Schmidt, "Consciousness, Learning and Interlanguage Pragmatics", in Gabriele Kasper and Shoshana Blum Kulka, eds., *Interlanguage Pragmatics*, Oxford: Oxford University Press, 1993, pp. 21 – 42; Richard Schmidt, "Consciousness and Foreign Language Learning: A Tutorial on the Role of Attention and Awareness in Learning", in Richard Schmidt, ed., *Attention and Awareness in Foreign Language Learning*, Honolulu, HI: University of Hawai'i, Second Language Teaching & Curriculum Center, 1995, p. 1 – 63.

[2] 如 Kenneth R. Rose, "On the Effects of Instruction in Second Language Pragmatics", *System*, Vol. 33, 2005, pp. 385 – 399。

[3] Gabriele Kasper, "Four Perspectives on L2 Pragmatic Development", *Applied Linguistics*, Vol. 22, 2001, pp. 502 – 530.

[4] Richard Schmidt, "Attention", in Peter Robinson, ed., *Cognition and Second Language Instruction*, Cambridge: Cambridge University Press, 2001, pp. 3 – 32.

师应吸引学习者对语用目标的注意。一旦注意,学习者可使语用目标进入工作记忆,并通过内隐学习机制进行处理。语用能力的增强,将增加藏族学生使用通用语言与其他民族学生交往的信心,进一步促进其通用语言社会化。专业课教师应鼓励藏族学生积极参与课堂讨论,对于他们说出的不标准的语言形式要适度容忍,而要更注重其表达的内容。教师可以通过分享个人经历来减轻学生的焦虑,创造更好的学习环境来促进其语言社会化。H 高校有不少专业课教师在西藏或青海支教过,教师分享这些异地的经历有助于引发学生的共鸣,降低他们学习过程中的焦虑程度,从而使其更积极地参与课堂,更有效地实现社会化。

教师要激发学生在语言社会化过程中充分发挥主观能动性。多尼叶认为,有动机的学习是由三个部分组成的:理想二语自我、应该二语自我以及二语学习体验[1]。理想二语自我是指一个人希望成为什么样的二语使用者。这是一种动力,因为人们渴望缩小现实自我和理想自我之间的差距。李永斌指出,90%以上的藏族同胞认为国家通用语言非常重要,同时期望自己的子女能够同时掌握汉藏两种语言,中小学生也持类似的观点[2]。然而很多藏族学生的理想二语自我只是流利的通用语使用者,对通用语所负载的文化(即中华传统文化)还缺乏足够的重视,因此教师要激发学生有意识地去学习和了解中华传统文化。应该二语自我描述应该拥有的以满足期望和避免可能负面结果的属性。藏族学生的应该二语自我应以进一步提升通用语社会语用能力为目标。二语学习体验所指为与即时学习环境以及体验相关的情境动机。教师要帮助学生发现通用语本身之美,从而获得更愉快的学习体验,进一步主动使用通用语。可以鼓励学习者参加课外活动实现社

---

[1] Zoltán Dörnyei, *The Psychology of the Language Learner*, Mahwah, NJ: Lawrence Erlbaum, 2005; Zoltán Dörnyei, *The Psychology of Second Language Acquisition*, Oxford/NewYork: Oxford University Press, 2009.

[2] 李永斌:《语言和谐背景下西藏的汉语习得和使用》,中国藏学出版社 2013 年版。

会化，可以鼓励更多地接触目标语流行文化（如电视剧、歌曲、脱口秀等），为学习者提供二语和文化接触以及与流利的语言使用者建立联系的机会。

树立语言社会化理念也必须以促进文化认同和国家认同为目标。对公民的国家通用语言教学必须以融入文化认同、国家认同为目标，对少数民族也不例外。少数民族学习国家通用语言是学习一种特殊的第二语言。正如李宇明所指出的，少数民族学生学习国家通用语言必须要以国家认同为目标，因为他们将来要和国内其他少数民族共同管理自己的国家[1]。对少数民族的国家通用语言教学应有利于语码和身份匹配原则[2]，在课堂上创造条件让学生在学习通用语的课程中"社会化"为说流利普通话的中华民族的一员。

（二）"显性"语言社会化与通用语教育

1. 加强涉藏地区农村和牧区的通用语教学

西藏和青海等地区藏族学生的通用语社会化程度存在城乡差异。根据本书调查结果，生源地为西藏城市的学生语用能力得分均值（M_{T1c} = 77.41）高于生源地为西藏农村学生的得分均值（M_{T1r} = 67.78），相差 9.63 分；生源地为青海城市的学生语用能力得分均值（M_{Q1c} = 77.86）高于生源地为青海农村学生的得分均值（M_{Q1r} = 68.00），相差 9.86 分；西藏和青海农牧区藏族学生的语用能力有待进一步发展，语言社会化程度有待进一步加强。

农村和牧区学校通用语教学理念有待进一步更新：农村和牧区的汉语教学仍然比较注重零散语言知识点的教学，对学生语用能力的发展不够重视。语言社会化不仅是语言学习的理论和研究方法，也是语言教学的方式。在课堂教学和课外创设语言学习环境方面有必要采用语言社会化的一些理念。在农村和牧区，部分学生通用语语言学习动

---

[1] 李宇明：《新世纪 20 年的中国语言规划》，《北华大学学报》（社会科学版）2021 年第 1 期。

[2] 周明朗：《语言认同与华语传承语教育》，《华文教学与研究》2014 年第 1 期。

机较弱（如 H 高校的旦增在上大学之前通用语学习动机很弱）。藏族学生的通用语语用水平影响其通用语认同。在传授语言基础知识的同时，必须注重提高藏族学生的通用语语用水平。

2. 通过"显性"语言社会化提升藏族学生的通用语语用能力

大多数东部地区和民族地区的高校，不开设针对藏族学生的预科班。但是针对来自农村和牧区的藏族学生，有必要开设一定课时的通用语语言文化课，进一步增强他们的通用语综合听说读写能力，使之能更快、更有效地适应高校学习生活。高校可以开设汉语会话课程，把语用能力教学融入语言教学大纲。语法能力和修辞能力构成了交际能力的核心①。修辞能力是社会语用能力的一个组成部分，而使用语块的能力则是修辞能力的组成部分。教师在教学中应该设计提升学生语用意识的活动。要培养藏族学生主动学习成语、情境专用语等语块的习惯。藏族学生在特定场合使用汉语成语还不能做到驾轻就熟，可以引导学生加强对中华历史文化的学习，熟悉成语产生的背景以及合适的使用场合。要引导学生加强对成语本义、引申义和比喻义的理解。只有正确理解其引申义和比喻义，才能做到在实际生活中运用自如；增强语用能力，才能进一步减少交流障碍。

此外，虽然大部分藏族大学生的通用语听说能力已经有了较大程度的提高，部分藏族大学生的通用语言交际能力仍然非常有限。一些藏族学生常常错误地判断语境而说出一些非标准的表达，教师可以设计一些专门针对语用知识的活动。教师可以把针对社会语用知识的活动融入课堂，譬如可以设计藏汉语块对比的教学环节。教师可以要求学生就藏汉语言背景下的常用表达进行对比。今后还要加强学生读写能力的培养，要充分发挥课本在语言社会化中的作用。本书不提倡利用简化教学内容的方式提升少数民族学生的国家通用语言学习效果。

---

① 陈文博：《少数民族汉语教学中高级阶段修辞能力的培养》，《民族教育研究》2007年第2期。

曹祝兵认为由于汉语具有一定程度的复杂性，可以对教学内容进行简化，降低学习难度①。少数民族学习汉语的语言环境变得越来越有利，所以不必简化教学内容。H 高校开展大学语文教学时，不仅没有简化教学内容还在较难课本的基础上进行了拓展，取得了良好的教学效果（详见第五章）。根据语言社会化理论，对学习者进行语言社会化，不必简化语言形式，而是尽量要让学习者学习与语言密切相关的文化背景知识，包括该文化所承载的语言交际规范、情感等。另外，由于交际的社会规范和惯例并不突出，学习者往往很难注意到使用何种语言手段来表示适当程度的在某种情况下的礼貌或正式，或意义是如何通过特定的语言和非语言手段间接传达的②。因此对这些社会规范和惯例必须采用显性教学的方法。有时一些教材中对语言形式和交际策略等的过于简单的描述并不能反映真实生活中的语言使用，甚至可能使得学生对社会所期待的行为有些误解，因而教师要灵活使用教材。

（三）"隐性"语言社会化与通用语教育

1. 加强学前儿童通用语教育，促进"隐性"语言社会化

幼儿可以较为轻易地在日常互动中习得社会规范。开展"隐性"语言社会化不容错过幼儿阶段。务必重视幼儿的国家通用语言文字教育。相当数量的藏族学生能顺利进入高校学习，正是因为从小学阶段就开始接受通用语言文字教育的结果。然而，一些学生如格日措、旦增等进入高校学习时通用语语用能力仍然相对较弱，她们不得不把原来用于专业课学习的一些时间花在通用语学习上。③ 如果把通用语教育提前到幼儿阶段，将会使学习者打下扎实的语言基础，促进后续语言和文化的学习。

---

① 曹祝兵：《语言接触视角下少数民族学习汉语相关问题探究》，《贵州民族研究》2018 年第 5 期。

② Nessa Wolfson, *Perspectives: Sociolinguistics and TESOL*, New York: Newbury House, 1989.

③ 如果被调查对象既包含男性又包含女性，本书交替使用他们、她们。

确保各民族享有均等的教育和工作机会是民族教育的重要目标之一。通用语言社会化滞后将不利于少数民族群众获取这些机会。在上小学前，儿童已经开始了交往和社会接触，也就是说学龄前儿童已经开始了初级社会化和语言社会化。如果从幼儿阶段开始学习通用语言，将更加有利于少数民族学生的通用语言社会化。杨亦鸣、袁伟论述了在民族地区、农村地区实施"童语同音"计划的重要性。

>使这些地区的学前儿童学会使用普通话，便于他们在幼儿阶段就可以通过广播、电视、互联网等各种媒体渠道以及人际交往等方式，了解祖国各地新鲜和有趣的事物，潜移默化地接触和学习中华文化、中华文明，让其融化在血液中，为幼儿播下铸牢中华民族共同体意识的种子。①

无论"人际交往"还是"中华文化、中华文明"都是语言社会化的重要内容。学前儿童学会通用语，可以较早地借助媒体开始通用语言社会化进程，更有利于国家认同的形成。对于西藏来说，对汉语的习得和使用的速度越快、水平越高，对于汉文化的吸收和引进的速度就越快，发展也就越快②。李永斌所论述的对象是西藏地区居民，实际上这种结论适用于整个涉藏地区居民。

2. 对编班模式和住宿安排进行改革促成"隐性"语言社会化

在高等教育阶段，不少学生（尤其是理工科学生）修读的语言文化类课程相对较少，因而"隐性"语言社会化发挥的作用更大。相关高校要在编班模式和住宿安排方面进行改革，为学生之间的族际交往创造条件促进其语言社会化。早在2015年就有文件要求："……在有条件的民族地区积极稳妥推进民汉合校……探索推进混班教学、混

---

① 杨亦鸣、袁伟：《童语同音，筑梦未来》，《光明日报》2021年10月10日第5版。
② 李永斌：《语言和谐背景下西藏的汉语习得和使用》，中国藏学出版社2013年版，第213页。

合住宿。"① 鉴于目前在一些内地高校少数民族学生也形成了一定的规模，因而也有必要尝试进行混班教学、混合住宿的改革。合理的住宿安排能促进学生语言能力的发展。

首先，要在高校进行编班模式的改革。语言社会化理论认为社会化就是语言或技能较强者教给初学者知识。进入高校后，虽然少数民族学生在课外有大量的机会与以汉语为母语者互动，但是课堂内与汉语为母语者的互动也不可或缺。课堂内的学习和课外的交流互动将共同促进学生交际能力的提高。次珍、格日措等同学族际友谊的获得和通用语语用能力的提升，说明混合编班有助于少数民族学生和汉族学生的交流，有利于这些学生进一步了解中华文化，有利于他们的语言社会化。马戎指出，民汉分校分班构建了民族之间的隔阂，无益于少数民族建立对"中华文化"的文化认同②。也就是说，民汉分校分班的做法减少了少数民族和汉族交往的机会，使其对中华文化的了解变少，减缓了其语言社会化进程并使得其对主流文化认同程度降低。在基础教育阶段"民汉合校、混合编班是巩固提升通用语言文字水平的必要之举"③。少数民族学生与汉族学生合校混班的学习环境能促进彼此接触和相互了解④，这样的学习环境有利于各族学生之间的相互社会化。在高等教育阶段，同样要尽量进行民汉混合编班开展专业课教学。同时还应该对藏族学生的通用语水平进行摸底调查，根据这些学生的通用语水平专门再分班进行大学语文类课程教学，这样可以使课堂教学更为有效。

其次，高校要对目前的住宿安排进行改革，促进学生在课外的语

---

① 《国务院关于加快发展民族教育的决定》（国发〔2015〕46号），http://www.moe.gov.cn/jyb_xxgk/moe_1777/moe_1778/201508/t20150817_200418.html，最后访问日期：2022年3月20日。
② 马戎：《汉语学习与中国少数族群的现代化》，《社会政策研究》2017年第1期。
③ 沈沫：《发展民族地区国家通用语言文字教育的探讨》，《上海教育科研》2019年第4期。
④ 马戎：《汉语的功能转型、语言学习与内地办学》，《中南民族大学学报》（人文社会科学版）2016年第5期。

言和文化学习。次珍与同一宿舍楼的汉族同学交流，提高了自己的通用语交际能力。次珍如果住在藏汉混合宿舍，她的通用语交际能力提升可能会更明显。然而，目前H高校的住宿安排是尽量让藏族学生在同一宿舍住宿，这样便于管理，但不利于藏汉学生的交流。民汉混合居住宿舍中的藏族学生更易与汉族学生发展友谊①，增强交往密度。而与舍友的交流，是促进语言社会化的有效方式②。如果让藏汉学生混合住宿（如浙江外国语学院安排藏汉学生混合住宿）③，他们可以在宿舍中进一步交流而且可以有意无意观察对方的文化实践。如有些与性别相关的表达感情的汉语语气词在正规的教学中很少讲解，只有与以汉语为母语者反复接触才能理解其中的微妙差异，这对来自农村及牧区的普通话水平较弱的藏族同学尤为重要。藏族同学可以进一步实现国家通用语言社会化，而汉族同学也会对藏族语言及其文化有更深的了解，民族大团结会进一步得到增强。

3. 通过"第二课堂"实现"隐性"语言社会化

H高校的多名核心被试通过参加各种丰富多彩的校园活动，提升了自己的通用语语用能力和通用语认同（详见第四章、第五章）。H高校的做法可供其他学校参考。各高校可以大力响应国家语委和教育部的倡议，开展"普通话水平测试"、中华经典诵读、猜灯谜、即兴演讲等活动以及播放校园广播，提高藏族学生的汉语语言能力和语用能力。藏族学生参加这些活动可以进一步加强与其他各族学生的交流，在语言的使用中实现社会化。不能割裂对学生进行人文教育和培养其语言能力之间的关系。国家通用语言对大部分少数民族群众来说是一种特

---

① 郝世亮、范琳俐：《区隔再生还是交融渐进？——藏族大学生的族际交往与族际友谊获得》，《民族教育研究》2020年第3期。
② Wenhao Diao, "Peer Socialization into Gendered L2 Mandarin Practices in a Study Abroad Context: Talk in the Dorm", Applied Linguistics, Vol. 37, 2016, pp. 599–620.
③ 参见 Hao Wang, Xia Chao & Shunv Sun, "Tibetan Students at an Interior University in China: Negotiating Identity, Language, and Power", Asia Pacific Journal of Education, 2019, DOI: 10.1080/02188791.2019.1682515, 2022年4月1日。

殊的第二语言。普通话和规范汉字在他们的生活中具有举足轻重的地位。国家通用语言的教学不仅仅是培养学生的通用语言能力，也要承担较多的人文教育内容。只有更多地了解与通用语相关的历史文化知识，学习者才能进一步提升自己的通用语语用能力，实现通用语言社会化。学生在与教师的互动中，内化语言规则，学习语言所附着的社会文化信息，诸如社交礼仪和情感态度等。语言社会化理论的核心关注点是语言和文化的关系。语言知识是"文化知识被传达、例示（instantiated）、争辩和争论、再生产和转化的主要符号媒介"。[1] 基于文化的社会活动、社会环境及社会行为规范是语言传授及学习过程中最具影响力的变量[2]。因而为了帮助藏族学生进一步实现国家通用语言社会化，教师可以鼓励学生参加诸如端午节赛龙舟之类的文化活动。

二 语言社会化与语言扶贫、乡村振兴

语用社会化作为促进公平的手段不仅强调要赋予公民同等的教育权利，也强调要给予公民通过语言获取其他机会的权利。对少数民族地区的群众进行语言帮扶，对于他们提高通用语水平进而积累自身人力资本并最终摆脱贫困具有非凡的意义。同时通用语社会化还有利于各族群众之间的交往融合，促进乡村振兴。

（一）语言社会化与语言扶贫

1. 语言社会化与经济发展

在第四章，本书用生源地类型作为变量进行分析得出的结果表明：青海、西藏农村和牧区藏族学生的国家通用语言社会化程度较低。这些地区一般也是经济发展相对落后的地区。语言社会化的表现是语用能力的提升，而语用能力可以转化为个体的人力资本。20

---

[1] Paul B. Garrett and Patricia Baquedano-López, "Language Socialization: Reproduction and Continuity, Transformation and Change", *Annual Review of Anthropology*, Vol. 31, No. 1, 2002, p. 339.

[2] 魏惠琳、张福慧：《语言社会化研究的理论基础及前景展望》，《外语学刊》2013年第4期。

世纪50年代,语言学家和经济学家已经开始关注语言与经济之间的关系,认为语言是一种特殊形式的人力资本,经济学家马尔扎克(Marschak)指出语言具有价值、效用、费用、收益的经济特性[1]。习近平总书记曾多次强调,"扶贫",要与"扶志""扶智"相结合。"扶贫必先扶智,扶智可先通语"[2],而"通语"就需要致力于贫困地区的语言扶贫。努力提升贫困地区群众的社会文化程度,有利于最终实现"脱真贫"和"真脱贫"[3]。国内不少学者对语言和收入方面的关系作了理论和实践探索[4]。谢治菊、李强所作的实证研究表明,在变量得到控制的情况下,会国家通用语言的家庭比不会国家通用语言的家庭收入增加了60%以上,与此相应的是脱贫率也增加了约20%[5]。藏族聚居的西藏、青海、甘肃南部、四川西部、云南西部地区大部分为相对贫困地区。藏族群众的语言能力主要由国家通用语能力、藏语能力和汉语方言能力构成[6],而藏语和汉语方言的使用范围有限,因而提高藏族的语言能力主要应该落实到提高其国家通用语言能力上来。"通语"对藏族群众而言主要就是指掌握国家通用语言。

少数民族群众学习国家通用语言,将使得他们获得更多的语言资本,获得"语言市场入场券"(Admission Ticket)[7],而通用语言社

---

[1] Jacob Marschak, "Economics of Language", *Behavioral Science*, Vol.10, 1965.
[2] 郭龙生:《扶贫必先扶智 扶智可先通语》,《光明日报》2018年1月28日第1版。
[3] 郭龙生:《扶贫必先扶智 扶智可先通语》,《光明日报》2018年1月28日第1版。
[4] 参见史维国、刘昕怡《少数民族地区语言扶贫效应研究》,《哈尔滨师范大学社会科学学报》2019年第2期;黄少安、王麓淙《民族地区语言扶贫的经济理论基础和实证分析》,《语言文字应用》2020年第4期;谢治菊、李强《语言扶贫与普通话技能的减贫效应》,《广西民族大学学报》(哲学社会科学版)2020年第1期;王海兰《国内经济学视角语言与贫困研究的现状与思考》,《语言战略研究》2019年第1期。
[5] 谢治菊、李强:《语言扶贫与普通话技能的减贫效应》,《广西民族大学学报》(哲学社会科学版)2020年第1期。
[6] 郭玉梅、杜敏:《国民语言能力提升及语言扶贫实施策略研究——以甘肃甘南地区为例》,《北方民族大学学报》2021年第1期。
[7] Hao Xu, "Putonghua as 'Admission Ticket' to Linguistic Market in Minority Regions in China", *Language Policy*, Vol.18, No.1, 2019.

化程度的进一步提高,将使得他们实现语言和文化资源的再生产①,从而实现良性循环。王春辉指出,"语言能力提升则是家庭或个人从贫穷状态进入温饱甚至富裕状态的重要一环"②。国家通用语言能力的提高有利于他们升学深造、求职务工、经商等。少数民族群众外出务工的最大障碍是无法使用国家通用语言与他人交流。基于"中国劳动力动态调查"(China Labor-force Dynamics Survey)的数据,多乌伊(Dovì)运用线性概率模型推算出:普通话水平一个标准误差的增加,将使得失业率下降5%左右③。周庆生指出,如果少数民族群众能熟练使用国家通用语言,同时拥有一技之长,将使他们不再受到区域和地域的限制,"走出小圈子和熟人社会"④。

2. 语言扶贫促进语言社会化,助力民族教育事业

推广国家通用语言、实施语言扶贫有助于消除少数民族地区与经济发达地区的经济、社会差距。正如辛普森(Simpson)等所指出的,推广一种标准化的共同语言,也有助于消除社会中存在的社会经济不平等现象,并通过提供平等(或至少改善)通向未来繁荣的机会促进民众的团结⑤。掌握通用语言有利于公民接受公共教育。国家通用语言促进了信息的流通和物质资源更为合理的分配,从而使得少数民族群众获得了更多的收入。家长们认为通用语的推广为少数民族接受高等教育和就业开辟了更广阔的道路。⑥

---

① Pierre Bourdie, *Language and Symbolic Power*, trans. Gino Raymond & Matthew Adamson, Cambridge: MA: Harvard University Press, 1991.

② 王春辉:《语言与贫困的理论和实践》,《语言战略研究》2019年第1期。

③ Max-Sebastian Dovì, "Does Higher Language Proficiency Decrease the Probability of Unemployment? Evidence from China", *China Economic Review*, Vol. 54, No. 2, 2019/2007.

④ 周庆生:《与时俱进,全面加强国家通用语言文字教育》,《语言文字报》2021年5月26日第1版。

⑤ Andrew Simpson ed., *Language and National Identity in Asia*, Oxford: Oxford University Press, 2007.

⑥ Rong Ma, "Bilingual Education for China's Ethnic Minorities", *Chinese Education and Society*, Vol. 40, No. 2, 2007, pp. 9 – 24.

语言扶贫已经初见成效。2000年藏族人口中文盲率高达47.55%，在全国所有少数民族中，文盲率仅次于撒拉族和珞巴族①。2020年西藏文盲率降至28.09%，青海文盲率降至10.02%。②而西藏自治区2020年藏族人口为3137901人，全区总人口3648100人③，西藏自治区藏族人口占全区总人数的86.15%。而青海省藏族人口为153.35万人，占全省人口比重为25.23%④。根据以上数据推测，目前全国藏族人口文盲率降至25%以下。而如今相当一部分藏族学生进入东部地区高校就读，正是由于国家实施语言扶贫、大力推广普通话的结果。虽然"语言扶贫"的理念近几年才提出，但是国家早已开展此方面的相关工作了。国家大力推广普通话，一方面使得一部分农牧民实现了脱贫致富，使得他们有足够的经济实力送子女到东部地区高校求学；另一方面，农牧民的子女掌握了普通话，才使得他们具备了东部地区求学的语言能力。而这些学生返回民族地区后，又会促进通用语在民族地区同胞之间推广，推动少数民族地区经济文化的现代化。事实上，来自藏族地区的学生（如旦增）已经开始在东部高校的一些场所积极推销冬虫夏草、天珠等藏区的特色产品，还有不少学生（如白玛泽仁）宣传藏区的旅游景点如布达拉宫和大昭寺等，建议老师和同学去藏区旅游，在一定程度上已经开始为家乡的经济发展做出贡献。

（二）语言社会化与乡村振兴

2020年中国全面建成了小康社会，"三农"工作重心从脱贫攻坚

---

① 国家统计局人口和就业统计司、国家民族事务委员会经济发展司编：《中国民族人口资料》，中国统计出版社2002年版。

② 国家统计局编：《中国统计年鉴2021》，2—26分地区按性别分的15岁及以上文盲人口（2020年），http://www.stats.gov.cn/tjsj/ndsj/2021/indexch.htm，最后访问日期：2022年4月18日。

③ 《西藏自治区第七次全国人口普查主要数据公报》，http://www.xizang.gov.cn/zwgk/zfsj/ndtjgb/202105/t20210520_202889.html，最后访问日期：2022年4月18日。

④ 《青海统计年鉴2021》，http://tjj.qinghai.gov.cn/nj/2021/indexch.htm，最后访问日期：2022年4月20日。

转向全面推进乡村振兴。因而中国的语言文字事业必须紧紧围绕乡村振兴战略。

1. "乡村振兴"阶段的语言帮扶必须充分考虑语言社会化的因素

2020年中国脱贫攻坚取得决定性胜利,然而既定贫困标准下贫困人口脱贫目标的实现并不意味着所有的贫困都得以消除。中国的贫困问题将由绝对贫困（Absolute Poverty）为主转变为相对贫困（Relative Poverty）为主。诸多学者如邢成举、李小云、陆汉文、杨永伟、王春辉等总结了后脱贫时期的语言扶贫事业相关问题[1]。后脱贫时期要同时注重国家通用语言的普及和提升。目前对语言扶贫的相关研究大都强调贫困地区群众的普通话技能[2]，忽视语用交际能力的提高在脱贫中的作用。少数民族国家通用语言社会化程度的提高，就有利于他们对中华主流文化的理解，进一步消除交流的屏障，从而获取更多的有用信息，最终实现脱贫致富。

根据第六章的分析可知，来自农牧区的藏族学生的通用语语用能力低于城市藏族学生，除了师资水平的差异，农牧区藏族学生共同居住人的国家通用语言能力较弱也是一个重要原因（如格日措的奶奶几乎完全不懂通用语）。农牧民如果较好地掌握了国家通用语，就能更为顺畅地与其他民族的群众进行沟通，就能更积极地参加旅游等扶贫产业活动[3]。做好农牧区青壮年的语言扶贫工作，不仅可以帮助这些农牧民脱贫致富，这些青壮年语言水平的提高还将有利于下一代通用语言水平的提高。

鉴于部分少数民族群众已经初步掌握了一些国家通用语言的基础

---

[1] 参见邢成举、李小云《相对贫困与新时代贫困治理机制的构建》，《改革》2019年第12期；陆汉文、杨永伟《从脱贫攻坚到相对贫困治理：变化与创新》，《新疆师范大学学报》（哲学社会科学版）2020年第5期；王春辉《后脱贫攻坚时期的中国语言扶贫》，《语言文字应用》2020年第3期。

[2] 如谢治菊、李强：《语言扶贫与普通话技能的减贫效应》，《广西民族大学学报》（哲学社会科学版）2020年第1期。

[3] 郭玉梅、杜敏：《国民语言能力提升及语言扶贫实施策略研究——以甘肃甘南地区为例》，《北方民族大学学报》2021年第1期。

知识,接下来的目标是让他们进一步学会较为熟练地运用国家通用语言,比较理想的做法是让他们在通用语言社会化的过程中学会语言的使用,为此有必要创设条件,让少数民族群众与汉族群众增加交流与接触。在语言扶贫工作中必须建立有效的语言扶贫机制①。语言能力的发展是一个长期的过程,因此要对学习者的语言能力进行动态评估,有必要建立切实可行的语言评估制度,不仅要对学习者所掌握的语言知识点进行评估,还要对他们所具备的社会语用能力进行评估,并考察学习者所处的社会文化环境,对影响语言社会化的各种因素进行评估。

2. 必须充分发挥媒体和现代通信技术在语言社会化方面所起的作用

仁增和才让措等人的学习经历表明,无论是传统媒体还是新兴媒体均促进了藏族学生语言能力和语用能力的提高,促进了其语言社会化发展。因而必须在农牧区充分利用广播、电视、网络等媒介推广国家通用语言。"报纸、广播、电视、网络等各种媒体交相辉映,以各种不同的优势,从不同的角度和侧面有力地冲击着人们的视觉神经和听觉神经。"② 具体说来,继续推进广播电视"村村通""户户通",可以通过广播电视节目播放一些致富经验等,通过收听、收看这些节目,农牧民不仅学习了致富技术,也提高了国家通用语言水平。可以在人口相对密集一点的村庄架设户外高音喇叭,这样农牧民随时可受到国家通用语言的影响。另外,必须认识到报纸、广播等传统媒体影响力在大多数地区已经有较大程度的下降,必须充分关注电视和网络在促进受众语用能力发展和国家认同方面所起的作用。积极利用互联网开展教学。数字环境具有实时互动,可以提供一对多的参与框架,因而可以提供及时反馈,也使参与者有了更多语言交流的机会,

---

① 李玉红:《精准扶贫背景下的语言扶贫研究》,《人民论坛·学术前沿》2019 年第 24 期;陈丽湘:《略论建立语言扶贫的长效机制》,《语言文字应用》2020 年第 4 期。

② 郭龙生:《中国当代语言规划的理论与实践》,广东教育出版社 2008 年版,第 290 页。

因而在某些方面更有利于语用能力的发展。可以大力发展"数字西藏""数字青海"等信息技术工程，拓宽信息技术应用的范围。

可以让学习者通过在线角色扮演的方式学习语言的使用。李宇明在总结语言扶贫的经验时指出，向成人推广普通话要结合当地的生产实践，必须充分借助语言信息化技术，有必要让农牧民掌握最基础的语言信息化技术①。农牧民掌握了各种信息化技术后，可以更好地利用媒体学习语言知识，也能更好地学习语用知识，能借助媒体实现国家通用语言社会化。有时即使玩网络游戏，也能习得语言知识，在一定程度上实现语言社会化。在普遍使用手机和电脑的年代，语言社会化常常部分或全部借助数字技术完成。对数字环境下语言社会化的研究主要聚焦于学习者读写能力和认同的发展。笔者也探讨了游戏②和社交媒体促进语言社会化的作用。实际上，温格的情景化学习理论③为学者们的探讨提供了理论框架，学习者无论是玩游戏还是通过社交媒体互动，都是在一定环境下的交流和学习。莱因哈特（Reinhardt）和索恩（Thorne）对数字环境下的语言社会化做了更细致的描述，二位学者指出："正如他们在线下所做的那样，新手在网络环境中与言语社区的既定成员进行互动，共同探讨出一套交际用的符号，并对预期的交流形式、规范的互动模式以及与身份地位和情境相适应的表现形式保持一定的敏感性。"④ 此外，鉴于当今不少农牧民已经拥有智

---

① 李宇明：《新世纪 20 年的中国语言规划》，《北华大学学报》（社会科学版）2021 年第 1 期。

② 如 Alice Chik, "Digital Gaming and Language Learning: Autonomy and Community", *Language Learning and Technology*, Vol. 18, No. 2, 2014, pp. 85–100; Steven L. Thorne, "Transcultural Communication in Open Internet Environments and Massively Multiplayer Online Games", in Sally Sieloff Magnan, ed., *Mediating Discourse Online*, Amsterdam: John Benjamins, 2008, pp. 305–327。

③ Etienne Wenger, *Communities of Practice: Learning, Meaning, and Identity*, Cambridge: Cambridge University Press, 1998.

④ Jonathon Reinhardt and Steven L. Thorne, "Language Socialization in Digital Contexts", in Patricia Duff and Stephan May, eds., *Encyclopedia of Language and Education* (3rd ed.) Cham, Switzerland: Springer International, 2017, p. 398.

能手机，可以开发一些应用程序（App）免费供涉藏地区农牧民使用。更为关键的是，要建立与之相配套的语言学习社群，只有切实实际利用目标语言与他人互动，才有可能实现目标语言社会化。

卡塞尔（Cassell）和特沃斯基（Tversky）对网络论坛的跟踪研究表明，论坛积极参与者在三个月时间内使用语言的形式发生了可察觉的变化①。我们先前所作的访谈也表明，藏族学生参加网络论坛讨论时学习了通用语的语言知识和语用知识。可以鼓励农牧民业余时间参加以通用语为媒介的网络论坛。当然前提是这些农牧民要具备一定的国家通用语言基础。

3. 调动各种资源助力推普攻坚行动

洛桑曲珍、次珍、阿旺嘉措、格日措等人的通用语学习经历表明：与掌握通用语语言文化知识较多者进行互动交流，能有效促进通用语水平的提高。因此，在乡村振兴阶段要加强农村和牧区的通用语师资配备。一方面可以通过在职培训的方式提高原有通用语教师的业务水平；另一方面国家可以加大对农村和牧区的支援力度，鼓励更多的以汉语为母语的内地优秀教师到这些地区从事教学工作。

此外，要设法让农村和牧区的藏族群众获得与更多"专家"交流的机会。文化程度较高的知识分子（如教师和大学生等）掌握了相对较多的语言文化知识，可以在社会化的过程中更好地扮演"专家"的角色，在向贫困群体传递信息的同时影响他们的思维方式。应鼓励大、中专学生到农牧区开展语言扶贫实践活动②。青海地区高校有不少汉族学生就读，可以鼓励这些汉族学生到藏族农牧区开展语言扶贫实践活动，加强与藏族同胞的交流，促进民族大团结。我们认为，更多的干部和教师应该加入语言扶贫实践的活动中来。西藏自治区由于

---

① Justine Cassell and Dona Tversky, "The Language of Online Intercultural Community Formation", *Journal of Computer-Mediated Communication*, Vol.10, No.2, 2005.

② 郭玉梅、杜敏：《国民语言能力提升及语言扶贫实施策略研究——以甘肃甘南地区为例》，《北方民族大学学报》2021年第1期。

自然环境相对恶劣，区外大学生到自治区开展语言扶贫互动相对困难。可以鼓励已经在西藏的干部和援藏教师等加强与藏族同胞的交流。应该鼓励这些干部和教师多深入农村、牧区与藏族群众交流。藏族群众与汉族干部或群众的多次长时间面对面交流，有利于他们更好地发展自己的国家通用语言能力，实现国家通用语言的社会化，降低语言交际成本，增加脱贫致富的概率。

也要重视其他教育资源在提升学习者交际能力方面的作用。图书和媒体在语言社会化的过程中扮演着重要角色。各级政府要筹集资金为藏区中小学图书馆购买更多的汉语书籍，重点向农村和牧区中小学倾斜。此外，争取农村和牧区中小学的每一间教室都有广播和电视设备，除了播放藏语节目，也要确保每天均播放一定时长的汉语节目。

第二节　结语

本书有四个主要研究目的：一是调查高校藏族学生通用语语用能力以了解不同的语言社会化过程对他们通用语语用能力的影响；二是了解高校藏族学生通用语认同的层面及发展情况；三是调查分析影响藏族大学生语言认同和国家认同的因素；四是剖析被试通用语语用能力、通用语认同、国家认同之间的关系，并基于研究结果，探讨对藏族群众通用语教育、涉藏地区乡村振兴的启示。

本书把通用语语用能力的发展、通用语认同、对当代中国的国家认同视作通用语社会化的三阶段。因此，本书对语言社会化、语用能力、语言认同和国家认同的概念进行界定并分析其构成要素，同时完成了相关调查问卷的编制。本书选取了 H 高校 75 名藏族学生和 J 高校 63 名藏族学生为调查对象，跟踪调查他们的通用语能力、语言认同和国家认同，并通过相关统计手段等进行分析。同时，本书还以 H 高校 75 名被试中的 9 名为核心被试，通过民族志和叙事分析等方法分析他们语用能力发展的过程以及认同的层面。

基于以上研究，本书得出的主要结论如下。

（1）上大学前，藏族学生的通用语语用能力差异主要由城乡差异、家庭生活背景、中等和初等教育阶段所就读学校的通用语教育水平、性别等因素造成。上大学后，藏族学生所就读的高校成了影响他们通用语语用能力的重要变量。具体说来，通过定量分析，发现来自城镇的藏族学生的语用能力强于来自农牧区藏族学生的语用能力，藏族女生的通用语语用能力优于藏族男生的语用能力。通过定性分析得知，父亲母亲或其他共同居住人的文化程度以及是否重视通用语教育也是影响藏族学生通用语语用能力的重要因素。上大学后，使用通用语机会的多寡影响藏族学生的语用能力。相比于西部民族地区，东部地区的语言文化环境更有利于藏族学生通用语语用能力的发展。

（2）藏族学生的通用语认同体现在反身性认同、投射性认同、认可性认同以及想象性认同这四个层面，但不同被试认同的侧重点有所不同，这与他们上大学前后的语言社会化过程有关。

（3）家庭、学校、同辈群体、大众传媒等作为社会化的主体对藏族学生的语言认同和国家认同施加影响。进入高校学习后，家庭所施加的影响较小，但其余社会化主体均发挥着不可忽视的作用。在藏族学生接受教育的过程中，广播、电视、网络、课本等作为社会化的手段，均帮助他们形成语言认同，构建国家认同。

（4）通过定量分析，发现就读高校类型是影响藏族学生国家认同的重要变量。通过定性分析，发现藏族学生的通用语语用能力、语言认同和国家认同之间存在着因果关系。具体说来：本书发现随着通用语语用能力的提升，藏族学生的通用语语言认同会进一步加强，而通用语语言认同意识的增强，也使得他们的国家认同意识得到进一步强化。

第三节　研究创新点

本书在研究内容、研究对象、研究方法方面均有所创新，同时也进行了一定的理论创新。通过文献梳理，我们发现有不少研究关注语言社会化、语言认同以及国家认同，但将三者结合起来进行的研究较为罕见。在研究对象方面，目前国内外有一些汉语语言社会化的研究：国外主要聚焦于汉语作为祖裔语言的语言社会化研究，而国内主要关注来华留学生的汉语语言社会化研究。选取藏族大学生这一群体，分析其在通用语社会化过程中的语用能力差异、语言认同差异以及国家认同发展变化的研究尚不多见。在研究方法上，本书采用了民族志和叙事分析相结合的研究方法。通过叙事分析可以追溯藏族学生接受高等教育之前的语言社会化历程。叙事方法为非直接观测的方法。被试所提供的相关信息有不完善、不精确之处，笔者通过被试相互印证及文献资料考证，尽力避免疏漏之处。在前人研究的基础上，本书提出了通用语语言社会化由语用能力的发展、语言认同的形成以及国家认同的构建等三层面构成的观点。同时，本书进一步丰富了语言社会化作为干预手段的观点，提出通用语教学和语言扶贫是语言社会化作为促进公平的手段的运用。

第四节　研究局限性

本书在得出高校藏族学生在通用语社会化过程中有关语用能力发展和认同发展的一些有价值的结论的同时，因受限于笔者的研究水平，尚有不少需要改进的地方。

（1）相关研究工具的设计是在文献梳理的基础上，参照了前人的研究成果，但是由于调查的涉及面比较广、调查项目众多，致使相关内容不够完善。对藏族学生的语用能力的变化主要采用了传统的书面语篇补全测试的方法，由于测试题目大致相同，虽然有数个月的间隔，但不可避免地会对部分学生产生一定的练习效应。

（2）本书虽然挑选了具有代表性的东部地区 H 高校和西部地区 J 高校，调查涉及的院校仍然不够广泛。出于新冠疫情等原因，相关定性研究聚焦于 H 高校，对 J 高校的研究采用了定量调查的方法，相关案例研究不够充分。本书没有定量分析高校藏汉混合班和纯藏族班这两类学生通用语言社会化发展的差异，而这方面的对比研究将能为学校的语言教学和教学管理提供非常有益的参考。

（3）笔者对藏族学生通用语语用能力的研究主要集中在请求、恭维回应以及使用流行语等言语行为等方面，对道歉、致谢等方面的语用能力的发展过程较少涉及。今后对国家通用语言社会化的研究内容可涉及话语标记、情境专用语的习得、句末语气词的习得以及情感态度的表达等。

参考文献

一 中文著作

郭龙生：《中国当代语言规划的理论与实践》，广东教育出版社2008年版。

国家统计局人口和就业统计司、国家民族事务委员会经济发展司编：《中国民族人口资料》，中国统计出版社2002年版。

拉巴平措：《序一》，载马丽华《风化成典——西藏文史故事十五讲》，中国藏学出版社2009年版。

李永斌：《语言和谐背景下西藏的汉语习得和使用》，中国藏学出版社2013年版。

林珍珍编：《少数民族汉语水平模拟试卷（三级）》，世界图书出版公司2017年版。

刘承宇等：《三语教育背景下藏族学生英语语用迁移实证研究》，载《外国语文论丛》编辑部编《外国语文论丛》第8辑，四川大学出版社2018年版。

马学良主编：《汉藏语概论》，民族出版社2003年版。

史兴松等：《来华留学生跨文化语言社会化研究》，首都经济贸易大学出版社2017年版。

王玲宁：《谁来伴我成长：媒介对农村留守儿童的社会化影响》，学林出版社2012年版。

王明珂：《羌在汉藏之间：川西羌族的历史人类学研究》，中华书局

2008年版。

王小林、张晓颖：《迈向2030：中国减贫与全球贫困治理》，社会科学文献出版社2017年版。

武占坤：《汉语熟语通论》，河北大学出版社2007年版。

周运清：《新编社会学大纲》，武汉大学出版社2004年版。

二 中文论文

白玲、文静：《少数民族学生汉语话语标记习得的偏误及对策》，《新疆教育学院学报》2011年第3期。

曹祝兵：《语言接触视角下少数民族学习汉语相关问题探究》，《贵州民族研究》2018年第5期。

车晓庚：《惯用语在对外汉语教学中的难点与应对策略》，《语言文字应用》2006年第2期。

陈高华：《公民教育与国家认同的自觉》，《湖南师范大学教育科学学报》2017年第3期。

陈丽湘：《略论建立语言扶贫的长效机制》，《语言文字应用》2020年第4期。

陈巍、周建平、郭本禹：《本土化的大学生职业可能自我初探——来自4所高校优秀毕业生的叙事访谈研究》，《教育发展研究》2014年第21期。

陈文博：《少数民族汉语教学中高级阶段修辞能力的培养》，《民族教育研究》2007年第2期。

崔新丹：《少数民族学生习得汉语量词的偏误分析》，《语言与翻译》2013年第2期。

崔有为、张砾：《南疆高校维吾尔族大学生汉语礼貌用语语用能力调查研究——以塔里木大学为例》，《长春教育学院学报》2015年第5期。

代少若：《贵州省望谟县复兴镇布依族汉话的语音特征及分析》，《贵州民族研究》2020 年第 5 期。

单宝顺、肖玲：《"一下"与礼貌原则》，《辽东学院学报》（社会科学版）2009 年第 2 期。

董洁：《从"农民工"到工人——城市化进程中流动人口的语言身份认同》，《语言战略研究》2021 年第 3 期。

董洁：《民族志研究视角下的语言身份认同：两例北京农民工子女个案》，《语言学研究》2014 年第 1 期。

方小兵：《当前语言认同研究的四大转变》，《语言战略研究》2018 年第 3 期。

房玉霞：《少数民族学生习得汉语比较句结论项偏误分析》，《语言与翻译》2014 年第 3 期。

甘振业、周世华、曾浩、杨鸿武：《基于 DFCNN-CTC 端到端的藏族学生普通话发音偏误检测》，《西北师范大学学报》（自然科学版）2020 年第 5 期。

高一虹、李玉霞、边永卫：《从结构观到建构观：语言与认同研究综观》，《教学与研究》2008 年第 1 期。

葛数金：《对藏族大学生主流文化认同的思考》，《西藏民族学院学报》（哲学社会科学版）2015 年第 1 期。

管雪梅、何忠泉：《高职院校少数民族学生汉语现状与反思》，《兰州石化职业技术学院学报》2020 年第 1 期。

郭龙生：《扶贫必先扶智 扶智可先通语》，《光明日报》2018 年 1 月 28 日第 1 版。

郭玉梅、杜敏：《国民语言能力提升及语言扶贫实施策略研究——以甘肃甘南地区为例》，《北方民族大学学报》2021 年第 1 期。

韩生辉：《新疆少数民族学生汉语句式习得研究——以"是……的"句式为例》，《新疆教育学院学报》2014 年第 2 期。

韩震：《大众传媒、大众文化与民族文化认同》，《马克思主义与现实》2010 年第 4 期。

郝世亮、范琳俐:《区隔再生还是交融渐进?——藏族大学生的族际交往与族际友谊获得》,《民族教育研究》2020年第3期。

胡鸿、胡健:《二语语用发展理论:社会学研究路向》,《滁州学院学报》2011年第3期。

黄均钧:《合作学习活动参与者的语言社会化——基于一位"敢发言"学生的个案研究》,《外语教育研究前沿》2019年第4期。

黄少安、王麓淙:《民族地区语言扶贫的经济理论基础和实证分析》,《语言文字应用》2020年第4期。

靳雅姝、董淑华:《汉语经典阅读与少数民族学生汉语写作结合策略研究——以延边地区朝鲜族高中为例》,《延边教育学院学报》2018年第4期。

匡芳涛、安礼艳:《语言·交际·社会化 社会化语言习得理论述评》,《外语教育》2008年第8期。

雷虹、王书亭:《英汉恭维语回应的语用差异》,《中国成人教育》2010年第15期。

李凤:《藏族大学生与汉族大学生英语请求策略语用对比研究》,《民族教育研究》2014年第6期。

李圃:《新疆少数民族大学生汉语建议言语行为调查研究》,《喀什师范学院学报》2015年第4期。

李永斌:《拉萨话对普通话语音的变异影响调查》,《西藏民族学院学报》(哲学社会科学版)2014年第6期。

李宇明:《新世纪20年的中国语言规划》,《北华大学学报》(社会科学版)2021年第1期。

李玉红:《精准扶贫背景下的语言扶贫研究》,《人民论坛·学术前沿》2019年第24期。

梁云、史王鑫磊:《新疆少数民族理科生汉语交际策略研究——以新疆师范大学理科实验班为例》,《新疆师范大学学报》(哲学社会科学版)2010年第4期。

刘晨红：《民族高校大学生汉语能力调查研究——以宁夏某民族高校为例》，《赤峰学院学报》（汉文哲学社会科学版）2018 年第 6 期。

刘海红、薛军利：《西藏幼儿园藏族幼儿国家通用语言能力现状调查》，《西藏大学学报》（社会科学版）2020 年第 3 期。

刘惠萍、张绍杰：《请求策略语用对比研究——以新疆维吾尔族大学生为例》，《外语与外语教学》2012 年第 3 期。

刘建达：《语用能力测试研究：现状、问题与启示》，《外语研究》2008 年第 4 期。

刘颂浩、田俊杰：《留学生汉语语用情况调查》，《语言文字应用》1999 年第 1 期。

刘旭：《少数民族学生学习汉语的语用失误分析》，《新疆教育学院学报》2008 年第 2 期。

刘永兵：《少数民族大学生国家认同的实现路径——民汉大学生合班授课》，《大学教育》2021 年第 2 期。

刘玉屏：《农民工语言再社会化分析——以浙江省义乌市为个案》，《中国农村观察》2009 年第 6 期。

刘玉屏：《农民工语言再社会化实证研究——以浙江省义乌市为个案》，《语言文字应用》2010 年第 2 期。

陆汉文、杨永伟：《从脱贫攻坚到相对贫困治理：变化与创新》，《新疆师范大学学报》（哲学社会科学版）2020 年第 5 期。

马戎：《汉语的功能转型、语言学习与内地办学》，《中南民族大学学报》（人文社会科学版）2016 年第 5 期。

马戎：《汉语学习与中国少数族群的现代化》，《社会政策研究》2017 年第 1 期。

马晓娜：《留学生使用汉语惯用语的偏误分析及对策》，《淮北煤炭师范学院学报》（哲学社会科学版）2008 年第 2 期。

纳玉兰：《藏族学生汉语动词使用偏误分析》，《青海师范大学民族师范学院学报》2017 年第 1 期。

邱静远、周洁、汤晨晨、吴瑞林：《少数民族初中生汉语能力的性别差异分析——学习过程的中介作用》，《民族教育研究》2020年第3期。

冉永平：《外语学习的语用学综览与管见》，《外语研究》2006年第1期。

任育新、张荣：《基于民族身份差异的汉语致歉言语行为语用变异研究》，《浙江外国语学院学报》2019年第6期。

荣司平：《论国家意识的结构》，《青海社会科学》2014年第2期。

沈洪成、任菲菲：《语言障碍与隐性区隔：以一所东部高校的维吾尔族学生为个案》，《民族教育研究》2017年第2期。

沈沫：《发展民族地区国家通用语言文字教育的探讨》，《上海教育科研》2019年第4期。

史维国、刘昕怡：《少数民族地区语言扶贫效应研究》，《哈尔滨师范大学社会科学学报》2019年第2期。

孙志青：《二语习得中语境与文化问题的社会语言学视角》，《西北师大学报》（社会科学版）2008年第5期。

田鹏：《语言政策与国家认同：原苏联民族语言政策的失误与思考》，《俄罗斯东欧中亚研究》2013年第1期。

王春辉：《后脱贫攻坚时期的中国语言扶贫》，《语言文字应用》2020年第3期。

王春辉：《语言与贫困的理论和实践》，《语言战略研究》2019年第1期。

王春辉、孙弘扬：《语用失误视角下的留学生语言社会化探讨》，《国际汉语教学研究》2020年第3期。

王凤兰、于屏方、许琨：《基于语料库的汉语语块分类研究》，《语言与翻译》2017年第3期。

王国华：《藏族大学生国家通用语学习动机影响因素及作用机制——基于扎根理论的研究》，《民族教育研究》2021年第2期。

王海兰：《国内经济学视角语言与贫困研究的现状与思考》，《语言战略研究》2019 年第 1 期。

王津京：《蒙古族大学生普通话语音偏误分析》，《语文学刊》2019 年第 6 期。

王莉、崔凤霞：《我国少数民族聚居区内的汉语言认同问题研究——以新疆维吾尔族聚居区为例》，《甘肃社会科学》2009 年第 5 期。

王丽梅、周国炎：《城市化背景下少数民族语言认同与母语保持》，《百色学院学报》2017 年第 6 期。

王盼盼：《英汉恭维语对比微探》，《聊城大学学报》（社会科学版）2009 年第 2 期。

王雪梅：《EFL 学习者语言能力、语用能力性别差异研究及其教学启示》，《外国语言文学》2006 年第 1 期。

王远新：《论我国少数民族语言态度的几个问题》，《满语研究》1999 年第 1 期。

王悦、罗婷、张积家：《民族认同影响双语者的语言态度》，《中国社会科学报》2016 年 7 月 19 日第 3 版。

魏惠琳、张福慧：《语言社会化研究的理论基础及前景展望》，《外语学刊》2013 年第 4 期。

魏惠琳、周春红：《学习态度对美国华裔语言社会化的影响——以请求策略为例》，《教学研究》2013 年第 5 期。

吴爽：《基于语料库的初级阶段汉语形容词习得研究——以新疆少数民族学生为例》，《语言与翻译》2018 年第 3 期。

夏登山、王嘉：《恭维回应与汉语人际语用学语料收集方法》，《外语教学》2019 年第 2 期。

谢治菊、李强：《语言扶贫与普通话技能的减贫效应》，《广西民族大学学报》（哲学社会科学版）2020 年第 1 期。

邢成举、李小云：《相对贫困与新时代贫困治理机制的构建》，《改革》2019 年第 12 期。

邢永萍：《西部民族地区汉语教学的问题及对策研究——以青海省果洛藏族自治州为例》，《青海师范大学民族师范学院学报》2018年第2期。

许红花：《交际语言能力视角下朝鲜族学生初级汉语能力分析》，《东北师大学报》（哲学社会科学版）2018年第5期。

薛风燕、张国云：《新疆两年制少数民族预科生汉语习得中的介词偏误分析》，《民族高等教育研究》2019年第6期。

杨佳：《后结构主义视角下的二语学习者认同研究及启示》，《辽宁大学学报》（哲学社会科学版）2021年第1期。

杨文秀：《语用能力·语言能力·交际能力》，《外语与外语教学》2002年第3期。

杨亦鸣、袁伟：《童语同音，筑梦未来》，《光明日报》2021年10月10日第5版。

姚欣：《语言认同的本质及其发展进路》，《西安外国语大学学报》2020年第4期。

尹洪山：《从社会文化理论到语言社会化理论——二语习得研究的社会学转向》，《青岛科技大学学报》（社会科学版）2011年第1期。

应洁琼：《二语学习者汉语请求言语行为策略选用的社会认知分析》，《外语教学》2021年第4期。

应洁琼：《基于语言社会化理论的留学生汉语语用能力发展研究》，《语言教学与研究》2018年第5期。

于国栋、张艳红：《汉语日常交际中"隐含型"恭维的会话分析》，《山西大学学报》（哲学社会科学版）2019年第4期。

曾洁、黄燕娇：《基于WOS数据的语言社会化研究现状分析》，《西南石油大学学报》（社会科学版）2019年第3期。

曾洁、李婧：《4—5岁儿童羞耻感语言社会化过程探析》，《学前教育研究》2020年第5期。

曾洁、李婧：《语言社会化：二语习得研究的新范式》，《西南石油大学学报》（社会科学版）2019年第6期。

张华娜、张雁军：《中华民族共同体视阈下的语言认同研究》，《西藏发展论坛》2021年第1期。

张绍杰、王晓彤：《"请求"言语行为的对比研究》，《现代外语》1997年第3期。

张西玲：《多元文化背景下西藏大学生跨文化交际能力的培养》，《宝鸡文理学院学报》（社会科学版）2021年第2期。

张亚茹：《试论高级阶段的成语教学》，《语言文字应用》2006年第1期。

张妍哲：《维吾尔族学生汉语量词习得偏误分析》，《民族翻译》2009年第1期。

张艳红、于国栋：《汉语恭维回应语"对比恭维"模式的会话分析》，《现代外语》2016年第5期。

张阳阳、徐平：《西藏自治区国家认同状况调查研究》，《中国藏学》2013年第4期。

张勇、李玲：《内地新疆籍少数民族大学生国家认同影响因素研究》，《河北师范大学学报》（教育科学版）2020年第5期。

周明朗：《语言认同与华语传承语教育》，《华文教学与研究》2014年第1期。

周明朗：《语言社会化过程与初级汉语作为外语教学》，《语言教学与研究》1994年第3期。

周庆生：《论中国通用语言文字共同体》，《云南师范大学学报》（哲学社会科学版）2021年第5期。

周庆生：《与时俱进，全面加强国家通用语言文字教育》，《语言文字报》2021年5月26日第1版。

周庆生：《语言适应 传承模式：以东干族为例》，《语言战略研究》2018年第4期。

周庆生：《语言与认同国内研究综述》，《语言战略研究》2016年第

1 期。

周庆生:《中国语言政策研究七十年》,《新疆师范大学学报》(哲学社会科学版) 2019 年第 6 期。

周彦榜、李强、暴卿、孟祥寒:《短视频对民族地区大学生国家认同的影响》,《心理技术与应用》2021 年第 6 期。

三 外文专著

Alessandro Duranti, Elinor Ochos and Bambi B. Schieffelin, eds. , *The Handbook of Language Socialization*, Malden, MA: Wiley-Blackwel, 2012.

Alexei Leontiev, *Psychology and the Language Learning Process*, London: Pergamon, 1981.

Alison Wray, *Formulaic Language and the Lexicon*, Cambridge: Cambridge University Press, 2002.

Andrew Simpson ed. , *Language and National Identity in Asia*, Oxford: Oxford University Press, 2007.

Aneta Pavlenko and Adrian Blackledge eds. , *Negotiation of Identities in Multilingual Contexts*, Clevedon, UK: Multilingual Matters, 2004.

Bambi B. Schieffelin and Elinor Ochs, eds. , *Language Socialization across Cultures*, Cambridge: Cambridge University Press, 1986.

Benedict Anderson, *Imagined Communities: Reflections on the Origin and Spread of Nationalism* (Rev. ed.), New York: Verso, 1991.

Catherine Kohler Riessman, *Narrative Analysis*, Thousand Oaks, CA: Sage Publications, 1993.

Chris Weedon, *Feminist Practice and Poststructuralist Theory* (2nd ed.), London: Blackwell, 1997.

Claire Kramsch, *The Multilingual Subject*, Oxford: Oxford University Press, 2009.

David Block, *Second Language Identities*, London: Continuum, 2007.

David Block, *The Social Turn in Second Language Acquisition*, Edinburgh: Edinburgh University Press, 2003.

David Miller, *Citizenship and National Identity*, Cambridge: Polity Press, 2000.

Erik H. Erikson, *Identity: Youth and Crisis*, New York: Norton, 1968.

Erving Goffman, *The Presentation of Self in Everyday Life*, Garden City, NY: Doubleday, 1990.

Etienne Wenger, *Communities of Practice: Learning, Meaning, and Identity*, Cambridge: Cambridge University Press, 1998.

Gabriele Kasper, *Can Pragmatic Competence Be Taught?* (NFLRC Net Work No. 6.), Honolulu: University of Hawai'i at Manoa, Second Language Teaching & Curriculum Center, 1997.

Geoffrey Leech, *Principles of Pragmatics*, London: Longman, 1983.

Geoffrey Leech, *The Pragmatics of Politeness*, Oxford: Oxford University Press, 2014.

Henri Tajfel ed., *Differentiation Between Social Groups*, London: Academic Press, 1978.

Istvan Kecskes, *Intercultural Pragmatics*, Oxford: Oxford University Press, 2013.

Istvan Kecskes, *Situation-Bound Utterances in L1 and L2*, Berlin: Mouton De Gruyter, 2003.

James P. Gee, *An Introduction to Discourse Analysis*, London: Routledge, 1996.

Jean Lave and Etienne Wenger, *Situated Learning: Legitimate Peripheral Participation*, Cambridge: Cambridge University Press, 1991.

Jennifer Jenkins, *English as a Lingua Franca: Attitude and Identity*, Oxford: Oxford University Press, 2007.

John Edwards, *Language and Identity: Key Topics in Sociolinguistics*, Cambridge, UK: Cambridge University Press, 2009.

John W. Berry, Ype H. Poortinga, Marshall H. Segall, and Pierre R. Dasen, *Cross-Cultural Psychology: Research and applications* (2nd ed.), Cambridge: Cambridge University Press, 2002.

John Gumperz eds., *Language and Social Identity*, Cambridge: Cambridge University Press, 1982.

Lev Vygotsky, *Mind in Society*, Cambridge, MA: Harvard University Press, 1978.

Lyle F. Bachman, *Fundamental Considerations in Language Testing*, New York: Oxford University Press, 1990.

Lyn Wright Fogle, *Language and National Identity in Asia*, Oxford: Oxford University Press, 2007.

Lyn Wright Fogle, *Second Language Socialization and Learner Agency: Adoptive Family Talk*, Bristol/Buffalo/Toronto: Multilingual Matters, 2012.

Machiko Achiba, *Learning to Request in a Second Language: A Study of Child Interlanguage*, Clevedon, UK: Multilingual Matters, 2002.

Michael Byram, *From Foreign Language Education to Education for Intercultural Citizenship*, Clevedon: Multilingual Matters, 1997.

Michel Foucault, *Power/Knowledge: Selected Interviews and Other Writings, 1972 – 1977*, trans. Colin Gordon, New York: Pantheon Books, 1980.

Nan Jiang, *Advances in Chinese as a Second Language: Acquisition and Processing*, Newcastle Upon Tyne: Cambridge Scholars Publishing, 2014.

Naoko Taguch and Carsten Roever, *Second Language Pragmatics*, Oxford: Oxford University Press, 2017.

Naoko Taguch, *Context, Individual Differences, and Pragmatic Competence*, New York/Bristol: Multilingual Matters, 2012.

Patricia Duff and Nancy Hornberger, eds., *Encyclopedia of Language and Education*, Vol. 8: *Language Socialization*, New York: Springer, 2008.

Patricia Duff and Stephan May, eds., *Encyclopedia of Language and Education, Language Socialization* (3rd ed.), Cham, Switzerland: Springer, 2017.

Paul V. Kroskrity, *Language, History and Identity*, Tucson: University of Arizona Press, 2016.

Penelope Brown and Stephen D. Levinson, *Politeness: Some Universals in Language Usage* (2nd ed.), Cambridge: Cambridge University Press, 1987.

Phil Benson, Gary Barkhuizen, Peter Bodycott, and Jill Brown, *Second Language Identity in Narratives of Study Abroad*, Basingstoke: Palgrave Macmillan, 2013.

Pierre Bourdie, *Language and Symbolic Power*, trans. Gino Raymond & Matthew Adamson, Cambridge: MA: Harvard University Press, 1991.

Pierre Bourdie, *Outline of a Theory of Practice*, Cambridge: Cambridge University Press, 1977.

Richard Bauman and Charles L. Briggs, *Voices of Modernity: Language Ideologies and the Politics of Inequality*, Cambridge: Cambridge University Press, 2003.

Robert Le Page and Andr'ee, *Acts of Identity*, Cambridge: Cambridge University Press, 1985.

Roger I. Simon, *Teaching Against the Grain: Texts for a Pedagogy of Possibility*, New York: Bergin & Garvey, 1992.

Ron Scollon and Suzanne B. K. Scollon, *Narrative, Literacy and Face in Interethnic Communication*, Norwood, NJ: Ablex Publishing, 1981.

Ronald Wardhaugh, *Introduction to Sociolinguistics*, New York: Blackwell. 1984.

Ruth Wodak, Rudolf De Cillia, Martin Reisigl and Karin Liebhart, *The Discursive Constructionof National Identity*, Edinburgh: Edinburgh University Press, 1999.

Shirley Brice Heath, *Ways With Words: Language, Life, and Work in Communities and Classrooms*, Cambridge: Cambridge University Press, 1983.

Shoshana Blum-Kulka, *Dinner Talk: Cultural Patterns of Sociability and Socialization in Family Discourse*, Mahwah, NJ: Erlbaum, 1997.

Shoshana Blum-Kulka, Juliane House, and Gabriele Kasper, eds., *Cross-Cultural Pragmatics: Requests and Apologies*, Norwood, NJ: Ablex, 1989.

Will Kymlicka, *Politics in the Vernacular: Nationalism, Multiculturalism, and Citizenship*, Oxford: Oxford University Press, 2001.

William A. Corsaro, *The Sociology of Childhood* (2nd ed.), Thousand Oaks, CA: Pine Forge Press, 2004.

William D. Labov, *The Social Stratification of English in New York City*, Arlington: Center for Applied Linguistics, 1966.

Zoltán Dörnyei and Ushioda Ema ed., *Motivation, Language Identity and the L2 Self*, Bristol: Multilingual Matters, 2009.

Zoltán Dörnyei, *The Psychology of Second Language Acquisition*, Oxford/New York: Oxford University Press, 2009.

Zoltán Dörnyei, *The Psychology of the Language Learner*, Mahwah, NJ: Lawrence Erlbaum, 2005.

四 外文书中章节

A. Vogel, "Negotiating German Identities in Classroom Interaction: An Analysis of Pronoun Use", in Donald Backman and Aida Sakalauskaite, eds., *Ossi Wessi*, Newcastle, UK: Cambridge Scholars, 2008.

Adrienne Lo, Heidi Fung, "Language Socialization and Shaming", in Alessandro Duranti, Elinor Ochs, and Bambi B. Schieffelin, eds., *The Handbook of Language Socialization*, Malden, MA: Wiley-Blackwell, 2012.

Agnes Weiyun He, "Novices and Their Speech Roles in Chinese Heritage Language Classes", in Robert Bayley and Sandra R. Schecter, eds., *Language Socialization in Bilingual and Multilingual Societies*, Clevedon: Multilingual Matters, 2003.

Aneta Pavlenko and Bonny Norton, "Imagined Communities, Identity, and English Language Teaching", in Jim Cummins and Chris Davison, eds., *International Handbook of English Language Teaching*, New York: Springer, 2007.

Aneta Pavlenko, "Gender and Sexuality in Foreign and Second Language Education: Critical and Feminist Approaches", in Bonny Norton and Kelleen Toohey, eds., *Critical Pedagogies Andlanguage Learning and Language*, Cambridge: Cambridge University Press, 2004.

Anita Pomerantz, "Compliment Responses: Notes on the Cooperation of Multiple Constraints", in Jim Schenkein, ed., *Studies in the Organization of Conversational Interaction*, New York: Academic Press, 1978.

Aurolyn Luykx, "Weaving Languages Together: Family Language Policy and Gender Socialization in Bilingual Aymara Households", in Robert Bayley and Sandra R. Schecter, eds., *Language Socialization in Bilingual and Multilingual Societies*, Clevedon: Multilingual Matters, 2003.

Becker, "Children's Strategic Use of Requests to Mark and Manipulate Social Status", in Stan A. Kuczaj ed., *Language Development: Language, Thought, and Culture*, Hillsdale, NJ: Erlbaum, 1982.

Berna Hendriks, "Dutch English Requests: A Study of Request Performance by Dutch Learners of English", in Martin Pütz and JoAnne Neff-vanAertselaer, eds., *Developing Contrastive Pragmatics: Interlanguage and Cross-Cultural Perspectives*, Berlin, New York: Mouton de Gruyter, 2008.

David Block, "Identity in Applied Linguistics", in Tope Omoniyi and Goodith White, eds., *The Sociolinguistics of Identity*, London: Continuum, 2006.

Dell H. Hymes, "On Communicative Competence", in John B. Pride and Janet Holmes, eds., *Sociolinguistics, Selected Readings*, London, Penguin, 1972.

Don Kulick and Bambi B. Schieffelin, "Language Socialization", in Alessandro Duranti, ed., *A Companion to Linguistic Anthropology*, Malden, MA: Blackwel, 1991.

Donna Patrick, "Language Socialization and Second Language Acquisition in a Multilingual Arctic Quebec Community", in Robert Bayley and Sandra R. Schecter, eds., *Language Socialization in Bilingual and Multilingual Societies*, Clevedon: Multilingual Matters, 2003.

Elinor Ochs and Bambi B. Schieffelin, "Language Socialization: An Historical Overview", in Patricia Duff and Nancy Hornberger, eds., *Language Socialization: Encyclopedia of Language and Education*, Vol. 8, New York, NY: Springer, 2008.

Elinor Ochs and Bambi B. Schieffelin, "The Theory of Language Socialization", in Alessandro Duranti, Elinor Ochs, and Bambi B. Schieffelin, eds., *The Handbook of Language Socialization*, Malden, MA: Wiley-Blackwell, 2012.

Ellen Bialystok, "Symbolic Representation and Attentional Control in Pragmatic Competence", in Gabriele Kasper and Shoshana Blum-Kulka, eds., *Pragmatic Interlanguage*, New York: Oxford University Press, 1993.

Gabriele Kasper, "Speech Acts in Interaction: Towards Discursive Pragmatics", in Kathleen Bardovi-Harlig, J. César Félix-Brasdefer and Alwiya S. Omar, eds., *Pragmatics and Language Learning: Vol. 11*, University of Hawai'i at Manoa: National Foreign Language Resource Center, 2006.

Howard Giles, Richard Bourhis and Donald Taylor, "Towards A Theory of Language in Ethnic Group Relations", in Howard Giles, ed., *Language, Ethnicity and Intergroup Relations*, London: Academic Press, 1977.

Howard Giles and Philip Smith, "Accommodation Theory", in Howard Giles and Robert St Clair eds., *Language and Social Psychology*, Oxford: Blackwel, 1979.

Janezuengler and Kimmarie, "Language Socialization and Second Language Learning", in Eli Hinkel, ed., *Handbook of Research in Second Language Learning and Teaching*, Mahawah: Lawrence Erlbaum Associates, 2005.

John J. Gumperz, "The Speech Community", in David L. Sills and Robert King Merton, eds., *International Encyclopedia of The Social Sciences*, New York: Macmillan, 1968.

Juyoung Song, "Language Socialization in Korean Transnational Communities", in Patricia Duff and Stephan May, eds., *Encyclopedia of Language and Education* (3rd ed.) Cham, Switzerland: Springer International, 2017.

Katharina, B., Peter Broeder, Celia Robert, Simonot, M. & Vasseur, M., "Ways of Achieving Understanding: Communicating to Learn in A Second Language", in Clive Perdye, ed., *Adult Language Acquisition:*

Cross-Linguistic Perspectives; Volume Ⅱ: *The Results*, Cambridge: Cambridge University Press, 1993.

Lei Ye, "Complimenting in Mandarin Chinese", in Gabriele Kasper, ed., *Pragmatics of Chinese as Native and Target Language*, Honolulu, HI: University of Hawai'i, Second Language Teaching and Curriculum Center, 1995.

Li Duanduan, "Pragmatic Socialization", in Patricia Duff and Stephan May, eds., *Encyclopedia of Language and Education* (3rd ed.) Cham, Switzerland: Springer International, 2017.

Li Yang, "Pragmatics Learning and Teaching in L2 Chinese", in Chuanren Ke, ed., *The Routledge Handbook of Chinese Second Language Acquisition*, New York: Routledge, 2018.

Lucien Brown, "Identity and Honorifics Use in Korean Study Abroad", in Celeste Kinginger, ed., *Social and Cultural Dimensions of Language Learning in Study Abroad*, Amsterdam: John Benjamins, 2013.

Lyn Wright Fogle and Kendall A. King, "Bi-And Multilingual Family Language Socialization", in Patricia Duff and Stephan May, eds., *Language Socialization* (3rd ed.), Cham, Switzerland: Springer, 2017.

Mary Bucholtz and Kira Hall, "Language and Identity", in Alessandro Duranti, ed., *A Companion to Linguistic Anthropology*, Malden, MA: Blackwell, 2004.

Matthew Clay Bronson, "The Critical Moment: Language Socialization and The (Re) Visioning of First and Second Language Learning", in Patricia Duff and Nancy Hornberger, eds., *Encyclopedia of Language and Education*, Vol. 8: *Language Socialization*, New York: Springer, 2008.

Michael Canale, "From Communicative Competence to Communicative Language Pedagogy", *Language and communication*, London:

Longman, 1983.

Minggang Wan and Shanxin Zhang, "Research and Practice of Tibetan-Chinese Bilingual Education: Practices, Policies and Concepts", in Feng Anwei, ed., *Bilingual Education in China : Practices, Policies, and Concepts*, Clevedon: Multilingual Matters, 2007.

Patricia A. Duff, Liam Doherty, "Chinese Second Language Socialization", in Chuanren Ke, ed., *The Routledge Handbook of Chinese Second Language Acquisition*, New York: Routledge, 2018.

Patricia A. Duff, Liam Doherty, "Examining Agency in (Second) Language Socialization Research", in Ping Deters, Xuesong (Andy) Gao, Elizabeth R. Miller, and Gergana Vitanova eds., *Interdisciplinary Approaches to Theorizing and Analyzing Agency and Second Language Learning*, Bristol, UK: Multilingual Matters, 2015.

Patricia Baquedano-López and Shlomy Kattan, "Growing up in a Multilingual Community: Insights from Language Socialization", in Peter Auer and Li We, eds., *Handbook of Multilingualism and Multilingual Communication*, Berlin, Germany: Mouton de Gruyter, 2007.

Patricia Duff and Steven Talmy, "Language Socialization Approaches to Second Language Acquisition: Social, Cultural and Linguistic Development in Additional Languages", in Dwight Atkinson, ed., *Alternative Approaches to Second Language Acquisition*, New York: Routledge, 2011.

Patricia Duff, "Language Socialization, Higher Education, and Work", in Patricia Duffand Stephan May, eds., *Encyclopedia of Language and Education* (3rd ed.) Cham, Switzerland: Springer International, 2017.

Patricia Duff, "Language Socialization, Participation and Identity", inm. Martin-Jones, A. M. De Mejia and N. H. Hornberger, eds., *Encyclopedia of Language and Education, New York: Springer Publishing, 2008.

Patricia M. Clancy, Noriko Akatasuka and Susan Strauss, "Deontic Modality and Conditionality in Discourse: A Cross-Linguistic Study of Adult Speech to Young Children", in Akio Kamio, ed., *Directions in Functional Linguistics*, Amsterdam: John Benjamins, 1997.

Patricia M. Clancy, "The Acquisition of Communicative Style in Japanese", in Bambi B. Schieffelin and Elinor Ochs, eds., *Language Socialization across Cultures*, Cambridge, UK: Cambridge University Press, 1986.

Qingxia Dai and Yanyan Cheng, "Typology of Bilingualism and Bilingual Education in Chinese Minority Nationality Regions: Practices, Policies and Concepts", in Feng Anwei, ed., *Bilingual Education in China: Practices, Policies, and Concepts*, Clevedon: Multilingual Matters, 2007.

Richard Frederick Young, "Interactional Competence in Language Learning, Teaching, and Testing", in Eli Hinkel, ed., *Handbook of Research in Second Language Learning and Teaching*, New York: Routledge, 2011.

Richard Schmidt, "Attention", in Peter Robinson, ed., *Cognition and Second Language Instruction*, Cambridge: Cambridge University Press, 2001.

Richard Schmidt, "Consciousness and Foreign Language Learning: A Tutorial on the Role of Attention and Awareness in Learning", in Richard Schmidt, ed., *Attention and Awareness in Foreign Language Learning*, Honolulu, HI: University of Hawai'i, Second Language Teaching & Curriculum Center, 1995.

Richard Schmidt, "Consciousness, Learning and Interlanguage Pragmatics", in Gabriele Kasper and Shoshana Blum Kulka, eds., *Interlanguage Pragmatics*, Oxford: Oxford University Press, 1993.

Steven L. Arxer, Maria del Puy Ciriza & Marco Shappeck, "Language Resocialization and Gender Allies", in Jason L. Powell and Sheying Chen eds., *Aging in a Second Language, International Perspectives on Aging*, Vol. 17, Cham, Switzerland: Springer, 2017.

Steven L. Thorne, "Transcultural Communication in Open Internet Environments and Massively Multiplayer Online Games", in Sally Sieloff Magnan, ed., *Mediating Discourse Online*, Amsterdam: John Benjamins, 2008.

Tenzin Dorjee, "Tibetan Communication Modes", in Young Yun Kim, ed., *The International Encyclopedia of Intercultural Communication*, New York: John Wiley & Sons, Inc., 2017.

Tianglu Zhang and Chuanren Ke, "Research on L2 Chinese Character Acquisition", in Chuanren Ke, ed., *The Routledge Handbook of Chinese Second Language Acquisition*, New York: Routledge, 2018.

W. E. Lambert, R. C. Hodgson, R. C. Gardner, and S. Fillenbaum, "Evaluational Reactions to Spoken Languages", in Anwar S. Dil, ed., *Language, Psychology, and Culture*, Stanford: Stanford, 1960/1972.

Wei Cai, "Chinese Listening Comprehension: Research and Pedagogy", in Chuanren Ke, ed., *The Routledge Handbook of Chinese Second Language Acquisition*, New York: Routledge, 2018.

Wenhao Diao, "(Dis) Engagement in Internet Linguistic Practices Among Sojourners in China", in Shuai Li and Peter Swanson, eds., *Engaging Language Learners Through Technology Integration: Theory, Applications, and Outcomes*, Hershey, PA: IGI Global, 2004.

Xiao Lan Curdt-Christiansen, "Language Socialization through Textbooks", in Patricia Duff and Stephan May, eds., *Encyclopedia of Language and Education*, *Language Socialization* (3rd ed.), Berlin: Springer, 1991.

Xiaoping Gao, "Development of Pragmatic Competence: Compliment Responses L2 Learners of Chinese", in Istvan Kecskes and Chaofen Sun, eds., *Key Issues in Chinese as a Second Language Research*, New York: Routledge, 2017.

Zoltán Dörnyei, Valerie Durow and Khawla Zahran, "Individual Differences and Their Effects Formulaic Sequence Acquisition", in Norbert Schmitt, ed., *Formulaic Sequences: Acquisition, Processing and Use*, Amsterdam: John Benjamins Publishing Company, 2004.

五 外文论文

Alice Chik, "Digital Gaming and Language Learning: Autonomy and Community", *Language Learning and Technology*, Vol. 18, No. 2, 2014.

Amy Snyder Ohta, "Socializing the Expression of Affect: an Overview of Affective Particle Use in the Japanese As A Foreign Language Classroom", *Issues in Applied Linguistics*, Vol. 5, 1994.

Andrew Sangpil Byon, "Planguage Socialization in Korean-as-a-Foreign-Language Classroomsr", *Bilingual Research Journa*, Vol. 30, No. 2, 2006.

Andrew Sangpil Byon, "Sociopragmatic Analysis of Korean Requests: Pedagogical Settings", *Journal of Pragmatics*, Vol. 36, No. 9, 2004.

Bonny Norton Andkelleen Toohey, "Changing Perspectives on Good Language Learners", *TESOL Quarterly*, Vol. 35, No. 2, 2001.

Bonny Norton, "Language, Identity and the Ownership of English", *TESOL Quarterly*, Vol. 31, No. 3, 1997.

Caroline H. Vickers, "Second Language Socialization through Team Interaction among Electrical and Computer Engineering Students", *Modern Language Journal*, Vol. 91, 2007.

Chen-Hsin Tang, Grace Qiao Zhang, "A Contrastive Study of Compliment Responses among Australian English and Mandarin Chinese Speakers", *Journal of Pragmatics*, Vol. 41, No. 2, 2009.

Chung-Hye Han, "A Comparative Study of Compliment Responses: Korean Females in Korean Interactions and in English Interactions", *Working Papers in Educational Linguistics*, Vol. 8, No. 2, 1992.

Chunlin Yao and Ghil'ad Zuckermann, "Language Vitality and Language Identity-Which One Is More Important? Tibetan-Chinese Bilingual Education in Maketang Versus Huazangsi", *Language Problems & Language Planning*, Vol. 40, No. 2, 2016.

Claus Faerch and Gabriele Kasper, "Pragmatic Knowledge: Rules and Procedures", *Applied Linguistics*, Vol. 5, 1984.

Debra, "Speaking Correctly: Error Correction as a Language Socialization Practice in a Ukrainian Classroom", *Applied Linguistics*, Vol. 31, 2010.

Duanduan Li, "The Pragmatics of Making Requests in the L2 Workplace: A Case Study of Language Socialization", *Canadian Modern Language Review*, Vol. 57, 2000.

Eli Hinkel, "When in Rome: Evaluations of L2 Pragmalinguistic Behaviors", *Journal of Pragmatics*, Vol. 26, 1996.

Florian Coulmas, "On the Sociolinguistic Relevance of Routine Formulas", *Journel of Pragmatics*, Vol. 3, 1979.

Gabriele Kasper and Merete Dahl, "Research Methods in Interlanguage Pragmatics", *Studies in Second Language Acquisition*, Vol. 13, 1991.

Gabriele Kasper, "Four Perspectives on L2 Pragmatic Development", *Applied Linguistics*, Vol. 22, 2001.

Hans J. Ladegaard, "Language Attitudes and Sociolinguistic Behavior: Exploring Attitude-Behavior Relations in Language", *Journal of Sociolinguistics*, Vol. 4, No. 2, 2000.

Hao Xu, "Putonghua As 'Admission Ticket' to Linguistic Market in Minority Regions in China", *Language Policy*, Vol. 18, No. 1, 2019.

Hong-Hui Zhou, "A Study of Situation-Bound Utterances in Modern Chinese", *CASLAR: Chinese as a Second Language Research*, Vol. 1, No. 1, 2012.

Howard Giles and Patricia Johnson, "Ethnolinguistic Identity Theory: A Social Psychological Approach to Language Maintenance", *International Journal of the Sociology of Language*, Vol. 68, 2009.

Istvan Kecskes, "Situation-Bound Utterances as Pragmatic Acts", *Journal of Pragmatics*, Vol. 42, No. 11, 2010.

Istvan Kecskes, "Situation-Bound Utterances in Chinese", *East Asian Pragmatics*, Vol. 1, No. 1, 2015.

Ivan T. Boskov, "Russian Foreign Policy Motivations", *Memo*, No. 4, 1993.

Jacob Marschak, "Economics of Language", *Behavioral Science*, Vol. 10, 1965.

Janet Holmes, "Compliments and Compliment Responses in New Zealand English", *Linguistics*, Vol. 28, 1988.

Jenny Thomas, "Cross-Cultural Pragmatic Failure", *Applied Linguistics*, Vol. 4, 1983.

John R. Searle, "A Classification of Illocutionary Acts", *Language in Society*, Vol. 5, No. 3, 1976.

Kathleen Bardovi-Harlig, "Exploring the Interlanguage of Interlanguage Pragmatics: A Research Agenda for Acquisitional Pragmatics", *Language Learning*, Vol. 49, 1999.

Kenneth R. Rose, "On the Effects of Instruction in Second Language Pragmatics", *System*, Vol. 33, 2005.

Li Jin, "When in China, Do as the Chinese Do? Learning Compliment Responding in a Study Abroad Program", *Chinese as A Second Language Research*, Vol. 1, No. 2, 2012.

Linda L. Harlow, "Do They Mean What They Say? Sociopragmatic Competence and Second Language Learners", *The Modern Language Journal*, Vol. 74, No. 3, 1990.

Maria Sabaté i Dalmau and Hortènsia Curell i Gotor, "From 'Sorry Very Much' to 'I'm Ever So Sorry': Acquisitional Patterns in L2 Apologies by Catalan Learners of English", *Intercultural Pragmatics*, Vol. 4, No. 2, 2007.

Mary Bucholtz and Kira Hall, "Theorizing Identity in Language and Sexuality Research", *Language in Society*, Vol. 33, No. 4, 2004.

Matthew Burdelski and Haruko Minegish Cook, "Formulaic Language in Language Socialization", *Annual Review of Applied Linguistics*, Vol. 32, 2012.

Max-Sebastian Dovì, "Does Higher Language Proficiency Decrease the Probability of Unemployment? Evidence from China", *China Economic Review*, Vol. 54, No. 2, 2019/2007.

Meryl Siegal, "The Role of Learner Subjectivity in Second Language Sociolinguistic Competency: Western Women Learning Japanese", *Applied Linguistics*, Vol. 17, 1996.

Miaoyan Yang, "From Dislocated to Local: Policy Implications of 'Educational Aid for Tibet'", *Asian Studies Review*, Vol. 43, No. 1, 2018.

Michael Canaleand Merrill Swain, "Theoretical Bases of Communicative Approaches to Second Language Teaching and Testing", *Applied Linguistic*, No. 1, 1980.

Ming-Chung Yu, "Interlinguistic Variation and Similarity in Second Language Speech Act Behavior", *The Modern Language Journal*, Vol. 88, No. 1, 2004.

Mónica Cabrera and Nicholas Usaj, "The L2 Acquisition of the Mandarin Chinese Perfective Marker-Le By 11 English Speakers", *International Security*, Vol. 15, No. 3, 1990/1991.

Nancy Bell, "Exploring L2 language Play as an Aid to SLL: A Case Study of humour in NS-NNS interaction", *Applied Linguistics*, No. 2, 2005.

Naokotaguch, "Teaching Pragmatics: Trends and Issues", *Annual Review of Applied Linguistics*, Vol. 31, 2011.

Paul B. Garrett and Patricia Baquedano-López, "Language Socialization: Reproduction Andcontinuity, Transformation and Change", *Annual Review of Anthropology*, Vol. 31, No. 1, 2002.

Penelope Eckert, "The Whole Woman: Sex and Gender Differences in Variation", *Language Variation and Change*, Vol. 1, 1989.

Phil Benson, Gary Barkhuizen, Peter Bodycott and Jill Brown, "Study Abroad and the Development of Second Language Identities", *Applied Linguistics Review*, Vol. 3, No. 1, 2012.

Philipgleason, "Identifying Identity: A Semantic History", *Journal of American History*, Vol. 69, 1983.

Pierce Bonny Norton, "Social Identity, Investment, and Language Learning", *TESOL Quarterly*, Vol. 29, No. 1, 1995.

Rachel L. Shively and Andrew D. Cohen, "Development of Spanish Requests and Apologies During Study Abroad", *The Modern Language Journal*, Vol. 7, No. 91, 2009.

Rachel L. Shively, Mandy R. Menke and Sandra M. Manzón-Omundson, "Perception of Irony by L2 Learners of Spanish", *Issues in Applied Linguistics*, Vol. 2, 2008.

Rebeca Bataller, "Making a Request for a Service in Spanish: Pragmatic Development in the Study Abroad Setting", *Foreign Language Annals*, Vol. 43, No. 1, 2010.

Rogers Brubaker and Frederick Cooper, "Beyond 'Identity'", *Theory and Society*, Vol. 29, 2000.

Rong Chen and Dafu Yang, "Responding to Compliments in Chinese: Has It Changed?", *Journal of Pragmatics*, Vol. 42, 2010.

Rong Chen, "Responding to Compliments: A Contrastive Study of Politeness Strategies between American English and Chinese Speakers", *Journal of Pragmatics*, Vol. 20, No. 3, 1993.

Saad Al-Gahtani and Carsten Roever, "Proficiency and Preference Organization in Second Language Refusals", *Journal of Pragmatics*, Vol. 129, 2018.

Shoshana Blum-Kulka and Elite Olshtain, "Requests and Apologies: A Cross-Cultural Study of Speech Act Realization Patterns (Ccsarp)", *Applied Linguistics*, Vol. 5, No. 3, 1984.

Shuai Li, "The Effects of Different Levels of Linguistic Proficiency on the Development of L2 Chinese Request Production During Study Abroad", *System*, Vol. 45, 2014.

Stephen Van Evera, "Primed for Peace: Europe after the Cold War", *International Security*, Vol. 15, No. 3, 1990/1991.

Tabitha W. Payne and Richard Lynn, "Sex Differences in Second Language Comprehension", *Personality & Individual Differences*, Vol. 50, 2011.

Wan Shun Eva Lam, "Multiliteracies on Instant Messaging in Negotiating Local, Translocal, and Transnational Affiliations: A Case of an Adolescent Immigrant", *Reading Research Quarterly*, Vol. 44, No. 4, 2009.

Wenhao Diao, "Peer Socialization into Gendered L2 Mandarin Practices in a Study Abroad Context: Talk in the Dorm", *Applied Linguistics*, Vol.

37, 2016.

Xiao Lancurdt-Christiansen, "Reading the World through Words: Cultural Themes in Heritage Chinese Language Textbooks", *Language and Education*, Vol. 22, No. 2, 2008.

Yasukokanno and Bonny Norton eds., "Imagined Communities and Educational Possibilities [Special Issue]", *Journal of Language, Identity and Education*, Vol. 2, No. 4, 2003.

Yuh-Fang Chang, "How to Say No: An Analysis of Cross-Cultural Difference and Pragmatic Transfer", *Language Sciences*, No. 4, 2009.

Yuh-Fang Chang, "'I No Say You Say Is Boring': The Development of Pragmatic Competence in L2 Apology", *Language Sciences*, Vol. 32, 2010.

Yunwen Su and Wei Ren, "Developing L2 Pragmatic Competence in Mandarin Chinese: Sequential Realization of Requests", *Foreign Language Annals*, Vol. 50, No. 2, 2017.

六 未刊文献

陈钰：《第二语言学习者在汉语学术写作中的身份认同发展》，博士学位论文，华东师范大学，2015年。

潘静：《英语国家来华留学生的身份认同与汉语学习之间的关系研究》，硕士学位论文，南京大学，2016年。

邬美丽：《在京少数民族大学生语言使用及语言态度调查》，博士学位论文，中央民族大学，2007年。

邢彦辉：《电视仪式传播与国家认同研究》，博士学位论文，武汉大学，2013年。

杨玉：《云南少数民族大学生民族认同与语言态度研究》，博士学位论文，上海外国语大学，2013年。

张媛：《媒介、地理与认同：中国西南地区少数民族国家认同的形成与变迁》，博士学位论文，浙江大学，2014 年。

赵翠兰：《精神追寻：农民工子女的语言与自我认同》，博士学位论文，南京师范大学，2011 年。

Debra A. Friedman, (Re) Imagining the Nation: Language Socialization in Ukrainian Classrooms, Ph. D. dissertation, University of California, Los Angeles 2006.

Unpublished Doctoral Dissertation, University of California, Los Angeles, 2006.

附　录

附录一　语言使用倾向和语言评价调查问卷

说明：感谢您接受调查，完成下列问卷大概需要花费您 5—10 分钟。

调查时间：_____ 年 _____ 月 _____ 日

被调查者姓名：_____；学校：_____ 班级：_____

您的年龄（周岁）_____；您是_____族

您的出生地（具体到县或区，如：青海海南州共和县、西藏拉萨市城关区）_____

1. 您的家庭所在地为：

1) 城镇　　2) 农村　　3) 牧区（请选择并在数字前打钩）

2. 性别：

1) 男　　　　　2) 女

3. 在上大学之前，您经常收看什么语言或方言的电视节目（可多选）？

1) 安多方言　　2) 卫藏方言　　3) 康方言

4) 普通话　　　5) 汉语方言　　6) 不看任何电视节目

4. 在上大学之前，您经常收听什么语言或方言的广播节目（可多选）？

1）安多方言　　　2）卫藏方言　　　3）康方言

4）普通话　　　　5）汉语方言　　　6）不听任何广播节目

5. 您是否阅读汉语期刊报纸？

1）经常阅读　　　2）有时阅读　　　3）偶尔阅读

4）从来不阅读

6. 您是否阅读藏文期刊报纸？

1）经常阅读　　　2）有时阅读　　　3）偶尔阅读

4）从来不阅读

7. 您上网浏览什么语言的内容信息？

1）藏语　　　　　2）汉语

8. 您使用QQ或微信时使用什么语言？

1）藏语　　　　　2）汉语　　　　　3）不使用QQ或微信

9. 您现在能使用哪些语言或方言与他人对话（可多选）？

1）安多方言　　　2）卫藏方言　　　3）康方言

4）普通话　　　　5）汉语方言

10. 在您上小学之前，您父亲和您用什么语言或方言交谈（可多选）？

1）安多方言　　　2）卫藏方言　　　3）康方言

4）普通话　　　　5）汉语方言　　　6）无此情况

11. 在您上小学之前，您母亲和您用什么语言或方言交谈（可多选）？

1）安多方言　　　2）卫藏方言　　　3）康方言

4）普通话　　　　5）汉语方言　　　6）无此情况

12. 现在您跟父亲说什么语言或方言（可多选）？

1）安多方言　　　2）卫藏方言　　　3）康方言

4）普通话　　　　5）汉语方言　　　6）无此情况

13. 现在您跟母亲说什么语言或方言（可多选）？

1）安多方言　　　2）卫藏方言　　　3）康方言

4）普通话　　　　5）汉语方言　　　6）无此情况

14. 您在家和兄弟姐妹说什么语言或方言（可多选)？

1）安多方言　　　2）卫藏方言　　　3）康方言

4）普通话　　　　5）汉语方言　　　6）无此情况（无兄弟姐妹）

15. 您和本民族邻居或熟人聊天时说什么语言或方言（可多选)？

1）安多方言　　　2）卫藏方言　　　3）康方言

4）普通话　　　　5）汉语方言

16. 您用什么语言或方言和国内其他民族邻居或熟人交谈（可多选)？

1）安多方言　　　2）卫藏方言　　　3）康方言

4）普通话　　　　5）汉语方言

17. 您在当地遇到陌生人的时候说什么语言或方言（可多选)？

1）安多方言　　　2）卫藏方言　　　3）康方言

4）普通话　　　　5）汉语方言

18. 您对藏语的印象如何？1为最低分，5为最高分

A. 好听 1（　）2（　）3（　）4（　）5（　）

B. 亲切 1（　）2（　）3（　）4（　）5（　）

C. 有社会影响 1（　）2（　）3（　）4（　）5（　）

D. 有用 1（　）2（　）3（　）4（　）5（　）

19. 您对普通话的印象如何？1为最低分，5为最高分。

A. 好听 1（　）2（　）3（　）4（　）5（　）

B. 亲切 1（　）2（　）3（　）4（　）5（　）

C. 有社会影响 1（　）2（　）3（　）4（　）5（　）

D. 有用 1（　）2（　）3（　）4（　）5（　）

20. 您对汉语方言的印象如何？1为最低分，5为最高分。

A. 好听 1（　）2（　）3（　）4（　）5（　）

B. 亲切 1（　）2（　）3（　）4（　）5（　）

C. 有社会影响 1（　）2（　）3（　）4（　）5（　）

D. 有用 1（　） 2（　） 3（　） 4（　） 5（　）

21. 您对英语的评价如何？

　A. 好听 1（　） 2（　） 3（　） 4（　） 5（　）

　B. 亲切 1（　） 2（　） 3（　） 4（　） 5（　）

　C. 有社会影响 1（　） 2（　） 3（　） 4（　） 5（　）

　D. 有用 1（　） 2（　） 3（　） 4（　） 5（　）

22. 您认为掌握哪种语言或方言比较非常重要？

　1. 安多方言（　）　2. 卫藏方言（　）　3. 康方言（　）

　4. 普通话（　）　5. 英语（　）　6. 汉语方言（　）

23. 假如您家附近有不同语言授课的小学，您希望子女去以什么语言作为主要授课语言的小学？

　1. 安多方言（　）　2. 卫藏方言（　）　3. 康方言（　）

　4. 普通话（　）　5. 英语（　）　6. 汉语方言（　）

24. 您希望哪种语言或方言有较大的发展？

　1. 安多方言（　）　2. 卫藏方言（　）　3. 康方言（　）

　4. 普通话（　）　5. 英语（　）　6. 汉语方言（　）

附录二　语用能力测试选择题

1. 刘璇不小心把菜炒烂了，没人替她背黑锅。此处"背黑锅"的意思是：

　　A. 拿黑色的锅　　　　　　B. 解释清楚

　　C. 承担责任　　　　　　　D. 做饭

2. 她常常给同事戴帽子。此处"戴帽子"的意思是：

　　A. 把帽子给别人　　　　　B. 戴上帽子

　　C. 在背后说人坏话　　　　D. 担心别人冷

3. 张明这个人说的比唱的好听，你以后就知道了。说话人对张明的评价是：

　　A. 演讲技能高超　　　　　B. 说话嗓音动听

　　C. 言语和行动不一致　　　D. 歌唱得好

4. 我们供他吃喝，我可不想他将来变成了白眼儿狼。此处"白眼儿狼"的意思是：

　　A. 变成狼　　　　　　　　B. 很凶残

　　C. 忘恩负义　　　　　　　D. 无法无天

5. 你可不知道，如若不是我，张广他能有今天？讲话者认为：

　　A. 他对张广帮助很大

　　B. 他和张广有所不同

　　C. 张广能有今天的成就确实不容易

　　D. 张广今天不在

6. 他办辅导班没有取得办学许可证，只是注册了教育咨询公司，但是他善于打擦边球，目前公司还运营着。此处"打擦边球"的意思是：

  A. 教学生打球   B. 打的球擦了边

  C. 游走在法律边缘   D. 擦球

7. 我在日喀则上小学一年级开始学习普通话，在_____学了六年以后来拉萨。横线上填哪个词最合适？

  A. 这里   B. 那里

  C. 日喀则   D. 哪里

8. 如果有人问："王同学，你不介意我在这儿抽烟吧？"你会怎么回答？

  A. 是的，我在乎   B. 没关系，抽吧

  C. 吸烟有害健康   D. 我不抽烟

9. 你同学对你说："帮我去菜鸟驿站取一下快递，可以吗？"你不想帮他取件，如何回答？

  A. 很抱歉，你自己去取吧

  B. 真不好意思，我现在有事

  C. 你自己想想办法吧

  D. 我不取快递

10. 张新是一名程序员，一天在和朋友聊天时，他说他星期天还要搬砖。此处"搬砖"是指：

  A. 搬砖头   B. 搭积木

  C. 做重复性工作   D. 去工地干活

11. 学生王静对赵老师说："赵老师，真对不起，我昨天去医院挂水了，没能来上课。"赵老师最有可能怎样回答？

  A. 缺一次课不要紧   B. 没关系，多保重身体

  C. 我为你生病而感到难过   D. 生病可不好

12. 酒店清洁工来你的客房打扫房间，你对他说"谢谢"。清洁

工如下回答中，哪个不合适？

  A. 没事没事   B. 不用谢

  C. 没问题   D. 这是我应该做的

13. 你回到了拉萨，见到一位久未见面的熟人，她/他说："你真漂亮/帅，比以前更漂亮/帅了。"下列哪个回答不合适？

  A. 哪里哪里   B. 谢谢

  C. 不能这样说   D. 你也很漂亮

14. 张华去做上门家教，学生姥姥把张华送到外面，张华说："您回去吧，门开着暖气会散掉。"张华的意思是：

  A. 你回去关门   B. 你不用再送我了

  C. 你没关门，不太好   D. 供暖设备质量欠佳

15. 假设你是南京大学学生，在市中心玩了半天，打算打出租车回到学校，你对司机怎么说？

  A. 去南大仙林校区

  B. 把我送到南大仙林校区，好吗

  C. 麻烦您把我送到南大仙林校区好吗

  D. 我想知道您不能把我送到南大仙林校区

16. 在校园里，杰克对一个陌生的女生说："你很性感。"这样做恰当吗？

  A. 不恰当，女孩会认为他言辞无理

  B. 不恰当，女孩和她不相识

  C. 恰当，女孩喜欢别人这样称赞她漂亮

  D. 恰当，我们应该善于发现别人的优点

17. 王斌由于学习成绩优异，被评为校优秀学生，老师和同学向他表示祝贺，他可能会说：

  A. 我学习成绩还可以，可以获得这个奖项

  B. 我做得还是很不够，这个奖不应该颁发给我

  C. 我取得一些进步是和老师和同学们的帮助分不开的

D. 我非常努力，才获得这个奖项

18. 李娟有意去别的小学工作，向目前任教的小学的校长递交了一封辞职信，校长当时说"我们要研究研究"。数天后，李娟再次找校长，校长说"学生挺喜欢你，说你课上得好，辞职的事以后再说吧"。校长的意思是：

A. 校领导们还没有研究好

B. 她以后再跟李娟谈这个问题

C. 她希望李娟继续留在当前小学

D. 校长还没有研究好

19. 你有一副精致的手镯，你同学说："多漂亮的手镯啊，但愿我也能有这样的手镯"，下列哪项回应不恰当？

A. 谢谢　　　　　　　　B. 一般般

C. 你也可以买一副　　　D. 这手镯没用

20. 李刚和张兵是朋友，他们约定八点在教室门前碰头，李刚迟到了，张兵最有可能会怎么说？

A. 你怎么又迟到了？我都等了半小时了！

B. 你下次可以早点吗？

C. 路上遇到什么事了吗？

D. 你下次不能迟到！

附录三　语篇补全对话测试

本次调查是为了了解您的国家通用语语用水平。如果您身处下列情境，您会怎么表达？请将您想要表达的内容填在题目之后横线上。对于1—6题请写出您认为最合适的表达方式，对于第7题和第8题，如果您认为有多种回应方式，请写出所有您认为得体的回应方式。本测试与大学语文成绩评定无关，纯粹用于教学科研。非常感谢您抽出时间完成测试。对于测试结果，我们严格保密。

性别_____　　班级_____　　出生地_____（具体到县或区，如青海海南州共和县、西藏拉萨市城关区），您的家庭所在地为：1 城镇；2 农村；3 牧区（请选择并在数字前打钩）

1. 上节课你因为生病而缺课了，但你担心错过了上课所讲的重要知识点。你知道你的同班同学小王记笔记比较认真。你想借她的课堂笔记用一下，你会对她怎么说？

_____

_____。

2. 你把你的校园一卡通弄丢了，你要去学生服务中心挂失并重新办理一张新卡，你去学生服务中心找行政人员办理一张新卡，你会对他怎么说？

_____

_____。

3. 你知道隔壁学校的浴室环境很好，也想去那边洗澡，进入那所学校后，你不知道去浴室怎么走。这时你看到一位大学生走来，你想向他问路，你会怎么说？

_____
_____。

4. 你刚加入学校英语俱乐部，王芳也加入了英语俱乐部，你和王芳并不熟悉，但你知道王芳和李玲较熟，而你有事要向李玲咨询，你想向她询问李玲的电话号码，你会对她怎么说？

_____
_____。

5. 你要去一外资企业实习，你请你的英语老师张老师帮你写一封推荐信，你对他怎么说？

_____
_____。

6. 你要求你的舍友去开水房帮你打一瓶开水，你会对他怎么说？

_____
_____。

7. 课堂上，老师称赞你的普通话很好，你怎么回应？

A _____ ；
B _____ ；
C _____ ；
D _____ 。

8. 你的同学用普通话称赞你刚买的一件衣服非常漂亮，你怎么回答？

A _____ ；
B _____ ；
C _____ ；
D _____ 。

附录四　言语行为编码方案[①]

中心言语行为：传达目标请求意图的话语/表达

1. **直接表达**

（1）祈使：言外之力（Illocutionary Force）通过祈使句直接传达。

如：把黑板擦给我/请把黑板擦给我。

（2）施为：言外之力由行为动词明确表述。

如：我要你把黑板擦给我。

（3）责任陈述：强制句中的言外之力是可以推导出来的。

如：你应该把黑板擦给我。

（4）需要陈述：言外之力可以在想要/希望/需要语句中衍生出来。

如：我想要你给我黑板擦/我希望你给我黑板擦。

2. **间接表达**

（5）预备问题：指准备条件，如：听话人执行动作的能力、意愿或可能性。

如：你能把黑板擦给我吗？

[①] 请求行为编码方案基于 Shoshana Blum-Kulka, Juliane House, and Gabriele Kasper, eds., *Cross-Cultural Pragmatics*: *Requests and Apologies*, Norwood, NJ: Ablex, 1989 改编。

（6）建议：言外之意被表述为建议

如：把黑板擦给我怎样？

（7）许可：说话者请求听话者的许可。

如：我可以用一下你的橡皮擦吗？

3. 规约问题

表达请求意图的公式化问题。

如：你有橡皮擦吗？

修饰语

1. 模糊语：尽量减少自我表达的单词。如：一下、有点等。

2. 增强语气词：加强或提高自我表达的单词。如：绝对、确实、真的等。

3. 理由：说话者给出理由、解释或证明其行为正当性的原因。如：我错过了公交。

4. 道歉：说话者对强加于人的行为表示道歉。如：对不起。

5. 预备语：说话者让听话者对发出的请求有所准备。如：我想问你一件事？能帮我一个忙吗？

6. 确认：说话者确认请求是否可以接受。如：我想出去透透气，可以吗？

7. 感激：表达感谢之情。如：谢谢你/非常感谢。

8. 请求建议：说话者请求建议。如：你觉得我应该怎样做。

9. 减少强制程度。说话者减少了对听者施加的强制程度。如：你有空时/你如果有空的话。

10. 听话者获益：表达听者遵从请求的好处。如：我还需要几天时间，这样我可以把论文写得更好一点。

11. 允诺：对听话者的承诺。如：三天之内我一定还您。

12. 获取注意：表达问候等。如：打扰了。

附录五 国家认同测量量表

以下部分的问题,请根据您的真实体验来回答,请在方框内打钩(√,单选)以表明您在何种程度上同意这种说法。

1＝非常不同意 2＝不同意 3＝一般 4＝同意 5＝非常同意

序号	问题	1	2	3	4	5
1	中华传统文化在世界各地的影响力呈不断上升的趋势					
2	在世界政治和经济中,中国是越来越重要的一极					
3	在法律允许范围内可以做任何事情					
4	中国抗击新冠疫情的成就举世瞩目					
5	依法纳税是每个公民的义务					
6	人民军队能保护我们的国家					
7	世界上大多数人都跟中国人一样,世界就会变得更加美好					
8	有必要学习《论语》《史记》等国学经典					
9	对我来说,国庆节是神圣的日子					
10	我觉得自己是中国的一部分					
11	我喜欢过中秋节					
12	在观看各类球赛时,我会主动为中国球员呐喊助威					

续表

序号	问题	1	2	3	4	5
13	看到天安门城楼的画面我心潮澎湃					
14	我能完整地唱国歌					
15	看到国旗升起时我很激动					
16	我对分裂国家的言行深恶痛绝					
17	如果个人经济条件很好的话，我也想一直在中国生活					
18	看到西方国家出版的绘制不准确的中国地图，我觉得非常不舒服					
19	在联合国开会时，轮到中国代表发言时，我很激动					
20	中国的西部大开发项目给人民带来了很多实惠					

后　　记

从澳大利亚留学归国后，我一直从事英语教学工作。在从事语言教学的过程中，我产生了不少困惑，对语言和社会的相关问题有了一些思考，逐渐对社会语言学产生了一些兴趣，有了进一步深造的想法，最终我考取了郭龙生教授的博士研究生。

本书是在我的博士学位论文基础上修订而成。博士学位论文得以完成要感谢诸位师友。

首先，最要感谢的是我的导师郭龙生教授。郭老师在社会语言学领域颇有造诣，更是擅长语言政策和语言规划研究，诸多独特的见解给我深刻的启示。能够投身郭门是一种极大的荣幸。郭老师对弟子们寄予了殷切期望，一直鼓励我们要在广泛阅读文献的基础上深入思考以形成自己独到的观点。郭老师治学严谨，在对弟子多加鼓励的同时也提出了极为严格的要求，要求弟子们在阅读文献和创作论文时既注重思想观点也不忽视语言文字的规范使用。在博士学位论文的写作期间，从论文的选题、研究对象的确定到行文表达等，郭老师都给予了悉心指导。在论文的修改过程中，郭老师对论文的整体架构、基本思路，甚至图片格式、图片大小、标点符号等都给予了特别细致的指导。除了学术科研方面的指导外，郭老师也关心我和家人的生活。2021年5月初，我所在的城市突然遭遇极端灾害天气，出现人员伤亡情况，郭老师在第一时间问候我和家人的状况。郭老师也特别关心

后 记

我女儿南南的学习，特地为我打印了一些资料让我带回家。

由衷感谢周庆生教授和戴曼纯教授。周庆生教授在首届社会语言学高端国际论坛上所作的有关跨国移民的语言适应与语言传承问题的报告促使我思考国内长期或短期迁徙群体（包括农民工和异地求学的学生等群体）的语言适应问题。感谢周庆生老师对我的论文提出非常具体的修改意见。戴曼纯教授认为语言社会化是值得探索的领域，建议我将语言社会化作为我的博士学位论文选题方向。在与郭老师多次商榷后，我最终将高校藏族学生的国家通用语言社会化作为博士学位论文选题。戴曼纯老师还对我博士学位论文的修改提出了很多极富价值的建议。

感谢李宇明教授、赵蓉晖教授、王馥芳教授。李宇明教授有关"少数民族学习国家通用语言是学习一种特殊的第二语言"论述开阔了我的研究思路。我在北京、上海、南京等地多次聆听赵蓉晖教授所作的有关社会语言学研究的讲座，深受启发。王馥芳教授帮我理顺了行文逻辑。

特别感谢美国马里兰大学的周明朗教授。我于 2020 年 2 月到 2021 年 1 月在美国访学，在此期间，周明朗教授多次与我讨论研究课题，就具体研究的开展提供了不少有益的建议，为我回国后的调研奠定了基础。除了邀请我听他所授课程，还帮我联系 Michael Long、Steven Ross 等教授，使我得以旁听他们主讲的课程，我从这些名家的授课中受益匪浅。

周明朗教授也在生活上给了我力所能及的帮助，使我特别感动的是：2020 年 11 月 26 日为美国感恩节，周老师驱车 40 多英里为我和女儿送来他亲手制作的火鸡肉。

感谢博士阶段的同学，尤其感谢于建波，在论文写作的艰难阶段，建波给了我不少鼓励，此外，在自身时间异常宝贵的情况下，建波还帮我干了填表、打印、冲洗照片等琐碎杂事。建波所建议的叙事研究的方法增强了我继续开展研究的信心。感谢所有帮助过我的人。

  囿于笔者学识以及所收集到的材料，本书定有诸多疏漏之处，敬请各位指正。

季海龙
2022 年 12 月 18 日